FUNDAMENTOS DO PROCESSO PENAL

INTRODUÇÃO CRÍTICA

Aury Lopes Jr.

Doutor em Direito Processual Penal pela Universidad Complutense de Madrid. Professor Titular de Direito Processual Penal da Pontifícia Universidade Católica do Rio Grande do Sul (PUCRS). Professor no Programa de Pós-Graduação – Doutorado, Mestrado e Especialização – em Ciências Criminais da PUCRS. Membro da Associação Brasileira dos Advogados Criminalistas (ABRACRIM), do Instituto Brasileiro de Ciências Criminais (IBCCRIM) e Membro Emérito do Instituto Baiano de Direito Processual Penal (IBADPP). Parecerista e conferencista. Advogado Criminalista integrante do Escritório Aury Lopes Junior Advogados Associados, com sede em Porto Alegre e Brasília.

FUNDAMENTOS DO PROCESSO PENAL

INTRODUÇÃO CRÍTICA

8ª edição

2022

saraiva jur

saraiva EDUCAÇÃO | saraiva jur

Av. Paulista, 901, 3º andar
Bela Vista – São Paulo – SP – CEP: 01311-100

SAC | sac.sets@saraivaeducacao.com.br

Diretoria executiva Flávia Alves Bravin
Diretoria editorial Ana Paula Santos Matos
Gerência editorial e de projetos Fernando Penteado

Novos projetos Aline Darcy Flôr de Souza
Dalila Costa de Oliveira

Gerência editorial Isabella Sánchez de Souza
Edição Liana Ganiko Brito

Produção editorial Daniele Debora de Souza (coord.)
Cintia Aparecida dos Santos
Paula Brito

Arte e digital Mônica Landi (coord.)
Camilla Felix Cianelli Chaves
Claudirene de Moura Santos Silva
Deborah Mattos
Guilherme H. M. Salvador
Tiago Dela Rosa

Projetos e serviços editoriais Daniela Maria Chaves Carvalho
Emily Larissa Ferreira da Silva
Kelli Priscila Pinto
Klariene Andrielly Giraldi

Diagramação Rafael Cancio Padovan
Revisão Bárbara Padovan
Capa Roney Camelo
Produção gráfica Marli Rampim
Sergio Luiz Pereira Lopes
Impressão e acabamento Gráfica Paym

DADOS INTERNACIONAIS DE CATALOGAÇÃO NA PUBLICAÇÃO (CIP)
ODILIO HILARIO MOREIRA JUNIOR – CRB-8/9949

L864f Lopes Jr., Aury

Fundamentos do Processo Penal: introdução crítica / Aury Lopes Jr. – 8. ed. – São Paulo : SaraivaJur, 2022.

352 p.

ISBN 978-65-5362-148-0 (Impresso)

1. Processo Penal. 2. Pena. 3. Regime de liberdade. 4. Ação processual penal. 5. Admissibilidade da acusação. 6. Acusação. 7. Jurisdição penal. I. Título.

CDD 346.07
2021-4664 CDU 347.7

Índices para catálogo sistemático:

1. Direito Empresarial 346.07
2. Direito Empresarial 347.7

Data de fechamento da edição: 11-1-2022

Dúvidas? Acesse www.editorasaraiva.com.br/direito

CL 607383 CAE 791963

Para Maíra, retribuo com tuas próprias palavras, pois insuperáveis...

"Eu te prometo a doçura e a graça do meu amor, mas também não deixo passar o frio na barriga e o calor da paixão. A paixão que vivemos e que foi meu delírio: uma força, uma ordem, uma vontade que foi além de qualquer razão. Te prometo uma paixão sem repouso, febril, fascinante, a nossa cara. Um respeito fácil calçado na imensa admiração que sinto por ti. Na alegria, terás o meu sorriso frouxo e, na tristeza, minhas lágrimas complacentes e honestas. Na saúde e na doença, meu empenho para que sejamos saudáveis de corpo e, não menos, sãos de espírito. Todos os dias, prometo que terás a minha dedicação e entrega para esse amor que tive a rara sorte de encontrar."

Para Thaisa, Carmella, Guilhermina e Vicenzo, que me fizeram compreender o que realmente significa amor incondicional.

A presente obra é resultado parcial das investigações desenvolvidas no Grupo de Pesquisa "Processo Penal e Estado Democrático de Direito", cadastrado no CNPq e vinculado ao Programa de Pós-Graduação em Ciências Criminais da PUC-RS.

Sumário

Prefácio
(original da obra *Introdução crítica ao processo penal*)

> Não desças os degraus do sonho
> Para não despertar os monstros.
> Não subas aos sótãos – onde
> Os deuses, por trás das suas máscaras,
> Ocultam o próprio enigma.
> Não desças, não subas, fica.
> O mistério está é na tua vida!
> E é um sonho louco este nosso mundo...
>
> (Mario Quintana, "Os degraus". *Antologia poética*, p. 93)

Uma das coisas mais interessantes para entender os pernósticos é ver Mario Quintana antes de morrer (infelizmente já faz dez anos), dizer que seu maior sonho era escrever um poema bom. Anjo travesso, Malaquias fez – e faz – estrada, construindo, no jeito gaúcho de ser, coisas maravilhosas, ousadas, marotas, sérias, pedindo passagem entre as palavras (que as ama tanto quanto ele a elas ama) para não deixar imune a canalhada que se entrega a Tânatos, pensando que pode encontrar Eros. Que nada! Aí só se produz sofrimento, embora não se deva desconsiderar a hipótese de que também se goza, sem embargo de se pagar um preço para tanto; e caro, muito caro.

Eis o retrato da malta que assola a todos, brincando com as imagens; vilipendiando os sentidos como jaguaras incorrigíveis; falsos brilhantes, zirconitas. O país está repleto deles, em todos os campos.

No Direito, a situação é, quiçá, ainda pior. Faz-se um abismo entre o discurso e a realidade. Nunca se esteve tão perto, pelas características, do medievo: pensamento único; dificuldades de locomoção para a grande maioria (não seria isso o pedágio selvagem imposto ao país?); generalização da ignorância, por mais paradoxal que possa parecer, porque 4/5 da população seriam descartáveis; um mundo povoado por imagens midiáticas, não raro sobrenaturais, para se manter as pessoas em crença; um espaço onde *polis, civitas*, já conta muito pouco; *citoyen*, como Maximilien Robespierre exigia ser chamado pelo filho, hoje, sem embargo de estar perto do palavrão, é quase tão só inflação fonética de discurso eleitoreiro.

O grave, porém, são os mercadores das imagens; homens da ordem; e da lei se lhes interessa; maniqueístas interesseiros porque, pensando-se do bem (são sempre os donos da verdade, que imaginam existir embora, cada vez mais, mostre-se como miragem), elegem o mal no *diferente* (em geral os excluídos) e pensam, no estilo nazista, em coisas como um direito penal do inimigo. Personalidades débeis vendem a alma ao diabo (ou a um deus qualquer como o mercado) para operar em um mundo de ilusão, de aparência, e seduzir os incautos. Parecem pavões, com belas plumas multicoloridas, mas com os pés cheios de craca. O pior é que, de tanto em tanto, metem no *imbroglio* gente com a cabeça historicamente no lugar:

> *Nel 1947 Francesco Carnelutti deplora che, in ossequio al pregiudizio pessimistico sulla pena, ogni "penetrazione nel segreto" sia incongruamente affidata "alla libertà del suo titolare", sebbene la pubblica igiene prevalga sull'interesse a nascondere le piaghe: analoghi i due segreti, fisico e psichico; il diritto al secondo "appartiene a una fase del pensiero nella quale la pena era ancora concepita come un male anziché un bene per chi la subisce"; perciò le polemiche sulla tortura trascendono dannosamente "il giusto limite"; "dev'essere respinta perché non offre alcuna garanzia di verità della risposta del torturato, non perché lo costringe a palesare um segreto"; se qualche espediente garantisse l'esito veridico, "senza cagionare notevoli danni al corpo dell'inquisito, non vi sarebbe alcuna ragione perché non fosse adottato" (LPP, II, 168). Quattro anni dopo suscita scandalo la confessione estorta in un famoso caso: il pubblico ministero invoca l'opinione carneluttiana a sostegno della prassi poliziesca (Corriere della Sera, 12 gennaio 1952); in Francia "Esprit" dedica*

una notta, sotto il titolo La torture modérée*, a "ce digne compatriote de Beccaria"*[1].

Na estrutura pendular na qual se vive, o difícil é suportar, no tempo, o espaço de descida e subida do pêndulo, porque nada é feito sem vilipêndio da democracia. Isso, como é sintomático, produz, nos atingidos – tem gente que pensa, nessas ocasiões, para atingir os outros, acima do bem e do mal – uma reação que se não pode considerar desproporcional, embora, não raro, tenda a vilipendiar também ela a democracia. Tudo, enfim, é resultado da falta de respeito pela *diferença*. Não foi por diverso motivo (entre tantos outros de menor importância, ao que parece) ter a chamada "Operação Mãos Limpas", na Itália, sido o desastre que foi, salvo, *in terrae brasilis*, àqueles pouco esclarecidos e movidos pelo "ouvir dizer". Afinal, ninguém discorda que Silvio Berlusconi é resultado da maluquice de se permitir uma, digamos, *torture modérée*, como, por certo, ironizou o "Esprit" referindo-se aos "dignos compatriotas de Beccaria". Em matéria capital à democracia, como se sabe, *não se transige*, em nome de nada, de tudo, ou de um deus qualquer; cláusulas pétreas, dizem os constitucionalistas; e nunca estiveram brincando, pelo menos se não fizessem parte da canalhada também. Agora, para quem acompanha mais de perto as vicissitudes peninsulares, Berlusconi dá o troco, vilipendiando da mesma maneira uma democracia que só Deus sabe como resiste[2]. Ademais, em matéria do gênero e como se disse alhures, depois de dar o primeiro tiro – eis a barbárie –, ninguém mais sabe por que está atirando. Quem disso duvidar deve perguntar às famílias de Livatino, Chinnici, Falcone ou Borsellini. Em definitivo, o Brasil não merece passar por isso, razão por que há de resistir ao desvario, seja ele de que lado for, e, para tanto, há que resistir, com esforço e obras como a presente.

Aury Lopes Jr., desde o ponto de vista da resistência à barbárie no DPP, é o Malaquias do direito processual penal. Um Mario Quintana

---

1. CORDERO, Franco. *Riti e sapienza del diritto*, p. 410.

2. Sobre o tema, v. os excelentes ensaios de CORDERO, Franco. *Le strane regole del signor*, 264p.; e do mesmo autor, *Nere lune d'Italia: segnali da un anno difficile*, 224p.

que rompe com a mesmice – e a canalhice – aí instalada, passada como um raio dos ledores do código, em geral leguleios, aos vampiros profetas e/ou salvadores da pátria. Sem desmitificar essa gente, todavia, não se vai adiante no jogo democrático, no crescimento do grau de civilidade. Essa turba tem feito poesia (do DPP) com esquadro e régua; para ser medida e não para ser vivida. Só não se pode é ser (muito) condescendente com ela. E o Aury não o é. Está aí o sentido do substantivo "crítica" no título. Só isso já seria suficiente para justificar a grandeza de um livro como o presente, nominado, como se fosse por Malaquias, como mera Introdução.

Aury, embora muito jovem, tem um longa estrada, toda construída com um discurso coerente, do seu *Sistemas de investigação preliminar no processo penal*[3] ao excelente "(Des)velando o risco e o tempo no processo penal"[4]. Doutor em Direito Processual Penal pela *Universidad Complutense de Madrid*, onde foi conduzido pelas mãos seguras do respeitado Pedro Aragoneses Alonso[5]; com ele aprofundou os estudos em/nos Goldschmidt, que continuam distantes de terem uma proposta inaceitável e fornecedora de fundamentos aos "juristas ligados ao credo nacional-socialista"[6]. Tudo ao contrário; nunca foi tão importante estudar os Goldschmidt, mormente agora em que não se quer aceitar viver de aparências.

No entanto, Aury faz parte do corpo docente de um dos melhores Programas de Pós-graduação do Brasil, ou seja, do multidisciplinar da PUC-RS, onde despontam, com ele, Ruth Gauer (com suas mãos de ferro e coração de mãe), Salo de Carvalho e tantos outros que não cabe nominar neste breve espaço.

A leitura deste *Introdução crítica* é um prazer enorme, principalmente quando estamos tão acostumados à "manualística" tacanha e com cheiro de bolor. No eixo de cinco grandes princípios (que dão

---

3. 2. ed., 374p.

4. In: GAUER, Ruth M. Chittó (org.). *A qualidade do tempo*: *para além das aparências históricas*, p. 139 e ss.

5. É só ver dele, dentre outros, o *Proceso y derecho procesal*, 834p.

6. BETTIOL, Giuseppe. *Instituições de direito e processo penal*, p. 273.

azo aos cinco capítulos), Aury navega pelo *nulla poena, nulla culpa sine iudicio*, porque há de ser entendido como o primeiro princípio lógico do sistema (talvez fosse o caso de dizer que é o princípio número dois do conjunto processual); pela gestão da prova como núcleo do sistema processual e, a partir dela, a separação das atividades de acusar e julgar (só os muito alienados não percebem que o princípio inquisitivo rege o nosso sistema processual e, mais importante, a fase processual da persecução; pela presunção de inocência, sem o que não acaba o abuso bárbaro das prisões cautelares; pelo *nulla probatio sine defensione*, algo vital para compreender o verdadeiro sentido do processo; por fim, trata da motivação das decisões e derruba um mito atrás do outro para se aproximar da realidade: "o resgate da subjetividade no ato de julgar: quando o juiz se põe a pensar e sentir".

O prezado professor doutor advogado Aury Lopes Jr. brinda o país com uma obra que, dando *fundamentos da instrumentalidade garantista*, evoca os *bons tempos*, nos quais se acreditava, com fé, na democracia. Ela vem como "Era um lugar", do inominável Mario Quintana, com a diferença de que não aceita fazer parte de museu algum, a não ser o da resistência democrática:

> Era um lugar em que Deus ainda acreditava na gente...
> Verdade
> que se ia à missa quase só para namorar
> mas tão inocentemente
> que não passava de um jeito, um tanto diferente,
> de rezar
> enquanto, do púlpito, o padre clamava possesso
> contra pecados enormes.
> Meus Deus, até o Diabo envergonhava-se.
> Afinal de contas, não se estava em nenhuma Babilônia...
> Era, tão só, uma cidade pequena,
> com seus pequenos vícios e suas pequenas virtudes:
> um verdadeiro descanso para a milícia dos Anjos
> com suas espadas de fogo
> – um amor!
> Agora,

aquela antiga cidadezinha está dormindo para sempre
em sua redoma azul, em um dos museus do Céu[7].

Prof. Dr. Jacinto Nelson de Miranda Coutinho
Coordenador eleito do Programa de Pós-graduação
em Direito da UFPR.

7. QUINTANA, Mario. *Antologia poética*, p. 80.

Prefácio

A finales de los años 90, impartí en la Facultad de Derecho de la Universidad Complutense un Curso de Doctorado sobre un tipo de proceso, el "Procedimiento abreviado para determinados delitos" que, regulado por la LO 7/1998, de 28 de diciembre, trataba de que los delitos menores fueran resueltos en un "plazo razonable", sin pérdida de las garantías del "debido proceso". Entre los asistentes al curso se encontraba un *joven jurista brasileño*: Aury Lopes Jr.

El método que seguíamos para analizar las peculiaridades dogmáticas y el régimen jurídico del proceso objeto de nuestro estudio consistía en repartir tal investigación en ponencias a cargo de los doctorandos que componían el grupo. Una vez expuesta la ponencia, ésta era objeto de discusión en la clase. En sus intervenciones Aury, haciendo honor a su condición de joven, de jurista y de brasileño, ponía de relieve en el coloquio: su viveza idealista (propia de su juventud); su gran formación como estudioso del Derecho (que tenía sobradamente acreditada al aprobar la oposición para la docencia en 1993 e implantar en la Universidad de Río Grande un Servicio de Defensa gratuita); y su interés por comprender con exactitud cualquier cuestión que se expusiera en el coloquio que él estimara que podía ser interesante para la Justicia penal de su país. A tal efecto, siempre con gran respeto, no dudaba en formular preguntas sobre el sistema español y en proporcionar datos sobre la realidad jurídica brasileña, de tal modo que, apenas sin darnos cuenta, aquel Curso se convirtió en un análisis comparativo de los sistemas jurídico-penales de España y Brasil. Ello nos enriqueció a todos.

Terminado el Curso me pidió que dirigiera su Tesis, a lo que accedí con pleno agrado. Acordamos que la Tesis tuviera por el objeto el estudio de los *Sistemas de instrucción preliminar en los*

Derechos español y brasileño. (Con especial referencia a la situación del sujeto pasivo del proceso penal.) Como se recoge en la Nota preliminar del trabajo "el orden de los vocablos expresa el predominio del objeto (sistemas de instrucción) sobre el sujeto (pasivo), de modo que la investigación se va a centrar en analizar un determinado momento o fase del proceso penal, tomando en consideración, especialmente, la situación jurídica de uno de los intervinientes". La importancia del estudio de la instrucción preliminar radica en que, salvo los casos de flagrancia, como nos dice el autor, "el proceso penal sin previa instrucción es un proceso irracional, una figura inconcebible. El proceso penal no puede, y no debe, prescindir de la instrucción preliminar, porque no se debe de juzgar de inmediato. Primeramente hay que preparar, investigar y, lo más importante, reunir los elementos de convicción para justificar la acusación. Es una equivocación que primero se acuse, después se investigue y, al final, se juzgue. El costo social y económico del proceso, y los diversos trastornos que causa al sujeto pasivo hacen necesario que lo primero sea investigar, para saber si hay que acusar o no".

Así centrado el tema, mi labor como director consistió, principalmente, en darle a conocer los métodos complementarios que debían seguirse en la investigación, según las enseñanzas que yo había recibido de mis mejores maestros: Werner Goldschmidt (en su concepción tridimensional del mundo jurídico) y Jaime *Guasp* (con su sistema lógico formal).

El estudio fue dividido en tres partes: una dedicada a la *Introducción* (fundamento de la existencia del proceso penal; sistemas históricos: inquisitivo, acusatorio y mixto; y el objeto del proceso penal); otra, sobre los *Sistemas de instrucción preliminar* (en razón a los sujetos : sistema judicial, fiscal y policial; del objeto: instrucción plenaria y sumaria; y de los actos: publicidad y secreto de las actuaciones), ponderando sus ventajas e inconvenientes; y una tercera que se ocupa del *Sujeto pasivo en la instrucción*. Terminado el trabajo, la tesis fue calificada, por el tribunal que le confirió el grado de Doctor, con la máxima nota: Sobresaliente *cum laude*.

El resultado constituye, a mi juicio, el mejor estudio de la instrucción preliminar llevado a cabo en España, lo que fue posible, justo es reconocerlo, por la existencia de monografías tan sugerentes como la del Magistrado Miguel Pastor López, sobre *El proceso de persecución*, o investigaciones tan fundamentales como los *Comentarios a la Ley de Enjuiciamiento Criminal* del Profesor Emilio Gómez Orbaneja, o las brillantes exposiciones generales contenidas en los diversos "Manuales" que los Profesores utilizan, preferentemente, para la formación universitaria, así como los diversos trabajos que se recogen en la bibliografía que figura al final del estudio.

Los juristas españoles no tienen la suerte de poder conocer tal trabajo en castellano, pero sí pueden utilizar el texto publicado en Río de Janeiro, por la Editora Lumen Juris en 2001, con el título *Sistemas de investigação preliminar no processo penal*, que es una síntesis de la tesis doctoral, que va para la cuarta edición.

Aury Lopes Jr ha publicado también, con la misma Editora, su *Introdução crítica ao processo penal (Fundamentos da instrumentalidade garantista)*. En esta obra el autor se formula una pregunta que todo jurista debe hacerse constantemente: Un proceso (o un Derecho), ¿para qué sociedad? ¿Cuál es el papel de un jurista en ese escenario? El autor muestra su escepticismo ante la legislación y la jurisprudencia de su país y, por ello, busca ser prospectivo, librándose del peso de la tradición. Una postura "herética" en la medida en que está más volcado en la creatividad y el futuro que en la reproducción del pasado. El estudio crítico contempla los fundamentos de la instrumentalidad garantista como un "deber ser" y no como un "ser", un sistema ideal opuesto a un sistema real. Calificado por el Prof. Dr. Jacinto Nelson de Miranda Coutinho, como el Malaquías del Derecho Procesal Penal, Aury ha escrito un libro para hacer pensar. Ello lo lleva a cabo con tal riqueza de perspectivas que, al leerlo, nos parece estar examinando un diamante tan ricamente tallado que, al contemplar cada faceta, nos presenta una luz distinta, pero siempre brillante. No es extraño el éxito que ha alcanzado esta obra, que también llega a la cuarta edición.

El currículo de Aury completa el conocimiento de su obra: Profesor del Programa de Posgrado (Mestrado) en Ciencias Criminales de la Pontificia Universidade Católica-PUCRS; Coordinador del Curso de Posgrado en Ciencias Penales de la PUCRS;

Investigador del CNPq en Derecho Procesal Penal (el más importante centro de investigación científica de Brasil); Miembro del Consejo Directivo para Iberoamérica de la Revista de Derecho Procesal, y un largo etcétera.

Para cerrar esta nota, y no como reproche, sino como augurio, pienso que un autor que, acertadamente entiende, con Carnelutti, que la simetría y la armonía son elementos indispensables de un trabajo científico, tiene que completar su obra ocupándose del tercer elemento de la trilogía de los sujetos del proceso penal. Si ya ha analizado lo que concierne al órgano jurisdiccional y al sujeto pasivo, todos los que le admiramos en su tarea jurídica, y le queremos como persona, esperamos un estudio suyo sobre el otro protagonista del proceso penal: la víctima del delito.

Prof. Dr. Pedro Aragoneses Alonso (*In Memoriam*[1])

Profesor Emérito de Derecho Procesal

Universidad Complutense de Madrid (España)

---

1. Este prefácio foi escrito por Pedro Aragoneses em 2001, para o meu primeiro livro, intitulado *Sistemas de Investigação Preliminar no Processo Penal*, que era um resumo da minha tese doutoral. Trago agora como forma de homenagear esse ilustre processualista, que tive a honra de ter como orientador e que, infelizmente, já faleceu.

Nota do autor – 8ª edição

É com especial satisfação que apresento esta 8ª edição, mais uma vez revisada e com alguns aportes teóricos sobre questões pontuais. Como sempre digo, um livro de "fundamentos" não sofre tanto com as mudanças de humor do legislador ou mesmo da doutrina, porque é muito mais profunda nas suas bases do que as discussões que ocorrem na superfície.

Por isso, as alterações não são tão intensas como aquelas que um curso de processo penal exige.

A presente obra tem uma temática clara e demarcada: os fundamentos do processo penal, desde a perspectiva da "santa trindade" ação, jurisdição e processo. Ela vem complementar e ser complementada pelo meu *Direito processual penal*, também publicado pela Saraiva Educação. No manual, a temática dos fundamentos (teorias da ação, teorias sobre a jurisdição e o estudo dos sistemas processuais [inquisitório, acusatório e misto] e teorias sobre a natureza jurídica do processo) está posta de forma bastante reduzida, atendendo à proposta do livro-curso. Nesse ponto, o presente trabalho complementa o manual. Contudo, no que tange ao restante das temáticas do processo penal, o manual complementa este livro. Existe, assim, uma íntima relação e interação entre os dois.

Para analisar os fundamentos do processo penal, parto de três pilares básicos: respeito às categorias jurídicas próprias do processo penal (e, portanto, recusa à teoria geral do processo); filtragem constitucional e de convencionalidade (imprescindibilidade de leitura conforme a Constituição e a Convenção Americana de Direitos Humanos); e interdisciplinaridade (consciência da insuficiência do monólogo jurídico em uma sociedade complexa).

Inicio analisando o fundamento da existência do processo penal a partir da concepção de "instrumentalidade constitucional", que venho desenvolvendo há muito tempo, sem, contudo, cair no tradicional e mero "instrumentalismo". Não é disso que se trata, como se compreenderá após a leitura. Nesse capítulo, faço ainda uma crítica necessária e imprescindível à teoria geral do processo, cuja transmissão mecânica de categorias do processo civil tantos malefícios traz. Por fim, trato de um tema da maior importância: a crise do processo penal, pensada em uma tríplice perspectiva (crise existencial do processo; crise identitária da jurisdição; crise do regime de liberdade processual). Finalizo com um estudo acerca do *plea bargaining* e seus graves inconvenientes, verdadeira negativa de jurisdição e veneno para o processo penal democrático. Isso é importante na medida em que a ampliação dos espaços de consenso é uma tendência inexorável, basta ver a inserção do acordo de não persecução penal pela Lei n. 13.954/2019.

Felizmente não adotamos, como pretendiam alguns, o *plea bargaining* sem limite de pena, mas esse é um risco latente, pois sempre que vem à baila o discurso do entulhamento da justiça criminal, repristina-se o debate. No fundo, nosso sistema punitivista é incapaz de dar conta do seu grande problema: a banalização do direito penal e a banalização do processo penal.

O primeiro sofre de uma grave crise do próprio bem jurídico, agudizada pela facilidade com que o discurso punitivista seda os sentidos. O segundo, processo penal, é banalizado diariamente, com o oferecimento e recebimento de denúncias absolutamente sem justa causa, seja pela irrelevância social e penal da conduta imputada, seja pela fragilidade probatória que sustenta as acusações por crimes aparentemente dignos de intervenção penal.

Nessa perspectiva, é fundamental estudar a crise existencial do processo penal, pois é por ali que a tendência de ampliação dos espaços negociais vai abrir as portas para o *plea bargaining*.

Depois, no Capítulo 2, analiso as teorias da ação e das condições da ação, abordando todas as teorias para concluir com a ambição de construção de uma "teoria da acusação". Chamo a atenção para a necessidade de atentar para as condições de admissibilidade da acusação, próprias do processo penal, abandonando o civilismo (legitimidade, interesse e possibilidade jurídica do pedido) erroneamente importado e "adaptado".

O Capítulo 3 enfrenta a "jurisdição", deslocando-a para a função de "garantia", não apenas com o tradicional civilismo de "poder--dever" dizer o direito. Mas, indo além da análise tradicional e básica (que fazemos em nossa obra *Direito processual penal*) de jurisdição e competência, focamos na "posição do juiz no processo penal como fundante do sistema processual". Significa analisar os sistemas processuais penais inquisitório, acusatório e (o insuficiente) misto a partir da posição do juiz (e, claro, vinculado à gestão da prova), sempre de olho no Princípio Supremo do Processo: a imparcialidade do julgador. Não mais podemos estudar jurisdição senão na perspectiva da exigência sistêmica, e tudo isso a serviço da imparcialidade.

Finalizo com o estudo do "processo" e sua natureza jurídica, último elemento da santa trindade (ação, jurisdição e processo), retomando Bülow para superá-lo com James Goldschmidt e aperfeiçoá-lo com Fazzalari. Não se trata de simples análise histórica, senão que precisamos falar sobre a natureza jurídica do processo, não só porque ainda predomina a superadíssima concepção de "processo como relação jurídica" (Bülow), que conduz a uma visão autoritária do processo e do lugar ocupado pelo juiz, mas também porque precisamos compreender a real dinâmica da complexa fenomenologia do processo para, desvelando sua realidade, fortalecer o núcleo de direitos fundamentais. Compreender a dinâmica realista da concepção de Goldschmidt, do processo como situação jurídica, é assumir o risco e a incerteza, para então lutar pela efetividade das regras do jogo, entre elas a garantia do contraditório, cuja visão de Fazzalari é fundamental (sua teoria se situa em uma continuidade do pensamento de Goldschmidt). Por fim, abordamos a complexidade do objeto do processo penal, demonstrando o erro de pensar em "pretensão punitiva".

As duas edições anteriores (2020 e 2021) foram diretamente abaladas pela Lei n. 13.964/2019, especialmente pela inserção do juiz das garantias e do sistema acusatório. Duas das maiores inovações trazidas infelizmente ainda não se efetivaram, por conta do movimento contrarreformista da "sabotagem inquisitória"[1] concretizado na liminar concedida pelo Min. Fux na Medida Cautelar nas ADIn's 6.298, 6.299, 6.300 e 6.305, no dia 22 de janeiro de 2020.

Mas o fato mais relevante de 2021 foi, ironicamente, o que não ocorreu em 2021: o julgamento das ações declaratórias de inconstitucionalidade que atacam os principais institutos do pacote anticrime e cuja liminar do Min. Fux suspendeu. Foram feitas audiências públicas em outubro de 2021, com ampla maioria de manifestações favoráveis à implantação do juiz das garantias (inclusive de representantes da magistratura) e pela constitucionalidade dos dispositivos suspensos e atacados pelas ADIN's. Posteriormente, foram pautadas para julgamento no dia 25/11/2021 e, para a surpresa de todos, retiradas de pauta no dia 18/11/2021 sem qualquer fundamento.

Por conta disso, fechamos o ano de 2021 sem uma definição desse tema e ingressamos em 2022 ainda sem a figura do juiz das garantias, sem a consagração formal e expressa da adoção do sistema acusatório, sem a implantação da nova sistemática de arquivamento do inquérito policial etc. Mais um golpe duro contra a evolução do atrasado e primitivo processo penal brasileiro.

De qualquer forma, como tenho dito e repetido: não basta mudança legislativa, ainda que precisemos urgentemente de um novo CPP, é preciso romper com a cultura, com a mentalidade e com as práticas autoritárias e inquisitórias vigentes. É preciso mudar "cabeças". Mais do que isso, é preciso levar a sério a legalidade e a forma-garantia. Enquanto tivermos um sistema de nulidades *a la carte*, com os tribunais relativizando nulidades e só vendo "prejuízo" onde eles querem, não teremos nenhuma evolução. Nosso sistema de nulidades é uma fraude processual a serviço do punitivismo e da mentalidade inquisitória.

Portanto, é ainda mais importante o estudo sério dos "fundamentos do processo penal", pois a mudança de rumo se dá desde essa base. É nela que estão os pilares de sustentação de um proces-

---

1 Disponível em: <https://www.conjur.com.br/2020-jan-03/limite-penal-estrutura-acusatoria-atacada-msi-movimento-sabotagem-inquisitoria>.

so democrático-acusatório ou autoritário-inquisitório. Inclusive a distorcida discussão que se faz sobre os sistemas (inquisitório/acusatório/misto) decorre exatamente da sua má compreensão.

Mais uma vez agradeço a excelente receptividade que a obra tem entre meus leitores, tanto no meio acadêmico como profissional. Um carinhoso agradecimento aos professores que a indicam, principalmente porque comprometidos com um processo penal democrático e constitucional e conscientes da importância da docência e da responsabilidade de "abrir" e "formar cabeças pensantes".

Por fim, convido você, leitor(a), a ser meu(minha) seguidor(a) no Instagram (@aurylopesjr), no Facebook (http://www.facebook.com/aurylopesjr), na Coluna Limite Penal (www.conjur.com.br), no *podcast* Criminal Player, que mantenho junto com meu grande parceiro Alexandre Morais da Rosa, e através do meu canal do YouTube. São meios de constante diálogo, mas também de atualização e debate!

Cordial abraço e muito obrigado pela confiança!

Aury Lopes Jr.

Texto em homenagem a Eduardo Couture e James Goldschmidt

Em homenagem a Eduardo Couture e James Goldschmidt, cujas lições de humanidade e altruísmo deveriam servir de inspiração para a construção de uma sociedade mais justa e tolerante:

[...]

En el mes de octubre de 1939 recibí una carta del Profesor Goldschmidt, que fue Decano de la Facultad de Derecho de Berlín, escrita desde Cardiff, en Inglaterra. Ya comenzada la guerra, en ella me decía lo siguiente: "conozco sus libros y tengo referencias de Ud. Estoy en Inglaterra y mi permiso de residencia vence el 31 de diciembre de 1939. A Alemania no puedo volver por ser judío; a Francia tampoco porque soy alemán; a España menos aún. Debo salir de Inglaterra y no tengo visa consular para ir a ninguna parte del mundo".

A un hombre ilustre, porque en el campo del pensamiento procesal, la rama del derecho en que yo trabajo, la figura de Goldschmidt era algo así como una de las cumbres de nuestro tiempo, a un hombre de esta insólita jerarquía, en cierto instante de su vida y de la vida de la humanidad, como una acusación para esa humanidad le faltaba en el inmenso planeta, un pedazo de tierra para posar su planta fatigada. Le faltaba a Goldschmidt el mínimo de derecho a tener un sitio en este mundo donde soñar y morir. En ese instante de su vida a él le faltaba el derecho a estar en un lugar del espacio. No podía quedar donde estaba y no tenía otro lado donde poder ir. Pocas semanas después Goldschmidt llegaba a Montevideo.

Yo nunca olvidaré aquel viaje hecho ya en pleno reinado devastador de los submarinos. Vino en un barco inglés, el Highland Princess, en un viaje de pesadilla donde a cada instante un submarino podía traer la muerte, con chaleco salvavidas siempre puesto, viajando a oscuras. Angustiado lo vi llegar una tarde de otoño llena de luz, serenidad y calma a Montevideo.

Recuerdo de ese instante una anécdota conmovedora. Me dijo Goldschmidt que él no deseaba un apartamento junto al mar. Prefería algún lugar cerca del campo. Cuando vio el mar desde Pocitos adonde le habíamos llevado, no quiso saber nada de él. Me respondió entonces: "Yo ya sé a dónde conduce".

Eran un hombre y una civilización que se repelían, se odiaban recíprocamente. El venía a ver en el mar el símbolo del odio; a un Continente que lo había expulsado de su seno.

Recuerdo también que esa misma tarde, pocos minutos después de llegar, me dijo lo siguiente:

"Ud. tendrá la bondad de acompañarme a la Policía".

"¿Y qué tiene Ud. que hacer con la Policía?", le contesté.

"Tengo que inscribirme como llegado al país; dar cuenta a la Policía de que vivo aquí", fue su réplica.

"Pero Ud. no tiene obligación de hacerlo", le dije.

"¿De manera que la Policía no sabe que yo estoy aquí, ni sabe dónde yo vivo?"

Se le llenaron los ojos de lágrimas y dijo:

"Esto es la libertad".

[...]

Pocos días más tarde preparaba su tercera clase. Eran como las nueve de la mañana. Goldschmidt tuvo la sensación de una ligera molestia, quiso reponerse y dejó de escribir. Se acercó a su esposa, recitó unos poemas de Schiller para distraer la mente, volvió a su mesa de trabajo y como fulminado por un rayo, quedó muerto sobre sus papeles.

Así murió el más eminente de los Profesores de Derecho Procesal Civil alemán, en una casa de pensión de Montevideo. Caído sobre sus papeles escritos en español, que luego recogimos, retirando de sobre ellos su cabeza que empezaba a enfriarse, para transmitir al mundo el mensaje de quien había sufrido como pocos y murió de dolor, de puro dolor de vivir. No olvidaré nunca que en esos papeles, que están publicados hoy con el título de "Los problemas generales del derecho", se dice que el derecho, en último término, en su definitiva revelación, es la más alta y especificada manifestación de la moral sobre la tierra. Un sabio que, mediante oscuros instrumentos de derecho había sido perseguido por sus enemigos, concluía su vida escribiendo páginas que tenían más de muerte que de vida, en un acto de esperanza en el propio derecho que lo había condenado.

[...]

Si la humanidad de nuestro tiempo no se cura de ese mal que azotó a la especie a lo largo de los siglos, es porque la humanidad no tiene redención. Si no comprendemos que los hombres son todos iguales, que la sustancia humana es siempre la misma, sea cual sea el color de su piel y la sangre que corre en sus venas; si no entendemos que no puede ni debe haber distinción alguna entre los hombres, todo el sacrificio sufrido parecería ser en vano. Nuestra enseñanza debe ser, hoy como ayer, que no hay hombres inferiores o superiores y que frente a la comunidad, los hombres no tienen más superioridad que la de sus talentos o de sus virtudes, como dice la Constitución.

[...]

James Goldschmidt murió de dolor, porque su mundo se había olvidado de tan sencillas verdades. Murió por la crueldad de una cultura que no solo se olvidó de la libertad, sino también de la misericordia que es una de las más finas y sutiles formas de la libertad.

Trechos da Palestra de Couture intitulada "La libertad de la cultura y la ley de la tolerancia", proferida na década de 1940 e reproduzida no periódico uruguaio *Tribuna del Abogado*, junho/julho de 2000.

Capítulo 1

O fundamento da existência do processo penal: instrumentalidade constitucional

1.1. Constituindo o processo penal desde a Constituição. A crise da teoria das fontes. A Constituição como abertura do processo penal

A primeira questão a ser enfrentada por quem se dispõe a pensar o processo penal contemporâneo é exatamente (re)discutir qual é o fundamento da sua existência, por que existe e por que precisamos dele. A pergunta poderia ser sintetizada no seguinte questionamento: um *Processo penal, para quê (quem)?*

Buscar a resposta a essa pergunta nos conduz à definição da lógica do sistema, que vai orientar a interpretação e a aplicação das normas processuais penais. Noutra dimensão, significa definir qual é o nosso paradigma de leitura do processo penal, buscar o ponto fundante do discurso. Nossa opção é pela leitura constitucional e, dessa perspectiva, visualizamos o processo penal como instrumento de efetivação das garantias constitucionais.

J. Goldschmidt[1], a seu tempo[2], questionou:

> Por que supõe a imposição da pena a existência de um processo? Se o *ius puniendi* corresponde ao Estado, que tem o poder soberano sobre

---

1. *Problemas jurídicos y políticos del proceso penal*, p. 7.

2. Logo, considerando que todo *saber é datado*, interessa-nos mais a pergunta do que a resposta dada pelo autor naquele momento.

seus súditos, que acusa e também julga por meio de distintos órgãos, pergunta-se: por que necessita que prove seu direito em um processo?

A resposta passa, necessariamente, por uma leitura constitucional do processo penal. Se, antigamente, o grande conflito era entre o direito positivo e o direito natural, atualmente, com a recepção dos direitos naturais pelas modernas constituições democráticas, o desafio é outro: dar eficácia a esses direitos fundamentais.

Como aponta J. Goldschmidt[3], os princípios de política processual de uma nação não são outra coisa senão o segmento da sua política estatal em geral; e o processo penal de uma nação, não é outra coisa que um *termômetro dos elementos autoritários ou democráticos da sua Constituição.* A uma Constituição autoritária vai corresponder um processo penal autoritário, utilitarista. Contudo, a uma Constituição democrática, como a nossa, necessariamente deve corresponder um processo penal democrático, visto como instrumento a serviço da máxima eficácia do sistema de garantias constitucionais do indivíduo.

E esse é um nó que não conseguimos desatar, porque a cultura inquisitória e autoritária é fortíssima. A Constituição é deixada de lado e as práticas autoritárias se perpetuam. Mudamos as leis processuais penais, mas não conseguimos mudar a cultura, a mentalidade inquisitória e autoritária.

Somente a partir da consciência de que a Constituição deve efetivamente constituir (logo, consciência de que ela constitui a ação), é que se pode compreender que o fundamento legitimante da existência do processo penal democrático se dá por meio da sua *instrumentalidade constitucional.* Significa dizer que o processo penal contemporâneo somente se legitima à medida que se democratizar e for devidamente *constituído* a partir da Constituição.

Cremos que o *constitucionalismo, exsurgente do Estado Democrático de Direito, pelo seu perfil compromissário, dirigente e vinculativo, constitui a ação do Estado*[4]*!*

Com a precisão conceitual que lhe caracteriza, Juarez Tavares[5] ensina que nessa questão entre liberdade individual e poder de inter-

3. *Problemas jurídicos y políticos del proceso penal*, p. 67.
4. STRECK, Lenio Luiz. *Jurisdição constitucional e hermenêutica,* p. 19.
5. TAVARES, Juarez. *Teoria do injusto penal*, p. 162.

venção do Estado não se pode esquecer de que a "garantia e o exercício da liberdade individual não necessitam de qualquer legitimação, em face de sua evidência".

Parece essa uma afirmação simples, despida de maior dimensão. Todo o oposto. A perigosa viragem discursiva que nos está sendo (im)posta atualmente pelos movimentos repressivistas e as ideologias decorrentes faz com que, cada vez mais, a "liberdade" seja "provisória" (até o CPP consagra a liberdade provisória...) e a prisão cautelar (ou mesmo definitiva) uma regra. Ou, ainda, aprofundam-se a discussão e os questionamentos sobre a legitimidade da própria liberdade individual, principalmente no âmbito processual penal, subvertendo a lógica do sistema jurídico-constitucional.

Essa perigosa inversão de sinais exige um choque à luz da legitimação *a priori* da liberdade individual, e a discussão deve voltar a centrar-se no ponto correto, muito bem circunscrito por Tavares[6]: "o que necessita de legitimação é o poder de punir do Estado, e esta legitimação não pode resultar de que ao Estado se lhe reserve o direito de intervenção".

Destaque-se: o que necessita ser legitimado e justificado é o poder de punir, é a intervenção estatal e não a liberdade individual. Mais, essa legitimação não poderia resultar de uma autoatribuição do Estado (uma autolegitimação, que conduza a uma situação autopoiética, portanto). Mas essa já seria outra discussão em torno da própria legitimidade da pena, que extravasa os limites deste trabalho.

A liberdade individual, por decorrer necessariamente do direito à vida e da própria dignidade da pessoa humana, está amplamente consagrada no texto constitucional e tratados internacionais, sendo mesmo um pressuposto para o Estado Democrático de Direito em que vivemos.

Essa é uma premissa básica que norteia toda a obra: questionar a legitimidade do poder de intervenção, por conceber a liberdade como valor *primevo* do processo penal.

Nem mesmo o conceito de *bem jurídico* pode continuar sendo tratado como se estivesse imune aos valores do Estado Democrático.

---

6. TAVARES, Juarez. *Teoria do injusto penal*, p. 162.

Como adverte Tavares[7], "a questão da criminalização de condutas não pode ser confundida com as finalidades políticas de segurança pública, porque se insere como uma condição do Estado Democrático, baseado no respeito dos direitos fundamentais e na proteção da pessoa humana". E segue o autor apontando que, em um Estado Democrático,

> o bem jurídico deve constituir um limite ao exercício da política de segurança pública, reforçado pela atuação do judiciário, como órgão fiscalizador e controlador e não como agência seletiva de agentes merecedores de pena, em face da respectiva atuação do Legislativo ou do Executivo[8].

Atualmente, existe uma inegável *crise da teoria das fontes*, em que uma lei ordinária acaba valendo mais do que a própria Constituição, não sendo raro aqueles que negam a Constituição como fonte, recusando sua eficácia imediata e executividade. Essa recusa é que deve ser combatida.

A luta é pela superação do preconceito em relação à eficácia da Constituição no processo penal. Mais do que isso, é necessário fazer-se um controle judicial da convencionalidade das leis penais e processuais penais, na medida em que a Convenção Americana de Direitos Humanos (CADH) goza de caráter supralegal, ou seja, está abaixo da Constituição, mas acima das leis ordinárias (como o CP e o CPP). Portanto, é uma dupla conformidade que devem guardar as leis ordinárias: com a Constituição e com a CADH. Esse é o desafio.

O processo não pode mais ser visto como um simples instrumento a serviço do poder punitivo (direito penal), senão que desempenha o papel de limitador do poder e garantidor do indivíduo a ele submetido. Há que se compreender que o *respeito às garantias fundamentais não se confunde com impunidade,* e jamais se defendeu isso. O processo penal é um caminho necessário para chegar-se, legitimamente, à pena. Daí por que somente se admite sua existência quando ao longo desse caminho forem rigorosamente observadas as regras e garantias constitucionalmente asseguradas (as regras do devido processo legal).

---

7. Ibidem, p. 200.
8. TAVARES, Juarez. *Teoria do injusto penal*, p. 200.

Assim, existe uma necessária simultaneidade e coexistência entre repressão ao delito e respeito às garantias constitucionais, sendo essa a difícil missão do processo penal, como se verá ao longo da obra. No processo penal, a Constituição e a CADH ainda representam uma abertura, um algo a ser buscado como ideal. É avanço em termos de fortalecimento da dignidade da pessoa humana, de abertura democrática rumo ao fortalecimento do indivíduo. Nesse sentido, nossa preocupação com a instrumentalidade constitucional e o caráter "constituidor" da Carta e da CADH.

Geraldo Prado[9] destaca a importância da Constituição na perspectiva de fixar "com clareza as regras do jogo político e de circulação do poder e assinala, indelevelmente, o pacto que é a representação da soberania popular, e portanto de cada um dos cidadãos". É a Constituição um *locus*, prossegue Geraldo, de onde são vislumbrados os direitos fundamentais, estabelecendo um "nexo indissolúvel entre garantia dos direitos fundamentais, divisão dos poderes e democracia, de sorte a influir na formulação das linhas gerais da política criminal de determinado Estado". Finalizando, lembra o autor que o *espaço comum democrático é construído pela afirmação do respeito à dignidade humana e pela primazia do Direito como instrumento das políticas sociais, inclusive a política criminal*.

Partimos da mesma premissa de Prado[10]: a Constituição da República escolheu a estrutura democrática sobre a qual há que existir e se desenvolver o processo penal, forçado que está – pois modelo pré-constituição de 1988 – a adaptar-se e conformar-se a esse paradigma.

Então, não basta qualquer processo, ou a mera legalidade, senão que somente um processo penal que esteja conforme as regras constitucionais do jogo (devido processo) na dimensão formal, mas, principalmente, substancial, resiste à filtragem constitucional imposta.

Feito isso, é imprescindível marcar esse referencial de leitura: *o processo penal deve ser lido à luz da Constituição e da CADH e*

---

9. PRADO, Geraldo. *Sistema acusatório*, p. 16.

10. Ibidem, p. 44.

não ao contrário. Os dispositivos do Código de Processo Penal é que devem ser objeto de uma releitura mais acorde aos postulados democráticos e garantistas na nossa atual Carta, sem que os direitos fundamentais nela insculpidos sejam interpretados de forma restritiva para se encaixar nos limites autoritários do Código de Processo Penal de 1941.

1.2. Superando o maniqueísmo entre "interesse público" *versus* "interesse individual". Inadequada invocação do princípio da proporcionalidade

Argumento recorrente em matéria penal é o de que os direitos individuais devem ceder (e, portanto, ser sacrificados) frente à "supremacia" do interesse público. É uma manipulação discursiva que faz um maniqueísmo grosseiro (senão interesseiro) para legitimar e pretender justificar o abuso de poder. Inicialmente, há que se compreender que tal reducionismo (público – privado) está completamente superado pela complexidade das relações sociais, que não comportam mais essa dualidade cartesiana. Ademais, em matéria penal, todos os interesses em jogo – principalmente os do réu – superam muito a esfera do "privado", situando-se na dimensão de direitos e garantias fundamentais (portanto, "público", se preferirem). Na verdade, são verdadeiros direitos de todos e de cada um de nós, em relação ao (ab)uso de poder estatal.

Já em 1882, Manuel Alonso Martínez afirmava na *Exposición de Motivos de la Ley de Enjuiciamiento Criminal* que "sagrada es sin duda la causa de la sociedad, pero no lo son menos los derechos individuales".

W. Goldschmidt[11] explica que os *direitos fundamentais*, como tais, dirigem-se contra o Estado, e pertencem, por conseguinte, à seção que trata do *amparo do indivíduo contra o Estado*. O processo penal constitui um ramo do direito público, e, como tal, implica autolimitação do Estado, uma soberania mitigada.

---

11. *La ciencia de la justicia – Dikelogía*, p. 201.

Ademais, existe ainda o fundamento histórico-político para sustentar a dupla função do moderno processo penal, que foi bem abordado por Bettiol[12]. A proteção do indivíduo também resulta de uma imposição do Estado Democrático, pois a democracia trouxe a exigência de que o homem tenha uma dimensão jurídica que o Estado ou a coletividade não pode sacrificar *ad nutum*. O Estado de Direito, mesmo em sua origem, já representava uma relevante superação das estruturas do Estado de Polícia, que negava ao cidadão toda garantia de liberdade, e isso surgiu na Europa depois de uma época de arbitrariedades que antecedeu a Declaração dos Direitos do Homem, de 1789.

A democracia, enquanto sistema político-cultural que valoriza o indivíduo frente ao Estado, manifesta-se em todas as esferas da relação Estado-indivíduo. Inegavelmente, leva a uma democratização do processo penal, refletindo essa valorização do indivíduo no fortalecimento do sujeito passivo do processo penal.

Pode-se afirmar, com toda ênfase, que o princípio que primeiro impera no processo penal é o da proteção dos inocentes (débil), ou seja, o processo penal como direito protetor dos inocentes (e todos a ele submetidos o são, pois só perdem esse *status* após a sentença condenatória transitar em julgado), pois esse é o dever que emerge da presunção constitucional de inocência prevista no art. 5º, LVII, da Constituição.

O objeto primordial da tutela no processo penal é a liberdade processual do imputado, o respeito a sua dignidade como pessoa, como efetivo sujeito no processo. O significado da democracia é a revalorização do homem,

> *en toda la complicada red de las instituciones procesales que solo tienen un significado si se entienden por su naturaleza y por su finalidad política y jurídica de garantía de aquel supremo valor que no puede nunca venir sacrificado por razones de utilidad: el hombre*[13].

---

12. BETTIOL, Giuseppe. *Instituciones de derecho penal y procesal penal*, p. 54 e ss.

13. Ibidem, p. 174.

Não se pode esquecer, como explica Sarlet[14], de que a dignidade da pessoa humana é um

> valor-guia não apenas dos direitos fundamentais, mas de toda a ordem jurídica (constitucional e infraconstitucional), razão pela qual para muitos se justifica plenamente sua caracterização como princípio constitucional de maior hierarquia axiológica-valorativa.

Inclusive, na hipótese de conflito entre princípios e direitos constitucionalmente assegurados, destaca Sarlet[15], "o princípio da dignidade da pessoa humana acaba por justificar (e até mesmo exigir) a imposição de restrições a outros bens constitucionalmente protegidos". Isso porque, como explica o autor, existe uma inegável primazia da dignidade da pessoa humana *no âmbito da arquitetura constitucional.*

Algumas lições, por sua relevância, merecem ser repetidas nesta obra. É melhor pecar pela repetição do que correr o risco de perdê-la por uma leitura pontual que nossos leitores eventualmente façam. Assim, nunca é excesso repetir uma lição magistral de Juarez Tavares[16], que nos ensina que nessa questão entre liberdade individual e poder de intervenção do Estado não se pode esquecer que a "garantia e o exercício da liberdade individual não necessitam de qualquer legitimação, em face de sua evidência".

Destaque-se: o que necessita ser legitimado e justificado é o poder de punir, é a intervenção estatal e não a liberdade individual. A liberdade individual, por decorrer necessariamente do direito à vida e da própria dignidade da pessoa humana, está amplamente consagrada no texto constitucional e tratados internacionais, sendo mesmo um *pressuposto* para o Estado Democrático de Direito em que vivemos.

Não há que se pactuar mais com a manipulação discursiva feita por alguns autores (e julgadores), que acabam por transformar a "liberdade" em "provisória" (até o CPP consagra a liberdade provi-

---

14. SARLET, Ingo Wolfgang. *Dignidade da pessoa humana e direitos fundamentais na Constituição Federal de 1988*, 2. ed., p. 74.

15. Ibidem, p. 115.

16. TAVARES, Juarez. *Teoria do injusto penal*, 3. ed., p. 162.

sória...), como se ela fosse precária, e, entretanto, a prisão cautelar (ou mesmo definitiva), uma regra.

Essa perigosa inversão de sinais exige um choque à luz da legitimação *a priori* da liberdade individual e a discussão deve voltar a centrar-se no ponto correto, muito bem circunscrito por Tavares[17]: "o que necessita de legitimação é o poder de punir do Estado".

Essa é uma premissa básica que norteia toda a obra: questionar a legitimidade do poder de intervenção, por conceber a liberdade como valor primevo do processo penal.

Entendemos que sociedade – base do discurso de prevalência do "público" – deve ser compreendida dentro da fenomenologia da coexistência, e não mais como um ente superior de que dependem os homens que o integram. Inadmissível uma concepção antropomórfica, na qual a sociedade é concebida como um ente gigantesco, onde os homens são meras células, que lhe devem cega obediência. Nossa atual Constituição e, antes dela, a Declaração Universal dos Direitos Humanos consagram certas limitações necessárias para a coexistência e não toleram tal submissão do homem ao ente superior, essa visão antropomórfica que corresponde a um sistema penal autoritário[18].

Na mesma linha, Bobbio[19] explica que, atualmente, impõe-se uma postura mais liberal na relação Estado-indivíduo, de modo que primeiro vem o indivíduo e, depois, o Estado, que não é um fim em si mesmo. O Estado só se justifica enquanto meio que tem como fim a tutela do homem e dos seus direitos fundamentais, porque busca o bem comum, que nada mais é do que o benefício de todos e de cada um dos indivíduos.

Por isso, Ferrajoli fala da *ley del más débil*[20]. No momento do crime, a vítima é o hipossuficiente e, por isso, recebe a tutela penal.

---

17. Idem.

18. ZAFFARONI, Eugenio Raúl; PIERANGELI, José Henrique. *Manual de direito penal brasileiro*, p. 96.

19. No prólogo da obra de FERRAJOLI, *Derecho y razón – teoría del garantismo penal,* p. 18.

20. FERRAJOLI, Luigi. *Derechos y garantías – La ley del más débil.*

Contudo, no processo penal, opera-se uma importante modificação: o mais fraco passa a ser o acusado, que frente ao poder de acusar do Estado sofre a violência institucionalizada do processo e, posteriormente, da pena. O sujeito passivo do processo, aponta Guarnieri[21], passa a ser o protagonista, porque ele é o eixo em torno do qual giram todos os atos do processo.

Amilton B. de Carvalho[22], questionando para quê(m) serve a lei, aponta que a "a lei é o limite ao poder desmesurado – leia-se, limite à dominação. Então, a lei – eticamente considerada – é proteção ao débil. Sempre e sempre, é a lei do mais fraco: aquele que sofre a dominação".

Nessa democratização do processo penal, o sujeito passivo deixa de ser visto como um mero objeto, passando a ocupar uma posição de destaque enquanto parte[23], com verdadeiros direitos e deveres[24]. É uma relevante mudança decorrente da constitucionalização e democratização do processo penal.

Muito preocupante, por fim, é quando esse discurso da "prevalência do interesse público" vem atrelado ao *Princípio da Proporcionalidade*, fazendo uma viragem discursiva para aplicá-lo onde não tem legítimo cabimento. Nesse tema, é lúcida a análise do Ministro Eros Grau, cuja citação, ainda que longa, deve ser objeto de reflexão. Diz o ilustre Ministro do Supremo Tribunal Federal no voto proferido no HC 95.009-4/SP (p. 44 e ss.):

> Tenho criticado aqui – e o fiz ainda recentemente (ADPF 144) – a "banalização dos 'princípios' (entre aspas) *da proporcionalidade e da razoabilidade*, em especial do primeiro, concebido como um 'princí-

21. *Las partes en el proceso penal,* p. 272.

22. "Lei, para que(m)?" *Escritos de direito e processo penal em homenagem ao Professor Paulo Cláudio Tovo,* p. 56 e ss.

23. É complexa a problemática doutrinária acerca da existência de partes no processo penal. Não sendo o momento oportuno para enfrentá-la, limitamo-nos a esclarecer que quando falamos em partes estamos aludindo a um processo *penal* de partes, que trata o sujeito passivo não mais como um mero objeto.

24. Ou cargas, expectativas e perspectivas, se adotarmos a teoria do processo como situação jurídica, de James Goldschmidt.

pio' superior, aplicável a todo e qualquer caso concreto, o que conferiria ao Poder Judiciário a faculdade de 'corrigir' o legislador, invadindo a competência deste. O fato, no entanto, é que proporcionalidade e razoabilidade nem ao menos são princípios – porque não reproduzem as suas características – porém postulados normativos, regras de interpretação/aplicação do direito". No caso de que ora cogitamos *esse falso princípio estaria sendo vertido na máxima segundo a qual "não há direitos absolutos". E, tal como tem sido em nosso tempo pronunciada, dessa máxima se faz gazua apta a arrombar toda e qualquer garantia constitucional. Deveras, a cada direito que se alega o juiz responderá que esse direito existe, sim, mas não é absoluto, porquanto não se aplica ao caso. E assim se dá o esvaziamento do quanto construímos ao longo dos séculos para fazer, de súditos, cidadãos. Diante do inquisidor não temos qualquer direito. Ou melhor, temos sim, vários, mas como nenhum deles é absoluto, nenhum é reconhecível na oportunidade em que deveria acudir-nos.*

Primeiro essa gazua, em seguida despencando sobre todos, a pretexto da "necessária atividade persecutória do Estado", a "supremacia do interesse público sobre o individual". Essa premissa que se pretende prevaleça no Direito Administrativo – não obstante mesmo lá sujeita a debate, aqui impertinente – *não tem lugar em material penal e processual penal.* Esta Corte ensina (HC 80.263, relator Ministro Ilmar Galvão) que a interpretação sistemática da Constituição "leva à conclusão de que a Lei Maior impõe a prevalência do direito à liberdade em detrimento do direito de acusar". *Essa é a proporcionalidade que se impõe em sede processual penal: em caso de conflito de preceitos, prevalece o garantidor da liberdade sobre o que fundamenta sua supressão. A nos afastarmos disso retornaremos à barbárie* (grifos nossos).

Em suma: nesse contexto político-processual, estão superadas as considerações do estilo "a supremacia do interesse público sobre o privado". As regras do devido processo penal são verdadeiras garantias democráticas (e, obviamente, constitucionais), muito além dessa dimensão reducionista de público/privado. Trata-se de direitos fundamentais – obviamente de natureza pública, se quisermos utilizar essa categoria – limitadores da intervenção estatal.

1.3. Direito e dromologia: quando o processo penal se põe a correr, atropelando as garantias

Vivemos numa sociedade acelerada. A dinâmica contemporânea é impressionante e – como o risco[25] – também está regendo toda nossa vida. Não só nosso emprego é temporário, pois se acabaram os empregos vitalícios, como também cada vez é mais comum os empregos em jornada parcial. Da mesma forma nossas "aceleradas" relações afetivas, com a consagração do *ficar* e do *no future*.

Que dizer então da velocidade da informação? Agora passada em tempo real, via internet, sepultando o espaço temporal entre o fato e a notícia. O fato, ocorrido no outro lado do mundo, pode ser presenciado virtualmente em tempo real. A aceleração do tempo nos leva próximo ao instantâneo, com profundas consequências na questão tempo/velocidade. Também encurta ou mesmo elimina distâncias. Por isso, Virilio[26] – teórico da Dromologia (do grego dromos = velocidade) – afirma que "a velocidade é a alavanca do mundo moderno".

O mundo, aponta Virilio[27], tornou-se o da presença virtual, da telepresença. Não só telecomunicação, mas também teleação (trabalho e compra a distância) e até em telessensação (sentir e tocar a distância). Essa hipermobilidade virtual nos leva à inércia, além de contrair espaços e intervalos temporais. Até mesmo a guerra nas sociedades contemporâneas são confrontos breves, instantâneos e virtuais, como se fossem *wargames de computador*, em que toda carga de expectativa está lançada no presente.

Sob o enfoque econômico, o "cassino planetário" é formado pelas bolsas de valores que funcionam 24 horas por dia, em tempo real, com uma imensa velocidade de circulação de capital especulativo, gerando uma economia virtual, transnacional e imprevisível – liberta

25. Estamos nos referindo ao risco exógeno (sociologia do risco) e endógeno (inerente ao processo, enquanto situação jurídica dinâmica e imprevisível). Ambos serão tratados na continuação.

26. Sobre o tema: VIRILIO, Paul. *A inércia polar*.

27. *A velocidade da libertação*, p. 10.

do presente e do concreto. Isso fulmina com o elo social, pois aqueles que investem na *economia real* não têm como antecipar a ação, desencorajando investimentos, destruindo empresas e empregos[28].

Nessa lógica de mercado, para conseguir lucros, é preciso acelerar a circulação dos recursos, abreviando o tempo de cada operação. Como consequência, a contratação de mão de obra também navega nesse ritmo: ao menor sinal de diminuição das encomendas, dispensa-se a mão de obra. É a hiperaceleração levando o risco ao extremo.

Ost[29] fala nos contratos de emprego temporários apontando para uma

> heterogeneização do tempo social, manifestada em ritmos sempre mais diversificados. Tempo conjugal e tempo parental dissociam-se[30], ao passo que a organização fordista do trabalho dá lugar a uma flexibilidade das prestações, mas também a uma nova precariedade dos empregos. A duração prometeica dos Códigos e a promessa das instituições dão então lugar a um tempo em migalhas que tem de ser reconquistado a cada instante. Direito de visita negociado, estágio conseguido com dificuldade, emprego interino, tudo se passa como se reaparecesse o antiquíssimo imperativo imposto aos pobres: viver o dia a dia.

Sob outro enfoque, a aceleração obtida a partir do *referencial luz* é impressionante e afeta diretamente nossa percepção de tempo. Como aponta Virilio[31], a tecnologia do final dos anos 1980 permitiu que os satélites transmitissem a *imagem à velocidade da luz* e isso representou um avanço da mídia televisiva com relevante mudança de paradigma.

---

28. OST, François. *O tempo do direito*, p. 353.

29. Ibidem, p. 377.

30. No que se refere ao casamento, Ost (ob. cit., p. 390) aponta para um *tempo conjugal* mais permanente, que sobrevive ao *tempo do casamento*. O casal parental sobrevive ao casal conjugal na medida em que – apesar de o elo conjugal ter deixado de existir – a filiação simbólica em relação à criança permanece. A responsabilidade educativa dos dois cônjuges sobrevive ao tempo do casamento, sendo incondicional e permanente. É possível divorciar-se do cônjuge, mas não dos filhos.

31. *A velocidade da libertação*, p. 26.

A imagem passa a ter visibilidade instantânea com o novo referencial *luz*. O fascínio da imagem conduz a que "o que não é visível e não tem imagem não é televisável, portanto, não existe midiaticamente".

O choque emocional provocado pelas imagens da TV – sobretudo as de aflição, de sofrimento e morte – não tem comparação com o sentimento que qualquer outro meio possa provocar. Suplanta assim a fotografia e os relatos, a ponto de que, quando não há imagens, cria-se. A "reconstituição" das imagens não captadas passa a ser fundamental para vender a emoção não apreendida no seu devido tempo. Exemplos típicos são os programas policiais sensacionalistas que proliferam nas televisões brasileiras, fazendo, inclusive, reconstituições ainda mais dramáticas dos crimes ocorridos para "captura psíquica" dos telespectadores.

Na era das redes sociais, a situação é ainda mais sensível e é perceptível o dano decorrente da velocidade com que se propagam, por exemplo, as *fake news*.

Mas a *velocidade da notícia* e de como os fatos são divulgados em redes sociais, bem como a própria dinâmica de uma sociedade espantosamente acelerada, são completamente diferentes da *velocidade do processo*, ou seja, existe um *tempo do direito* que está completamente desvinculado do *tempo da sociedade*. E o direito jamais será capaz de dar soluções à velocidade da luz.

No processo penal, os processos eletrônicos e as audiências e sessões *on-line* também eliminam distâncias e encurtam tempos, com notáveis vantagens, mas também com inconvenientes. É preciso refletir sobre a vantagem de ter-se uma audiência com som e imagem gravada, por exemplo. Mas não se pode compreender a dispensa de degravação destas audiências, pois isso traz gravíssimos prejuízos para acusação e defesa e, especialmente, para o ato de julgar. Quem acredita que o juiz vá – meses depois de encerrada a instrução – colocar fones de ouvido e assistir de novo dezenas de horas de filmagem das audiências? E o duplo grau de jurisdição, como fica? Sem degravação da instrução, qual desembargador vai assistir a essas dezenas (ou centenas) de horas de instrução para (re) valorar a prova ao julgar a apelação? A resposta é óbvia. Então, a aceleração pela inserção de tecnologia pode virar um grande problema se não vier acompanhada de atenção às especificidades do processo penal (nesse caso, da degravação).

Quanto à videoconferência, é sem dúvida um poderoso e útil instrumento de aceleração processual, que traz inegáveis prejuízos para o caráter antropológico do ritual judiciário, pela falta de contato imediato e pessoal de vítimas, testemunhas e réus com o juiz e entre eles e as partes processuais. Pode ser utilizado, mas com alguns limites. Daí a compreensível resistência, por exemplo, a que se faça audiência de custódia *on-line*, dada a natureza do ato e a imprescindibilidade do contato pessoal do juiz com o detido, até para aferição de eventual tortura ou violência que ele tenha sofrido. Da mesma forma, como foi amplamente debatido no período de pandemia de COVID-19 (especialmente ao longo dos anos de 2020 e 2021), é inviável a realização de um tribunal do júri *on-line*. Nem é preciso maior esforço para entender a absoluta inviabilidade, dada a especificidade do ritual do júri, da imprescindibilidade do contato pessoal das partes com os jurados leigos etc. Não se trata de um "negacionismo irracional" (na expressão de Susskind)[32], senão de respeitar os valores, o ritual, a forma de cognição, as categorias do processo penal e as próprias consequências do julgamento penal, cuja incompatibilidade é evidente e insuperável. Mas, como se não bastasse, ainda temos gravíssimas restrições em termos de tecnologia, de conexão, internet e equipamentos, até pelas eternas limitações orçamentárias em um país como o nosso. Quando se fala em tribunais *on-line*[33], é preciso considerar a nossa realidade (que podemos – efetivamente – ter) e as peculiaridades do processo penal (que não pode ser pensado pela ótica do processo civil, trabalhista, administrativo etc.).

---

32. SUSSKIND, Richard. *Tribunales online y justicia del futuro*. Wolters Kluwer España, 2000. E-book, posição 195.

33. O conceito de tribunal *on-line* está para muito além de processo eletrônico ou audiências *on-line*, se tratando de uma nova forma de pensar o sistema de administração da justiça. Sobre isso, remetemos o leitor para as obras de Richard Susskind, especialmente o clássico *Tribunales online y justicia del futuro*, Wolters Kluwer España, 2000.

Portanto, estabelece-se um grande paradoxo: a sociedade acostumada com a velocidade da virtualidade e das redes sociais não quer esperar pelo processo, daí a paixão pelas prisões cautelares e a visibilidade de uma imediata punição. Assim querem o mercado (que não pode esperar, pois tempo é dinheiro) e a sociedade (que não quer esperar, pois está acostumada ao instantâneo).

Isso, ao mesmo tempo em que desliga do passado, mata o devir, expandindo o presente. Desse presenteísmo/imediatismo brota o *Estado de Urgência,* uma consequência natural da incerteza epistemológica, da indeterminação democrática, do desmoronamento do Estado social e da correlativa subida da sociedade de risco, da aceleração e do tempo efêmero da moda. A urgência surge como forma de correr atrás do tempo perdido.

Como explica Ost, isso significa que passamos dos "relógios às nuvens", no sentido de que não estamos mais vivendo um modelo mecânico (relógio), linear e previsível de uma legislação piramidal, senão o modelo das "nuvens", interativo, recursivo e incerto de uma regulação em rede. O direito em rede é flexível e evolutivo. Um conjunto indefinido de dados em busca de um equilíbrio pelo menos provisório. É a normatividade flexibilizada, própria de um direito "mole, vago, no estado gasoso"[34].

A urgência – ou Estado correndo atrás – deixa de ser uma categoria extraordinária para generalizar-se, com uma tendência de alimentar-se de si mesmo, como se de alguma forma uma das suas intervenções pedisse a seguinte. Ao não tratar do problema com a devida maturação e profundidade, não há resultados duráveis.

> As intervenções de urgência parecem sempre chegar ao mesmo tempo demasiado cedo e demasiado tarde: demasiado cedo porque o tratamento aplicado é sempre superficial; demasiado tarde porque, sem uma inversão de lógica, o mal não parou de se propagar[35].

Os planos urgentes e milagrosos para "conter" a violência urbana são exemplos típicos disso: ao mesmo tempo demasiadamente

34. OST, François. *O tempo do direito*, p. 323.

35. Ibidem, p. 356.

cedo (tratamento superficial) e demasiadamente tarde (diante da gravidade já assumida).

Exemplo disso são os recorrentes pacotes "anticrime", que cada novo governo lança mão, ainda que com diferentes denominações, para sedar a opinião pública e fazer crer que algo de efetivo será feito, quando na verdade não passa de "mais do mesmo".

Nesse cenário, juízes são pressionados para decidirem "rápido" e as comissões de reforma, para criarem procedimentos mais "acelerados"[36], esquecendo-se de que o *tempo do direito* sempre será outro, por uma questão de garantia. A aceleração deve ocorrer, mas em outras esferas. Não podemos sacrificar a necessária maturação, reflexão e tranquilidade do ato de julgar, tão importante na esfera penal. Tampouco acelerar a ponto de *atropelar* os direitos e as garantias do acusado. Em última análise, o processo nasce para demorar (racionalmente, é claro), como garantia contra julgamentos imediatos, precipitados e no calor da emoção.

Dizer que o processo é *dinâmico* significa reconhecer seu movimento. Logo, como todo movimento, está *inscrito no tempo de maneira irreversível, sem possibilidade de voltar atrás*[37]. O que já foi feito não pode voltar a acontecer, até porque o tempo é irreversível, ao menos por ora. Se o processo, como a vida, é movimento, o equilíbrio necessário só pode ser dinâmico e, como tal, extremamente difícil e eivado de riscos. É o que Raux[38] define como o "equilíbrio de ciclista fundado sobre o movimento".

O processo penal também é acelerado em resposta ao desejo de uma reação imediata. Surgem os procedimentos sumários e até sumariíssimos (como previsto na Lei n. 9.099/95); proliferam os casos de *plea bargaining* nos Estados Unidos, de *pattegiamento* na Itália

---

36. Que não pode ser confundido com técnicas de sumarização (horizontal e vertical) da cognição. Sobre o tema veja-se nossa obra *Direito processual penal,* publicada pela Saraiva Educação.

37. RAUX, Jean-François. "Prefácio: elogio da filosofia para construir um mundo melhor". *A sociedade em busca de valores*, p. 13.

38. Idem.

ou transação penal/suspensão condicional do processo/acordo de não persecução penal no Brasil, até porque as chamadas *zonas de consenso* são ícones de eficiência (utilitarista) e celeridade (leiam-se: atropelo de direitos e garantias individuais).

Retornando à situação do ciclista, o difícil é encontrar o equilíbrio, pois, se é verdade que um processo que se arrasta assemelha-se a uma negação da justiça, não se deverá esquecer, inversamente, que o *prazo razoável* em que a justiça deve ser feita entende-se igualmente como recusa de um processo demasiado expedito[39]. O processo tem o seu tempo, pois deve dar oportunidade para as partes mostrarem e usarem suas armas, deve ter tempo para oportunizar a dúvida, fomentar o debate e a prudência de quem julga. Nesse terreno, parece-nos evidente que a aceleração deve vir mediante inserção (adequada) de tecnologia na administração da justiça e, jamais, com a mera aceleração procedimental, atropelando direitos e garantias individuais.

Infelizmente, na atualidade, assistimos a um *velho direito* tentando correr no ritmo da moderna urgência. Para tanto, em vez de modernizar-se com a tecnologia, prefere os planos milagrosos e o terror da legislação simbólica. A inflação legislativa brasileira em matéria penal é exemplo típico desse fenômeno.

Nesse complexo contexto, o direito é diretamente atingido, na medida em que é chamado a (re)instituir o elo social e garantir a segurança jurídica. Multiplicam-se os direitos subjetivos e implementam-se uma série de novos instrumentos jurídicos. O sistema penal é utilizado como sedante por meio do simbólico da panpenalização, do utilitarismo processual e do endurecimento geral do sistema. É a ilusão de resgatar um pouco da segurança perdida por meio do direito penal, o erro de pretender obrigar o futuro sobre a forma de ameaça.

Não se edifica uma ordem social apenas com base na repressão.

Acompanhando a síntese de Ost, o endurecimento da norma penal é reflexo da urgência, que descuida do passado e fracassa na pretensão de obrigar o futuro. Os programas urgentes, contudo, per-

39. OST, François. *O tempo do direito*, p. 359.

mitem resultados rápidos, visíveis e midiaticamente rentáveis, mas com certeza não se institui nada durável em uma sociedade a partir, unicamente, da ameaça de repressão.

Mas as condições para que se atue com a necessária reflexão e maturação desaparecem, uma vez que os discursos da segurança e do urgente (imediato) invadiram o imaginário social.

Quando o direito se põe a correr no ritmo da urgência, opera-se uma importante mudança de paradigma, em que "o transitório tornou-se o habitual, a urgência tornou-se permanente"[40]. O transitório era antes visto como um elo entre dois períodos de estabilidade normativa, um articulador entre duas sequências históricas. Hoje isso tudo mudou, a duração desapareceu, tornando inúteis os rearranjos do direito transitório. Todo o direito se pôs em movimento e o transitório é o estado normal, com o direito em constante trânsito, impondo-se a *urgência* como *tempo normal*. Ao generalizar a exceção, o sistema entra em colapso. Antes, a urgência era admitida no direito com extrema reserva e era sempre situacional, revogando-se tão logo cessasse o estado de urgência. Hoje ela está em todo lugar e surge independentemente de qualquer crise.

Isso também se manifesta no processo legislativo.

A urgência implica não só aceleração, mas também inversão, pois permite "ao *imperium* (a força) preceder a *jurisdictio* (o enunciado da regra), imunizando o facto consumado relativamente a um requestionamento jurídico ulterior"[41]. É o que ocorre, *v.g.*, com o chamado "contraditório diferido", em que primeiro se decide (poder), para depois submeter ao contraditório (ilusório) de onde deve(ria) brotar o saber.

Outro exemplo seria a banalização das medidas *in limine litis*, especialmente com a antecipação de tutela do CPC, e também das prisões cautelares no processo penal, em que a prisão preventiva – típica medida de urgência – foi generalizada, como um efeito sedante da opinião pública.

---

40. OST, François. *O tempo do direito*, p. 359.

41. OST, François. *O tempo do direito*, p. 362.

A prisão cautelar transformou-se em pena antecipada, com uma função de imediata retribuição/prevenção. A "urgência" também autoriza(?) a administração a tomar medidas excepcionais, restringindo direitos fundamentais, diante da ameaça à "ordem pública", vista como um perigo sempre urgente.

Leva, igualmente, a simplificar os procedimentos, abreviar prazos e contornar as formas, gerando um gravíssimo problema, pois, no processo penal, a forma é garantia, enquanto limite ao poder punitivo estatal. São inúmeros os inconvenientes da tirania da urgência.

As medidas de urgência deveriam limitar-se a um caráter "conservatório" ou "de preservação" até que regressasse à normalidade, quando então seria tomada a decisão de fundo. Contudo, isso hoje foi abandonado e as medidas verdadeiramente "cautelares" e "provisionais" (ou situacionais e temporárias) estão sendo substituídas por antecipatórias da tutela (dando-se o que deveria ser concedido amanhã, sob o manto da artificial reversão dos efeitos, como se o direito pudesse avançar e retroagir com o tempo) com a natural definitividade dos efeitos.

Na esfera penal, considerando-se que estamos lidando com a liberdade e a dignidade de alguém, os efeitos dessas alquimias jurídicas em torno do tempo são devastadores. A urgência conduz a uma inversão do eixo lógico do processo, pois, agora, primeiro prende-se para depois pensar. Antecipa-se um grave e doloroso efeito do processo (que somente poderia decorrer de uma sentença, após decorrido o *tempo de reflexão* que lhe é inerente), que jamais poderá ser revertido, não só porque o tempo não volta, mas também porque não voltam a dignidade e a intimidade violentadas no cárcere.

Inequivocamente, a urgência é um grave atentado contra a liberdade individual, levando a uma erosão da ordem constitucional e ao rompimento de uma regra básica: o processo nasceu para retardar, para demorar (dentro do razoável, é claro), para que todos possam expressar seus pontos de vista e demonstrar suas versões e, principalmente, para que o calor do acontecimento e das paixões arrefeça, permitindo uma racionalidade cognitiva. Em última análise, para que possamos racionalizar o acontecimento e aproximar o julgamento a um critério mínimo de justiça.

O ataque da urgência é duplo, pois, ao mesmo tempo em que impede a plena juridicidade (e jurisdicionalidade), ela impede a realização de qualquer reforma séria, de modo que, "não contente em destruir a ordem jurídica, a urgência impede a sua reconstrução"[42].

Surge um *novo*[43] *risco*: o risco endógeno ao sistema jurídico em decorrência da aceleração e da (banalização) da urgência. Essa é uma nova insegurança jurídica que deve ser combatida, pois perfeitamente contornável. Não há como abolir completamente a legislação de urgência, mas tampouco se pode admitir a generalização desmedida da técnica.

Entendemos que a esse novo risco deve-se opor uma (renovada) segurança jurídica, enquanto instrumento de proteção do indivíduo. Trata-se de recorrer a uma clara definição das regras do jogo para evitar uso desmedido do poder, enquanto redutor do arbítrio, impondo ao Estado o dever de obediência. No processo penal, é o que convencionamos chamar de *instrumentalidade constitucional*, ou seja, o processo enquanto instrumento a serviço da máxima eficácia dos direitos e das garantias do débil a ele submetido. Afinal, o Estado é uma reserva ética e de legalidade, jamais podendo descumprir as regras do jogo democrático de espaços de poder.

Interessante é o exemplo trazido por Ost[44], de que o Tribunal de Justiça Europeu decidiu pela "obrigação de não impor aos indivíduos uma mudança normativa demasiado brutal: por essa razão, a regra nova deve ao menos comportar medidas transitórias em benefício de destinatários que possam alegar uma expectativa legítima". Seria uma espécie de "direito a medidas transitórias". Importante limite a mudanças radicais de atitude é a necessidade de justificação objetiva e razoável (motivação).

Por meio de proteções e contrapesos, a jurisprudência deve tentar assegurar ao direito um papel garantidor e emancipador. Assim, deve ser repensado o conceito de segurança jurídica, enquanto freio à *ditadura (estatal)* da *urgência*.

---

42. OST, François. *O tempo do direito*, p. 366.

43. Ao lado do risco exógeno, inerente a nossa sociedade de risco.

44. *O tempo do direito*, p. 371.

A noção de "segurança" no processo (e no direito) deve ser repensada, partindo-se da premissa de que ela está na forma do instrumento jurídico e que, no processo penal, adquire contornos de limitação ao poder punitivo estatal e emancipador do débil submetido ao processo (Ferrajoli). O processo, enquanto ritual de reconstrução do fato histórico, é única maneira de obter uma versão aproximada do que ocorreu. Nunca será o fato, mas apenas uma aproximação ritualizada deste.

É fundamental definir as regras desse jogo, mas sem esquecer que mais importante do que a definição está em (des)velar o conteúdo axiológico das regras. A serviço do que ou de quem elas estão? Voltamos sempre à pergunta: Um processo penal para quê (quem)?

Nessa linha, evidencia-se o cenário de risco e aceleração que conduz a tirania da urgência no processo penal. Essa nova carga ideológica do processo exige especial atenção diante da banalização da excepcionalidade. O contraste entre a dinâmica social e a processual exige uma gradativa mudança a partir de uma séria reflexão, obviamente incompatível com o epidérmico e simbólico tratamento de urgência.

O processo nasceu para retardar a decisão, na medida em que exige tempo para que o *jogo* ou a *guerra* se desenvolvam segundo as regras estabelecidas pelo próprio espaço democrático[45]. Logo, jamais alcançará a hiperaceleração, o imediatismo característico da virtualidade.

Ademais, o juiz interpõe-se no processo numa dimensão espacial, mas principalmente *temporal*, situando-se entre o passado-crime e o futuro-pena, incumbindo-se a ele (e ao processo) a importante missão de romper com o binômio ação-reação[46]. O processo nasceu para dilatar o tempo da reação, nasceu para retardar.

---

45. Democracia aqui é considerada em uma dimensão substancial, enquanto sistema político e cultural que valoriza, fortalece, o indivíduo entre todo feixe de relações que ele mantém com os demais e com o Estado.

46. MESSUTI, Ana. *O tempo como pena*, p. 103.

Contudo, alguma melhora na dinâmica não só é possível, como também necessária. Obviamente que não pela mera aceleração procedimental (e consequente supressão de garantias fundamentais), mas sim por meio da inserção de um pouco da ampla tecnologia à disposição, especialmente na fase pré-processual. Também devemos considerar o referencial "luz", a visibilidade. Nesse (des)velar, a luz é fundamental, ainda que indireta, como ensina Paul Virillo. Tal questão nos leva – também – a repensar a publicidade e a visibilidade dos atos. A transparência do processo, mas sem cair no bizarro espetáculo televisivo. Esse é um ponto de dificílimo equilíbrio.

No que tange à duração razoável do processo, entendemos que a aceleração deve produzir-se não a partir da visão utilitarista, da ilusão de uma justiça imediata, destinada à imediata satisfação dos desejos de vingança. O processo deve durar um prazo razoável para a necessária maturação e cognição, mas sem excessos, pois o grande prejudicado é o réu, aquele submetido ao ritual degradante e à angústia prolongada da situação de pendência. O processo deve ser mais célere para evitar o sofrimento desnecessário de quem a ele está submetido. É uma inversão na ótica da aceleração: acelerar para abreviar o sofrimento do réu.

Também chegou o momento de aprofundar o estudo de um novo direito: *o direito de ser julgado num processo sem dilações indevidas*. Trata-se de decorrência natural de uma série de outros direitos fundamentais, como o respeito à dignidade da pessoa humana e à própria garantia da jurisdição. Na medida em que a jurisdição é um poder, mas também um direito, pode-se falar em verdadeira *mora jurisdicional* quando o Estado abusar do tempo necessário para prestar a tutela.

Entendemos adequado falar-se em uma *nova pena processual*, decorrente desse atraso, na qual o tempo desempenha uma função punitiva no processo. É a demora excessiva que pune pelo sofrimento decorrente da angústia prolongada, do desgaste psicológico (o processo como gerador de depressão exógena), do empobrecimento do réu, enfim, por toda estigmatização social e jurídica gerada pelo simples fato de estar sendo processado.

O processo é uma cerimônia degradante e, como tal, o caráter estigmatizante está diretamente relacionado com a duração desse ritual punitivo.

Assumido o caráter punitivo do tempo, não resta outra coisa ao juiz que (além da elementar detração em caso de prisão cautelar) *compensar a demora reduzindo a pena aplicada,* pois parte da punição já foi efetivada pelo tempo. Para tanto, formalmente, poderá lançar mão da atenuante genérica do art. 66 do Código Penal.

O próprio tempo do cárcere deve ser pensado a partir da distinção objetivo/subjetivo, partindo-se do clássico exemplo de Einstein[47], a fim de explicar a relatividade: "quando um homem se senta ao lado de uma moça bonita, durante uma hora, tem a impressão de que passou apenas um minuto. Deixe-o sentar-se sobre um fogão quente durante um minuto somente – e esse minuto lhe parecerá mais comprido que uma hora. – Isso é relatividade". O *tempo na prisão*[48] deve ser repensado, pois está mumificado pela instituição e gera grave defasagem enquanto *tempo de involução.*

Em suma, uma infinidade de novas questões que envolvem o *binômio tempo/direito* está posta e exige profunda reflexão.

1.4. Princípio da necessidade do processo penal em relação à pena

A titularidade exclusiva por parte do Estado do poder de punir (ou penar, se considerarmos a pena como essência do poder punitivo) surge no momento em que é suprimida a vingança privada e são implantados os critérios de justiça. O Estado, como ente jurídico e político, avoca para si o direito (e o dever) de proteger a comunidade e também o próprio réu, como meio de cumprir sua função de procurar o bem comum, que se veria afetado pela transgressão da ordem jurídico-penal, por causa de uma conduta delitiva[49].

---

47. EINSTEIN, *Vida e pensamentos*, p. 100.

48. Sobre o tema, consulte-se o trabalho de Giuseppe Mosconi, "Tiempo social y tiempo de cárcel". In: BEIRAS, Iñaki Rivera; DOBON, Juan (orgs.). *Secuestros institucionales y derechos humanos: la cárcel y el manicomio como laberintos de obediencias fingidas.*

49. ALONSO, Pedro Aragoneses. *Instituciones de derecho procesal penal*, p. 7.

À medida que o Estado se fortalece, consciente dos perigos que encerra a autodefesa, assume o monopólio da justiça, ocorrendo não só a revisão da natureza contratual do processo, senão a proibição expressa para os particulares de tomar a justiça por suas próprias mãos. Frente à violação de um bem juridicamente protegido, não cabe outra atividade[50] que não a invocação da devida tutela jurisdicional. Impõe-se a necessária utilização da estrutura preestabelecida pelo Estado – *o processo penal* – em que, mediante a atuação de um terceiro imparcial, cuja designação não corresponde à vontade das partes e resulta da imposição da estrutura institucional, será apurada a existência do delito e sancionado o autor. O processo, como instituição estatal, é a única estrutura que se reconhece como legítima para a imposição da pena. Não há uma atividade propriamente substitutiva, pois a pena pública nunca pertenceu aos particulares para que houvesse a "substituição". Por isso, é uma avocação para o Estado do poder de punir, afastando as formas de vingança privada.

Isso porque o direito penal é despido de coerção direta e, ao contrário do direito privado, não tem atuação nem realidade concreta fora do processo correspondente.

No direito privado, as normas possuem uma eficácia direta, imediata, pois os particulares detêm o poder de praticar atos jurídicos e negócios jurídicos, de modo que a incidência das normas de direito material – sejam civis, comerciais etc. – é direta. As partes materiais, em sua vida diária, aplicam o direito privado sem qualquer intervenção dos órgãos jurisdicionais, que, em regra, são chamados apenas para solucionar eventuais conflitos surgidos pelo incumprimento do acordado. Em resumo, não existe o monopólio dos tribunais na aplicação do direito privado e "ni siquiera puede decirse que estatísticamente sean sus aplicadores más importantes"[51].

---

50. Salvo aquelas protegidas pelas causas de exclusão da ilicitude ou da culpabilidade juridicamente reconhecidas pelo direito penal.

51. AROCA, Juan Montero. *Principios del proceso penal – una explicación basada en la razón*, p. 15.

No entanto, totalmente distinto é o tratamento do direito penal, pois, ainda que os tipos penais tenham uma função de prevenção geral e também de proteção (não só de bens jurídicos, mas também do particular em relação aos atos abusivos do Estado), sua verdadeira essência está na pena e essa não pode prescindir do processo penal. Existe um monopólio da aplicação por parte dos órgãos jurisdicionais e isso representa um enorme avanço da humanidade.

Para que possa ser aplicada uma pena, não só é necessário que exista um injusto culpável, mas também que exista previamente o devido processo penal. A pena não só é efeito jurídico do delito[52], senão que é um efeito do processo; mas o processo não é efeito do delito, senão da necessidade de impor a pena ao delito por meio do processo.

A pena depende da existência do delito e da existência efetiva e total do processo penal, posto que, se o processo termina antes de desenvolver-se completamente (arquivamento, suspensão condicional etc.) ou se não se desenvolve de forma válida (nulidade), não pode ser imposta uma pena.

Existe uma íntima e imprescindível relação entre delito, pena e processo, de modo que são complementares. *Não existe delito sem pena, nem pena sem delito e processo, nem processo penal senão para determinar o delito e impor uma pena.*

Assim, fica estabelecido o caráter instrumental do processo penal com relação ao direito penal e à pena, pois *o processo penal é o caminho necessário para a pena.*

É o que Gómez Orbaneja[53] denomina *principio de la necesidad del proceso penal,* amparado no art. 1º da LECrim[54], pois *não existe delito sem pena, nem pena sem delito e processo, nem processo penal senão para determinar o delito e atuar a pena.* O princípio apontado pelo autor resulta da efetiva aplicação no campo penal do adágio

---

52. Como explica ORBANEJA, Emilio Gómez. *Comentarios a la Ley de Enjuiciamiento Criminal,* t. I, p. 27 e ss.

53. *Comentarios a la Ley de Enjuiciamiento Criminal*, t. I, p. 27.

54. Norma processual penal espanhola – *Ley de Enjuiciamiento Criminal.*

latino *nulla poena et nulla culpa sine iudicio,* expressando o monopólio da jurisdição penal por parte do Estado e também a instrumentalidade do processo penal.

São três[55] os monopólios estatais:

a) exclusividade do direito penal;

b) exclusividade pelos tribunais; e

c) exclusividade processual.

Como explicamos, atualmente, a pena é estatal (pública), no sentido de que o Estado substituiu a vingança privada e, com isso, estabeleceu que a pena é uma reação do Estado contra a vontade individual. Estão proibidas a autotutela e a "justiça pelas próprias mãos". A pena deve estar prevista em um tipo penal e cumpre ao Estado definir os tipos penais e suas consequentes penas, ficando o tema completamente fora da disposição dos particulares (vedada, assim, a "justiça negociada"). Mas, como veremos ao tratar da "crise existencial do processo penal", a ampliação do espaço negocial é uma tendência inexorável e que vai atingir o núcleo da exclusividade processual.

Rogério Lauria Tucci[56] aponta para a imposição de uma autolimitação do *interesse punitivo* do Estado-administração, que somente poderá realizar o direito penal mediante a *ação judiciária* dos juízes e tribunais.

Entendemos que a *exclusividade dos tribunais* em matéria penal deve ser analisada em conjunto com a *exclusividade processual*, pois, ao mesmo tempo em que o Estado prevê que só os tribunais podem declarar o delito e impor a pena, também prevê a imprescindibilidade de que essa pena venha por meio do devido processo penal. Ou seja, cumpre aos juízes e tribunais declararem o delito e determinar a pena proporcional aplicável, e essa operação deve necessariamente percorrer o leito do processo penal válido com todas as garantias constitucionalmente estabelecidas para o acusado.

Aos demais Poderes do Estado – Legislativo e Executivo – está vedada essa atividade. Não obstante, como destaca Montero Aroca[57],

55. Seguindo AROCA, Juan Montero, *Principios del proceso penal*, p. 16 e ss.

56. TUCCI, Rogério Lauria. *Teoria do direito processual penal*, p. 25.

57. *Principios del proceso penal*, p. 19.

absurdamente "[...] se constata día a día que las leyes van permitiendo a los órganos administrativos imponer sanciones pecuniarias de tal magnitud, muchas veces, que ni siquiera pueden ser impuestas por los tribunales como penas". Da mesma forma, na execução penal, constata-se uma excessiva e perigosa administrativização, em que faltas graves – apuradas em procedimentos administrativos inquisitivos – geram gravíssimas consequências.

1.5. Instrumentalidade constitucional do processo penal

Estabelecido o monopólio da justiça estatal e do processo, trataremos agora da *instrumentalidade*. Desde logo, não devem existir pudores em afirmar que o processo é um instrumento (o problema é definir o conteúdo dessa instrumentalidade, ou a serviço de que(m) ela está) e que essa é a razão básica de sua existência. Ademais, o direito penal careceria por completo de eficácia sem a pena, e a pena sem processo é inconcebível, um verdadeiro retrocesso, de modo que a relação e interação entre direito e processo é patente.

A *strumentalità*[58] do processo penal reside no fato de que a norma penal apresenta, quando comparada com outras normas jurídicas, a característica de que o preceito tem por conteúdo um determinado comportamento proibido ou imperativo e a sanção tem por destinatário aquele poder do Estado, que é chamado a aplicar a pena. Não é possível a aplicação da reprovação sem o prévio processo, nem mesmo no caso de consentimento do acusado, pois ele não pode se submeter voluntariamente à pena, senão por meio de um ato judicial (*nulla poena sine iudicio*). Essa particularidade do processo penal demonstra que seu caráter instrumental é mais destacado que o do processo civil.

É fundamental compreender que a instrumentalidade do processo não significa que ele seja um instrumento a serviço de uma única finalidade, qual seja, a satisfação de uma pretensão (acusatória).

58. Como explica LEONE, Giovanni. *Elementi di diritto e procedura penale*, p. 189.

Ao lado dela está a função constitucional do processo, como *instrumento a serviço da realização do projeto democrático*, como muito bem adverte Geraldo Prado[59]. Nesse viés, insere-se a finalidade constitucional-garantidora da máxima eficácia dos direitos e garantias fundamentais, em especial da liberdade individual. Ademais, a Constituição constitui, logo, necessariamente, orienta a instrumentalidade do processo penal.

O termo "instrumentalidade", que sempre remeteu a algumas lições parciais de Dinamarco[60], deve ser revisitado. **Claro que nunca pactuamos com qualquer visão "eficientista" ou de que o processo pudesse ser usado como instrumento político de segurança pública ou defesa social.**

Resulta imprescindível visualizar o processo desde seu exterior, para constatar que o sistema não tem valor em si mesmo, senão pelos objetivos que é chamado a cumprir (projeto democrático-constitucional). Sem embargo, devemos ter cuidado na definição do alcance de suas metas, pois o processo penal não pode ser transformado em instrumento de "segurança pública". Nesse contexto, por exemplo, insere-se a crítica ao uso abusivo das medidas cautelares pessoais, especialmente a prisão preventiva para "garantia da ordem pública". Trata-se de buscar um fim alheio ao processo e, portanto, estranho à natureza cautelar da medida. Trataremos novamente desse tema quando analisarmos a presunção de inocência e as prisões cautelares.

Nesse sentido, importante é a análise de Morais da Rosa[61] quando sublinha o perigo de – a transmitir-se mecanicamente para o processo penal as lições de Dinamarco – pautar a instrumentalidade pela conjuntura social e política, demandando um "aspecto ético do processo, sua conotação deontológica" (expressão de Dinamarco).

---

59. Imprescindível a leitura de Geraldo Prado, na excepcional obra *Sistema acusatório*.

60. DINAMARCO, Cândido Rangel. *A instrumentalidade do processo*.

61. ROSA, Alexandre Morais da. *Direito infracional: garantismo, psicanálise e movimento antiterror*, p. 135 e ss.

Explica Morais da Rosa que "esse chamado exige que o juiz tenha os predicados de um homem do seu tempo, imbuído em reduzir as desigualdades sociais"[62], baseando-se nas modificações do Estado Liberal rumo ao Estado Social, mas

> vinculada a uma posição especial do juiz no contexto democrático, dando-lhe poderes sobre-humanos, na linha de realização dos *escopos processuais*, com forte influência da superada *filosofia da consciência,* deslizando no *Imaginário* e facilitando o surgimento de *Juízes Justiceiros* da Sociedade.

E conclui o autor afirmando que a

> pretensão de Dinamarco de que o juiz deve aspirar aos anseios sociais ou mesmo ao espírito das leis, tendo em vista uma vinculação axiológica, moralizante do jurídico, com o objetivo de realizar o sentimento de justiça do seu tempo, não mais pode ser acolhida democraticamente[63].

Nenhuma dúvida temos do enorme acerto e valor dessas lições, e de que esse perigo denunciado por Morais da Rosa é concreto e encontra em movimentos repressivos, como lei e ordem, tolerância zero e direito penal do inimigo, um terreno fértil para suas nefastas construções.

Ainda mais danosas são as viragens linguísticas, os giros discursivos, pregados por lobos, que em pele de cordeiro (e alguns ainda dizem falar em nome da Constituição...) seduzem e mantêm em crença uma multidão de ingênuos, cuja frágil base teórica faz com que sejam presas fáceis, iludidos pelo discurso pseudoerudito desses ilusionistas. Cuidado leitor, mais perigosos do que os inimigos assumidos (e, por essa assunção, até mereceriam algum respeito) são os que, falando em nome da Constituição, operam num mundo de ilusão, de aparência, para seduzir os incautos. Como diz Jacinto Coutinho[64], "parecem pavões, com belas plumas multicoloridas, mas com os pés cheios de craca".

---

62. Idem.

63. Idem.

64. No Prefácio da nossa obra *Introdução crítica ao processo penal – fundamentos da instrumentalidade constitucional*, que foi reproduzida no início deste livro.

Em suma, **nossa noção de instrumentalidade tem por conteúdo a máxima eficácia dos direitos e garantias fundamentais da Constituição, pautando-se pelo valor dignidade da pessoa humana submetida à violência do ritual judiciário**.

Voltando ao binômio direito penal-processual, a independência conceitual e metodológica do direito processual em relação ao direito material foi uma conquista fundamental. Direito e processo constituem dois planos verdadeiramente distintos no sistema jurídico, mas estão relacionados pela unidade de objetivos sociais e políticos, o que conduz a uma relatividade do binômio direito-processo (*substance-procedure*).

Respeitando sua separação institucional e a autonomia de seu tratamento científico, o processo penal está a serviço do direito penal, ou, para ser mais exato, da aplicação dessa parcela do direito objetivo[65]. Por esse motivo, não pode descuidar do fiel cumprimento dos objetivos traçados por aquele, entre os quais está o de *proteção do indivíduo*.

A autonomia extrema do processo com relação ao direito material foi importante no seu momento, e, sem ela, os processualistas não haveriam podido chegar tão longe na construção do sistema processual. Mas isso já cumpriu com a sua função. A acentuada visão autônoma está em vias de extinção e a instrumentalidade está servindo para relativizar o binômio direito-processo, para a liberação de velhos conceitos e superar os limites que impedem o processo de alcançar outros objetivos, além do limitado campo processual.

A ciência do processo já chegou a um ponto de evolução que lhe permite deixar para trás todos os medos e preocupações de ser absorvida pelo direito material, assumindo sua função instrumental sem qualquer menosprezo. O direito penal não pode prescindir do processo, pois a pena sem processo perde sua aplicabilidade.

Com isso, concluímos que a instrumentalidade do processo penal é o fundamento de sua existência, mas com uma especial característica: **é um instrumento de proteção dos direitos e garantias**

65. SANTOS, Andrés Oliva. Na obra coletiva *Derecho procesal penal*, p. 6.

individuais e de limitação do poder punitivo. É uma especial conotação do caráter instrumental e que só se manifesta no processo penal, pois se trata de instrumentalidade relacionada ao direito penal e à pena, mas, principalmente, *um instrumento a serviço da máxima eficácia das garantias constitucionais*. Está legitimado enquanto instrumento a serviço do projeto constitucional de limitação do poder e maximização dos direitos fundamentais.

Trata-se de limitação do poder e tutela do débil a ele submetido (réu, por evidente), cuja debilidade é estrutural (e estruturante do seu lugar). Essa debilidade sempre existirá e não tem absolutamente nenhuma relação com as condições econômicas ou sociopolíticas do imputado, senão que decorre do lugar em que ele é chamado a ocupar nas relações de poder estabelecidas no ritual judiciário (pois é ele o sujeito *passivo*, ou seja, aquele sobre quem recaem os diferentes constrangimentos e limitações impostos pelo poder estatal). Essa é a *instrumentalidade constitucional* que a nosso juízo funda sua existência.

1.6. A necessária recusa à teoria geral do processo. Respeitando as categorias próprias do processo penal. Quando Cinderela terá suas próprias roupas?

Era uma vez três irmãs, que tinham em comum, pelo menos, um dos progenitores: chamavam-se a Ciência do Direito Penal, a Ciência do Processo Penal e a Ciência do Processo Civil. E ocorreu que a segunda, em comparação com as demais, que eram belas e prósperas, teve uma infância e uma adolescência desleixada, abandonada. Durante muito tempo, dividiu com a primeira o mesmo quarto. A terceira, bela e sedutora, ganhou o mundo e despertou todas as atenções.

Assim começa Carnelutti, que com sua genialidade escreveu em 1946 um breve, mas brilhante, artigo (infelizmente pouco lido no Brasil), intitulado "Cenerentola"[66] (a Cinderela, da conhecida fábula infantil).

---

66. Originariamente publicado na *Rivista di Diritto Processuale*, v. 1, parte 1, p. 73-78. Em espanhol, foi publicado com o título "La Cenicienta", na obra *Cuestiones sobre el proceso penal*, p. 15-21.

O processo penal segue sendo a irmã preterida, que sempre teve de se contentar com as sobras das outras duas. Durante muito tempo, foi visto como um mero apêndice do direito penal. Evolui um pouco rumo à autonomia, é verdade, mas continua sendo preterido. Basta ver que não se tem notícia, na história acadêmica, de que o processo penal tivesse sido ministrado ao longo de dois anos, como costumeiramente o é o direito penal. Se compararmos com o processo civil então, a distância é ainda maior.

Mas, em relação ao direito penal, a autonomia obtida é suficiente, até porque, como define Carnelutti, delito e pena são como cara e coroa da mesma moeda. Como o são direito penal e processual penal. Recorde-se o que falamos sobre o princípio da necessidade.

O problema maior está na relação com o processo civil. O processo penal, como a Cinderela, sempre foi preterido, tendo de se contentar em utilizar as roupas velhas de sua irmã. Mais do que vestimentas usadas, eram vestes produzidas para sua irmã (não para ela). A irmã favorita aqui, corporificada pelo processo civil, tem uma superioridade científica e dogmática inegável.

Tinha razão Bettiol, como reconhece Carnelutti[67], de que assistimos inertes a um *pancivilismo*. E isso nasce na academia, com as famigeradas disciplinas de "Teoria Geral do Processo", tradicionalmente ministradas por processualistas civis que pouco sabem e pouco falam do processo penal e, quando o fazem, é com um olhar e discurso completamente viciado.

---

67. Carnelutti teve uma produção científica bastante ampla, prolixa até, escrevendo do direito comercial ao direito penal, passando pelo processo civil e pelo processo penal. Natural que cometesse, como de fato cometeu, diversos tropeços nessa longuíssima caminhada dogmática. Também caiu diversas vezes em contradição. Em casos assim, é preciso conhecer também o autor das obras, para não fazer equivocados juízos *a priori*. Fazemos essa advertência porque, em que pese no final da vida ter feito verdadeiras declarações de amor ao direito penal e ao processo penal, lutando por sua evolução e valorização, também foi ele um defensor da equivocada teoria unitária (teoria geral do processo), pensando ser o conceito de lide algo unificador. Logo, *La Cenicienta* deve ser compreendida nesse contexto (e nesses conflitos científicos que ele mesmo vivia).

Nessa linha, no Brasil, entre os pioneiros críticos está Tucci, que principia o desvelamento do fracasso da Teoria Geral do Processo a partir da desconstrução do conceito de *lide* (e sua consequente irrelevância) para o processo penal, passando pela demonstração da necessidade de se conceber o conceito de *jurisdição penal* (para além das categorias de jurisdição voluntária e litigiosa) e o próprio repensar a ação (ação judiciária e ação da parte).

Aponta o autor, ainda criticando a Teoria Geral do Processo, que

> esse, aliás, foi um dos (poucos, raros) aspectos negativos da grandiosa obra de José Frederico Marques, ao transplantar (sem, ou, às vezes, com modestos, avaros, retoques) institutos de processo civil para o processo penal, numa nítida adaptação dos *Elementos de direito processual penal* às *Instituições de direito processual civil* [...] incorporando-se numa prolixa e confusa concepção, que poderia ser denominada *teoria civil do processo penal* [...][68].

Como adverte Coutinho[69], outro antigo crítico da Teoria Unitária, "teoria geral do processo é engodo; teoria geral é a do processo civil e, a partir dela, as demais". Ou seja, pensam tudo desde o lugar do processo civil, com um olhar viciado, que conduz a um engessamento do processo penal nas estruturas do processo civil.

Todo um erro de pensar, que podem ser transmitidas e aplicadas no processo penal as categorias do processo civil, como se fossem as roupas da irmã mais velha, cujas mangas se dobram, para caber na irmã preterida. É a velha falta de respeito, a que se referia Goldschmidt, às categorias jurídicas próprias do processo penal.

Contudo, há chegado o momento (e se vão mais de 70 anos do trabalho de Carnelutti) de desvelar a diversidade fenomenológica (e metodológica) das *duas irmãs processuais*[70] e compreender que o processo penal possui suas categorias jurídicas próprias, sua diversidade inerente, e que não mais se contenta em usar as vestes da irmã.

---

68. TUCCI, Rogério Lauria. *Teoria do direito processual penal*, p. 54.

69. COUTINHO, Jacinto Nelson de Miranda. *A lide e o conteúdo do processo penal*, p. 119.

70. No mesmo sentido, Andrés Oliva Santos, na obra coletiva *Derecho procesal penal*, p. 51.

Como explica Carnelutti, o processo civil é, nove de cada dez vezes, um processo de sujeitos que "têm", e, quando um dos dois não tem, aspira muito "ter". É o processo do "meu" e do "teu", o que está em jogo é a propriedade, é uma relação coisificada, diria Simmel[71] (muito antes e muito além dos juristas).

O processo civil é o cenário da riqueza (de quem possui), ao passo que no processo penal, cada vez mais, é o processo *de quem não tem*, do excluído. Isso contribui para o estigma da gata borralheira, mas não justifica.

No processo penal, em (radical) câmbio, do que estamos tratando? Não é do ter, mas sim da liberdade. No lugar da coisa, pensa-se na liberdade, de quem, tendo, está na iminência de perder, ou que já não tendo pode recuperá-la ou perdê-la ainda mais. Trata-se de voltar para casa ou ser encarcerado. Como adverte Carnelutti, é com a liberdade o que verdadeiramente se joga no processo penal. "Al juez penal se le pide, como al juez civil, algo que nos falta y de lo cual no podemos prescindir; y es mucho más grave el defecto de libertad que el defecto de propiedad"[72].

Significa dizer que ao juiz penal não se pede, como ao juiz civil, algo que nos falta, o tal "bem da vida" como se referem os civilistas. É a própria vida que está em jogo. Para Carnelutti, tanto ao juiz penal como ao juiz civil, compete dar a cada um o seu. A (imensa) diferença está em que no penal é dispor do próprio "ser", ao passo que no civil é o "ter".

---

71. Aqui estamos fazendo alusão ao complexo pensamento de Simmel, quando, já em 1896, escreveu sobre "O dinheiro na cultura moderna", demonstrando o processo de coisificação da humanidade. Importante, ainda, a leitura de Ruth Gauer (*O reino da estupidez e o reino da razão,* p. 146 e ss.), quando, abordando Simmel, explica que a "morte do homem" foi diagnosticada quando o autor analisou o papel do dinheiro na sociedade e a separação entre as culturas subjetiva e objetiva. Essa coisificação do ser humano levou ao domínio da coisa sobre o homem. Como explica Gauer, o dinheiro é o Deus moderno, onipotente e onipresente, uma unidade e referência, que une a todos. "Sua busca é a sua falta, produz o ritmo nervoso e o estresse da vida moderna. Que novo tipo de vida o dinheiro constitui?".

72. CARNELUTTI, Francesco. La Cenicienta. *Cuestiones sobre el proceso penal*, p. 19.

Não se pode esquecer, ainda, como adverte certeiramente Juarez Cirino dos Santos[73], de que

> o processo penal não se constitui processo de partes *livres e iguais* – como o processo civil, por exemplo, dominado pela *liberdade* de partes, em situação de *igualdade* processual –, mas uma relação de poder instituída pelo Estado com a finalidade de descobrir a verdade de fatos criminosos e punir os autores considerados culpados.

São a ausência de liberdade e a relação de poder instituída (em contraste com a liberdade e a igualdade) os elementos fundantes de uma diferença insuperável entre o processo civil e o penal.

Em relação ao direito penal, a autonomia obtida é suficiente, até porque, como define Carnelutti, delito e pena são como cara e coroa da mesma moeda. Como o são direito penal e processual penal, unidos pelo "princípio da necessidade" – *nulla poena sine iudicio* – tão bem definido por Gomez Orbaneja. O direito civil se realiza todo dia sem processo civil (negócios jurídicos etc.), pois é autoexecutável, tem realidade concreta. O direito civil só chama o processo civil quando houver uma lide, *carneluttianamente* pensada como um conflito de interesses qualificado por uma pretensão resistida. Já no campo penal tudo é diferente. O direito penal não é autoexecutável e não tem realidade concreta fora do processo. É castrado. Se alguém for vítima de um crime, a pena não cai direta e imediatamente na cabeça do agressor. O direito penal não tem eficácia imediata e precisa, necessariamente, do processo penal para se efetivar, pois o processo é um caminho necessário e inafastável para chegar na pena.

Por isso, o princípio da necessidade demarca uma diferença insuperável entre penal e civil, já cobrando sua diferença nas condições da ação, como veremos.

Vejamos alguns rápidos exemplos (teria muito mais...) da (dis)torção conceitual e absurdos processuais realizados em nome da Teoria Geral do Processo:

---

73. *Direito penal – Parte Geral*, p. 655.

a) No processo penal, *forma é garantia e limite de poder*, pois aqui se exerce o poder de punir em detrimento da liberdade. É um poder limitado e condicionado, que precisa se legitimar pelo respeito às regras do jogo. Logo, não se deve importar a tal "instrumentalidade das formas" e "informalismo processual", pois aqui o fenômeno é completamente diferente.

b) Precisamos abandonar as *teorias da ação*, pois tudo o que se escreveu desde a polêmica Windscheid – Muther, passando pelas teorias da ação como direito abstrato (Plosz), como direito concreto (Wach) ou direito potestativo (Chiovenda) não pode ser aplicado ao processo penal sem muito ajuste, muita costura, quase uma roupa nova. Como afirmar que ação é um direito público, abstrato e autônomo? Se for assim, uma pessoa pode processar outra diretamente, sem nada de provas, de forma totalmente autônoma e abstrata? No processo civil, sim. No processo penal, nem pensar, pois é preciso desde logo demonstrar um mínimo de concretude, de indícios razoáveis de autoria e materialidade. E o juízo de mérito, ainda que superficialmente, é feito desde logo. Portanto, os conceitos de autonomia e abstração têm de ser repensados, senão completamente redesenhados. Mais do que isso, precisamos elaborar uma "teoria da acusação", adequada à realidade do processo penal.

c) Dizer que as *condições da ação* no processo penal são interesse e possibilidade jurídica do pedido é um erro, repetido sem maior reflexão por grande parte da doutrina. Como falar em "interesse" se aqui a regra é a necessidade? Discutir "interesse de agir" e outros civilismos é desconhecer o que é processo penal. Pior é tentar salvar o "interesse" por meio do entulhamento conceitual, atribuindo um conteúdo a essa categoria que ela não comporta. Esse é o erro mais comum: para tentar salvar uma inadequada categoria do processo civil, vão metendo definições que extrapolam os limites semânticos e de sentidos possíveis. Para salvar uma categoria inadequada não fazem outra coisa que matá-la, mas mantendo o mesmo "nome", para fazer jus a "teoria geral". E a tal "possibilidade jurídica do pedido"? O que é isso? Outra categoria inadequada, até porque, no processo penal, o pedido é sempre o mesmo... Mas e o que fazer para salvar um conceito erroneamente transplantado? Entulho-o de coisas que não lhe pertencem. Falam em suporte probatório mínimo, em indícios razoáveis de autoria e materialidade etc., ou seja, de outras coisas que nada têm a ver com possibilidade jurídica do pedido. Enfim, temos de levar as condições da ação a sério, para evitar essa enxurrada de acusações infundadas que presenciamos, servindo apenas para estigmatizar e punir ilegitimamente. Juízes que operam na lógica civilista não fazem a imprescindível "filtragem" para evitar acusações infundadas. A Teoria Geral do Processo (TGP) estimula o acusar infundado (afinal, é direito "autônomo e abstrato") e o recebimento burocrático, deixando a análise do "mérito" para o final, quando, no processo penal, *ab initio* precisamos demonstrar o *fumus commissi delicti* (abstrato, mas conexo instrumentalmente ao caso penal, diria Jacinto Coutinho).

d) *Lide penal*? Outro conceito imprestável e que não faz qualquer sentido aqui. Inclusive, é um erro falar em "pretensão punitiva", na medida em que o Ministério Público não atua no processo penal como "credor" (cível) que pede a adjudicação de um direito próprio. Ao MP não compete o poder de punir, mas de promover a punição. Por isso, no processo penal não existe lide, até porque não existe "exigência punitiva" que possa ser satisfeita fora do processo (de novo o princípio da necessidade). O MP exerce uma "pretensão acusatória" e o juiz o poder condicionado de punir. Sobre o objeto do processo, trataremos adiante.

e) *E o conceito de jurisdição*? Tem outra dimensão no processo penal, para além do poder-dever, é uma garantia fundamental, é limite de poder, é fator de legitimação, sendo que o papel do juiz no processo penal é distinto daquele exercido no processo civil. Por isso, a garantia do juiz natural é mais sensível aqui, até porque o juiz é o guardião da eficácia do sistema de garantias da constituição e que lá está para limitar poder e garantir o débil submetido ao processo. Dessarte, grave problema existe na matriz da TGP e suas noções de competência relativa e absoluta, desconsiderando que no processo penal não há espaço para a (in) competência relativa. É por isso que estão manipulando a competência no processo penal, esquecendo que o direito de ser julgado pelo "meu juiz", competente em razão de matéria, pessoa e (principalmente) lugar, é fundamental. A dimensão do julgamento penal é completamente diferente do julgamento civil, pois não podemos esquecer que o "caso penal" é uma lesão a um bem jurídico tutelado em um determinado lugar. Ou alguém vai dizer que o fato de um júri ser na cidade "A" ou na cidade "B" é irrelevante? Óbvio que não. Mas o que sabe a TGP de crime e júri?

f) *Juiz natural e imparcial*. A estrutura acusatória ou inquisitória do processo penal (como veremos adiante) é um dos temas mais relevantes e diretamente ligado ao princípio supremo do processo: a imparcialidade do julgador. A posição do juiz é fundante no processo penal, desde sua perspectiva sistêmica (e, como tal, complexa) para garantia da imparcialidade. Como ensinam os mais de 30 anos de jurisprudência do Tribunal Europeu de Direitos Humanos, juiz que vai atrás da prova está contaminado e não pode julgar. Trata-se de uma preocupação específica do processo penal e desconhecida pelo processo civil e pela TGP.

g) *Juiz natural e imparcial II*. A prova da alegação incumbe a quem alega? Claro que não! No Processo Penal não existe "distribuição de carga probatória", senão "atribuição" integral ao acusador, pois operamos desde algo que os civilistas não conhecem e tampouco compreendem: presunção de inocência.

h) *Juiz natural e imparcial III*. Julgar em dúvida razoável é um dilema, especialmente quando os adeptos da TGP resolvem "distribuir" cargas probatórias e, em dúvida, resolvem "ir atrás da prova". Pronto, está criado o problema. O ativismo judicial mata o Processo Penal. Juiz ator, que vai atrás da prova, desequilibra a balança, mata o contraditório e fulmina a imparcialidade. Sim, aqui a situação é bem complexa... Então o que fazer? Compreender que no processo penal muita gente queimou na fogueira (a TGP não conhece Eymerich e o *Directorum Inquisitorum*) para chegarmos no *in dubio pro reo*. Sem compreender esse complexo "caldo cultural" e os valores em jogo, especialmente o *in dubio pro reo*, como regra de julgamento, e a presunção de inocência, como regra de tratamento, é impossível analisar a questão.

i) *Fumus boni iuris e periculum in mora?* É impactante ver um juiz (de)formado pela TGP decretar uma prisão preventiva porque presentes o *fumus boni iuris* e o *periculum in mora*. Ora, quando alguém é cautelarmente preso é porque praticou um fato aparentemente criminoso. Desde quando isso é "fumaça de bom direito"? Crime é bom direito? Reparem no absurdo da transmissão de categorias! E qual é o fundamento da prisão? Perigo da demora? O réu vai "perecer"? Claro que não... Mas não faltará alguém para – incorrendo em grave reducionismo – dizer que é apenas "palavra". Mais um erro. Para nós, no direito penal e processual penal, palavra é limite, palavra é legalidade, as palavras "dizem coisas" e trabalhamos de lupa em cima do que diz a palavra e do que o intérprete diz que a palavra diz. Logo, nunca se diga que é "apenas" palavra, pois a palavra é tudo.

j) *Poder geral de cautela*[74]? De vez em quando, algum juiz "cria" medidas restritivas de direitos fundamentais invocando o CPC (!!) e o "poder geral de cautela" (ilustre desconhecido para o CPP). Mais um absurdo de quem desconhece que

74. Neste tema, muito importante foi a decisão proferida pelo Min. Celso de Mello no HC 186.421 que, acolhendo nossas lições, afirmou categoricamente que no processo penal não existe poder geral de cautela. Sobre o tema: <https://www.conjur.com.br/2020-jul-24/limite-penal-paradigmatica-decisao-celso-mello-hc-186421>.

o sistema penal se funda no princípio da legalidade, na reserva de lei certa, taxativa e estrita. Não se admite criar "punição" por analogia! Sim, mas é isso que fazem os que operam na lógica da TGP.

k) *Vou decretar a revelia do réu!* Não raras vezes ouvimos isso em uma audiência[75]. Gostaríamos de perguntar: vai inverter a carga da prova também, Excelência? Elementar que não. A categoria "revelia" é absolutamente inadequada e inexistente no processo penal, sendo figura típica do processo civil, carregada de sentido negativo, impondo ainda a "presunção de veracidade" sobre os fatos não contestados e outras consequências inadequadas ao processo penal. A inatividade processual (incluindo a omissão e a ausência) não encontra qualquer tipo de reprovação jurídica. Não conduz a nenhuma presunção, exceto a de inocência, que continua inabalável. O não agir probatório do réu não conduz a nenhum tipo de punição processual ou presunção de culpa. Não existe um dever de agir para o imputado para que se lhe possa punir pela omissão[76].

l) *Esse recurso especial/extraordinário não tem efeito suspensivo!* Um dos principais (e também mais equivocado) argumentos empregados para justificar a famigerada execução antecipada da pena (debate em torno do HC 126.292, resolvido nas ADC's 43, 44 e 54) era exatamente esse: os recursos especial e extraordinário não possuem efeito suspensivo, conforme prevê o CPC (!). Mas desde quando prender alguém ou deixar em liberdade está situado na dimensão de efeito recursal? Desde nunca! É um absurdo gerado pela cultura da TGP, que desconhece a presunção de inocência!

---

75. Disponível em: <https://www.conjur.com.br/2016-abr-08/limite-penal-revelia-incompativel-processo-penal>.

76. Sobre essa e as demais questões mencionadas neste tópico, sugerimos a leitura de nossa obra *Direito processual penal*, publicada pela Saraiva Educação, onde esses temas são tratados com mais profundidade.

m) *Nulidade relativa.* Essa é a fatura mais alta que a TGP cobra do processo penal: acabaram com a teoria das nulidades pela importação do pomposo *pas nullité sans grief.* Tão pomposo quanto inadequado e danoso. Iniciemos por um princípio básico – desconhecido pela TGP, por elementar: *forma é garantia.* O ritual judiciário está constituído, essencialmente, por discursos e, no sistema acusatório, forma é garantia, pois processo penal é exercício de poder e todo poder tende a ser autoritário. Violou a forma? Como regra, violou uma garantia do cidadão. E o tal "prejuízo"? É uma cláusula genérica, de conteúdo vago, impreciso e indeterminado, que vai encontrar referencial naquilo que quiser o juiz (autoritarismo-decisionismo-espaços impróprios de discricionariedade, conforme Lenio Streck). Como dito, no processo penal existe exercício condicionado e limitado de poder, sob pena de autoritarismo. E esse limite vem dado pela "forma". Portanto, flexibilizar a forma é abrir a porta para que os agentes estatais exerçam o poder sem limite, em franco detrimento dos espaços de liberdade. É rasgar o princípio da legalidade e toda a teoria da tipicidade dos atos processuais. É rasgar a Constituição. Por culpa da TGP, está chancelado o vale-tudo processual. O decisionismo se legitima na TGP. Eu-tribunal anulo o que eu quiser, quando eu quiser. Decisionismo antidemocrático e cultura autoritária.

Portanto, em rápidas pinceladas está demonstrada (e desenhada) a necessidade de se recusar a Teoria Geral do Processo e assimilar o necessário respeito às categorias jurídicas próprias do processo penal.

Voltando ao início *carneluttiano*, Cinderela é uma boa irmã e não aspira uma superioridade em relação às outras, senão, unicamente, uma afirmação de paridade. O processo civil, ao contrário do que sempre se fez, não serve para compreender o que é o processo penal: *serve para compreender o que não é.* Daí por que, com todo o respeito, basta de Teoria Geral do Processo.

1.7. Inserindo o processo penal na epistemologia da incerteza e do risco: lutando por um sistema de garantias mínimas

Como já apontamos, vivemos em uma sociedade complexa, em que o risco está em todos os lugares, em todas as atividades e atinge a todos de forma indiscriminada. Concomitantemente, é uma sociedade regida pela velocidade e dominada pela lógica do tempo curto. Toda essa aceleração potencializa o risco.

Alheio a tudo isso, o direito opera com construções técnicas artificiais, recorrendo a mitos como "segurança jurídica"[77], "verdade real", "reversibilidade de medidas" etc. Em outros momentos, parece correr atrás do *tempo perdido*, numa desesperada tentativa de acompanhar o "tempo da sociedade". Surgem então alquimias do estilo "antecipação de tutela", "aceleração procedimental" etc.

O conflito entre a dinâmica social e a jurídica é inevitável, evidenciando uma vez mais a falência do monólogo científico diante da complexidade imposta pela sociedade contemporânea. Nossa abordagem é introdutória, um convite à reflexão pelo viés interdisciplinar, com todos os perigos que encerra uma incursão para além de um saber compartimentado. Sem esquecer que, em meio a tudo isso, está alguém sendo punido pelo processo e, se condenado, sofrendo uma pena, concreta, efetiva e dolorosa.

1.7.1. Risco exógeno

Não há como iniciar uma abordagem sobre *risco* sem falar na *risk society* de Beck[78]. Obviamente que a análise perpassa essa visão,

77. A crítica dirige-se à visão tradicional, paleopositivista e arraigada no dogma da completude lógica do sistema. Da mesma forma, a crítica está dirigida à ilusão de controle que emerge do conceito. Como explicaremos no final, a tal segurança jurídica deve ser (re)pensada no atual contexto (de insegurança exógena e endógena) enquanto instrumento limitador do poder punitivo estatal e emancipador do débil submetido ao processo penal.

78. Trabalhamos aqui com os conceitos de Beck contidos na obra *La sociedad del riesgo*; e também de Goldblatt, "A sociologia de risco – Ulrich Beck". *Teoria social e ambiente.*

que serve apenas como ponto inicial. A doutrina de Beck desempenha uma importante missão na superação da compreensão de que o sofrimento e a miséria eram apenas para o *outro*, pois haviam paredes e fronteiras reais e simbólicas para nos escondermos. Isso desapareceu com Chernobil e foi reafirmado em diversos momentos, mais recentemente com a pandemia de COVID-19. Acabaram-se as zonas protegidas da modernidade, "ha llegado el final de los otros"[79]. O grande desafio passa a ser viver com essa descoberta do perigo. Caiu o manto de proteção, deixando descoberto esse desolador cenário. Uma doença surgida, ao que tudo indica, no interior da China se esparrama com uma velocidade absurda e literalmente para o mundo (Beck: risco global e local = glocalidade).

A sociologia do risco é firmada e definida pela emergência dos perigos ecológicos, caracteristicamente novos e problemáticos. Mas a dimensão desse risco transcende a esfera ecológica e também afeta o processo, pois alcança a sociedade como um todo, e o processo penal não fica imune aos riscos.

Como aponta Beck, as sociedades humanas sempre correram riscos, mas eram riscos e azares conhecidos, cuja ocorrência podia ser prevista e sua probabilidade, calculada. Os riscos das sociedades industriais eram importantes numa dimensão local e frequentemente devastadores na esfera pessoal, mas seus efeitos eram limitados em termos espaciais, pois não ameaçavam sociedades inteiras[80]. Atualmente, as novas ameaças ultrapassam limites espaciais e sociais e também excedem limites temporais, pois são irreversíveis e seus efeitos (toxinas) no corpo humano e no ecossistema vão se acumulando. Os perigos ecológicos de um acidente nuclear em grande escala, pela liberação de químicos ou pela al-

---

79. BECK, Ulrich. *La sociedad del riesgo*, p. 11.

80. Invocando Beck, Goldblatt ("A sociologia de risco – Ulrich Beck", p. 232) cita o exemplo da poluição causada por uma siderurgia ou fundição, no século XIX ou meados do século XX: o lixo produzido tinha consequências relevantes em nível local para as pessoas que trabalhavam lá e para a comunidade local, que bebia a água e respirava o ar contaminado. Contudo, essa ameaça (mesmo considerando todas as siderurgias do mundo) não alcançava populações inteiras, nem o planeta no seu todo.

teração e manipulação da composição genética da flora e fauna (transgênicos), colocam em risco o próprio planeta. Existe um risco real de autodestruição.

Outro problema é que nos riscos ecológicos modernos, segundo Beck[81], o ponto de impacto pode não estar obviamente ligado ao seu ponto de origem e sua transmissão e movimentos podem ser muitas vezes invisíveis e insondáveis para a percepção quotidiana. É um gravíssimo problema que dificulta ou impossibilita a identificação do nexo causal, como ocorreu, *v.g.*, com as contaminações pelo Antraz.

Se, na sociedade pré-industrial, o risco revestia a forma natural (tremores, secas, enchentes etc.), não dependendo da vontade do homem e, sendo por isso, inevitável, o risco na sociedade industrial clássica passou a depender de ações dos indivíduos ou de forças sociais (ex.: perigo no trabalho em razão da utilização de máquinas e venenos; no âmbito social, o perigo do desemprego e da penúria, ocasionado pelas incertezas da dinâmica econômica etc.). Nesse momento, nasce a ilusão do *Estado Segurança*.

Em que pese o fato de certos perigos e azares constantemente ameaçarem determinados grupos, tais riscos eram conhecidos, cuja ocorrência poderia ser prevista e cuja probabilidade poderia ser (ou será?) calculada. Mas os riscos contemporâneos são qualitativa e quantitativamente distintos, pois assumem consequências transgeracionais (pois sobrevivem aos seus causadores) e marcados pelo que Beck chama de *glocalidade* (globais e locais ao mesmo tempo). Exemplo recente disso é a pandemia de COVID-19. Noutra dimensão, os crimes praticados na ambiência das redes sociais também não respeitam qualquer limite territorial.

Ademais, é patente a desconstrução dos parâmetros culturais tradicionais e as estruturas institucionais da sociedade industrial (classe, consciência de classe, estrutura familiar e demarcação de funções por sexo). Não há estratificação econômica rígida, funções demarcadas por sexo e núcleo familiar. Todo o oposto. Felizmente.

---

81. GOLDBLATT, "A sociologia de risco – Ulrich Beck", p. 233.

O mito do Estado Segurança cai por terra quando se verifica a fragilidade de seus postulados. Beck[82] justifica o estado de *insegurança* sustentando que

> a dimensão dos riscos que enfrentamos é tal, e os meios pelos quais tentamos lutar contra eles, a nível político e institucional, são tão deploráveis, que a fina capa de tranquilidade e normalidade é constantemente quebrada pela realidade bem dura de perigos e ameaças inevitáveis.

Por conseguinte, as atuais formas de degradação do ambiente atingem a todos indistintamente, ou seja, não há que se considerar qualquer tipo de barreira social ou geográfica como meio de proteção contra tais perigos. Os gases poluentes emitidos pelos automóveis que circulam nas grandes cidades atingem da mesma forma ricos e pobres, causando-lhes os mesmos problemas respiratórios, assim como o fato de morar na periferia de uma grande cidade ou em um bairro nobre não protege ninguém de uma catástrofe.

Que dizer do "futuro"? É totalmente contingente, pois – explica Ost[83] – se opera uma ruptura com a experiência vulgar do tempo – enquanto simples recondução do passado – pois tudo se torna possível. O futuro é verdadeiramente contingente, indeterminado; o instante é verdadeiramente instantâneo, suspenso, sem sequência previsível ou prescrita. Projetos e promessas (impulso prometeico) perdem toda pertinência. É a incerteza elevada ao quadrado.

Mais radical, Comte-Sponville[84] chama de *nadificação*. Mais do que isso, é a nadificação do nada, pois o passado não existe, uma vez que já não é, nem o futuro, já que ainda não é. E o presente se divide num passado e num futuro que não existem. Logo, é o *nada, pois, entre dois nada: o tempo seria essa nadificação perpétua de tudo*.

Sob outro aspecto, indo além nessa análise, é importante considerar que vivemos numa *sociedade em busca de valores* (parafraseando a obra[85] de Prigogine e Morin).

---

82. GOLDBLATT, David. "A sociologia de risco – Ulrich Beck", p. 240.

83. *O tempo do direito*, p. 324.

84. COMTE-SPONVILLE, André. *O ser-tempo*, p. 18.

85. MORIN, Edgar; PRIGOGINE, Ilya et al. "A sociedade em busca de valores". *Para fugir à alternativa entre o cepticismo e o dogmatismo*.

Nessa busca de valores, devemos considerar que estamos numa sociedade pós-moralista[86], que, liberta da ética de sacrifícios, é dominada pela felicidade, pelos desejos, pelo ego e pelos direitos subjetivos, sem qualquer ideal de abnegação. E mais, tais benefícios devem ser obtidos a curto prazo, pois igualmente inseridos na lógica da aceleração, na qual qualquer demora é vista como um sofrimento insuportável.

São fatores que conduzem a um individualismo sem regras, sem limites, desestruturado e sem futuro. Esta é apenas (mais) uma das faces das nossas sociedades, que não sepultou a moral, senão que a deseja no mesmo nível de complexidade (uma moral *à la carte* diria Lipovetsky[87], pois sentimental, intermitente, epidérmica, uma última forma do consumo interativo de massa, eis que fortemente influenciada pelo discurso midiático). Até mesmo em torno da moral reina a mais absoluta incerteza, pois evidente o estado de guerra entre "os vários tipos de moral".

Outra face importante das nossas sociedades contemporâneas é o *infantilismo*[88], externado pelo *desejo* e pelo *consumismo*, fazendo despertar a criança que existe em cada um de nós. Aliado ao desejo infantil de tudo possuir, não sabemos lidar com o *tempo* e a *recusa*. Uma vez mais estamos inseridos na urgência (da satisfação do desejo), na qual qualquer demora é um retardo doloroso e insuportável, não queremos e não precisamos esperar, pois lançamos mão do *crédito*,

---

86. Gilles Lipovetsky ("A era do após-dever", p. 30-31) explica que existem três fases essenciais na história da moral ocidental. A primeira é marcada pelo momento teológico da moral, em que ela era inseparável dos mandamentos de Deus e da Bíblia. A segunda fase, que inicia no final do século XVII, é laico-moralista, em que se busca fundar as bases de uma moral independente dos dogmas religiosos e da autoridade da igreja. É uma moral pensada a partir da racionalidade, em que o homem pode alcançar uma vida moral sem a ajuda de Deus e dos dogmas teológicos. Por fim, a terceira fase é a "pós-moralista" e continua com o processo de secularização posto em marcha nos séculos XVII e XVIII. É uma sociedade que estimula mais os desejos, a felicidade e os direitos subjetivos, sem a cultura da ética de sacrifícios.

87. LIPOVETSKY, Gilles. "A era do após-dever", p. 35.

88. BRUCKNER, Pascal. "Filhos e vítimas: o tempo da inocência", p. 55.

provocando um verdadeiro *curto-circuito no tempo*, como define Bruckner[89]. O crédito permite fazer desaparecer, como que por passe de mágica, o intervalo entre desejo e satisfação, inserindo-nos numa perspectiva (imediatista) tipicamente infantil, da criança que não conhece a renúncia.

Como se não bastasse isso, os jovens de 1968 (do histórico maio de 1968) cresceram, tornando-se, eles próprios, pais. E, quando isso ocorreu, não ensinaram outra coisa aos seus filhos do que a *recusa a qualquer autoridade*. É uma geração dominada pela ideologia de *renunciar à renúncia*. Isso, obviamente, acarreta graves problemas, na medida em que o conflito com o direito (limite e imposição de renúncia) é inevitável e doloroso. Isso gera, ao mesmo tempo, violência e insegurança.

Desnecessário seguir, pois o risco, a incerteza e a insegurança estão em tudo. Nem sequer o sexo virtual, tido como seguro, ficou imune ao risco. Os vírus da internet, cada vez mais sorrateiros e destrutivos, acabaram com qualquer esperança de "segurança".

Vivemos inseridos na mais completa epistemologia da incerteza. Como consequência desse cenário de risco total, buscamos no direito penal a segurança perdida. Queremos segurança em relação a algo que sempre existiu e sempre existirá: violência e insegurança.

Aqui devemos fazer uma pausa e destacar que muito se tem manipulado o discurso para utilizar esses novos riscos como legitimante da intervenção penal. Não é essa nossa posição.

Estamos de acordo com Carvalho[90], de que o direito penal (e também o processo penal), "ao assumir a responsabilidade de fornecer respostas às novas demandas (aos novos riscos), redimensiona, vez mais, sua estrutura" num "narcisismo infantil"[91]. Surge do "delírio de grandeza (messianismo) decorrente da autoatribuição do papel de

---

89. Ibidem, p. 56.

90. CARVALHO, Salo de. "A ferida narcísica do direito penal (primeiras observações sobre as (dis)funções do controle penal na sociedade contemporânea)", p. 189.

91. Ibidem, p. 206.

proteção dos valores mais caros à humanidade, chegando a assumir responsabilidade pelo futuro da civilização (tutela penal das gerações futuras); estabelece uma relação consigo mesma que a transforma em objeto amoroso".

Esse cenário conduz à onipotência que incapacita o direito penal a perceber seus próprios limites, inviabilizando uma relação madura com os outros campos do saber (interdisciplinaridade). Ao não dialogar, o direito penal não percebe a falência do monólogo científico, o que conduz ao agravamento da crise e do próprio afastamento (alienação) da realidade.

Nossa abordagem situa-se nessa dimensão: reconhecer o risco para legitimar um sistema de garantias mínimas. É fazer um recorte garantidor e não penalizador na sociedade do risco.

Para concluir, recordemos a lição de Gauer[92] de que

> violência é um elemento estrutural, intrínseco ao fato social e não o resto anacrônico de uma ordem bárbara em vias de extinção. Esse fenômeno aparece em todas as sociedades; faz parte, portanto, de qualquer civilização ou grupo humano: basta atentar para a questão da violência no mundo atual, tanto nas grandes cidades como também nos recantos mais isolados.

1.7.2. Epistemologia da incerteza

Aliado a tudo isso, a epistemologia da incerteza e a relatividade sepultam as "verdades reais"[93] e os "juízos de certeza ou segurança" (categorias que o direito processual tanto utiliza), potencializando a insegurança.

Com Einstein e a relatividade, coloca-se em debate o caráter sagrado dos juízos de certeza ou verdades absolutas:

> a mesma paisagem podia ser uma coisa para o pedestre, outra coisa totalmente diversa para o motorista, e ainda outra coisa diferente para

---

92. "Alguns aspectos da fenomenologia da violência", p. 13 e ss.

93. Sobre o mito da verdade real e sua desconstrução, remetemos o leitor para nossa obra *Direito processual penal*, publicada pela Saraiva Educação.

o aviador. A verdade absoluta somente poderia ser determinada pela soma de todas observações relativas[94].

Hawking[95] explica que Einstein derrubou os paradigmas da época: o repouso absoluto, conforme as experiências com o éter, e o tempo absoluto ou universal que todos os relógios mediriam. Tudo era relativo[96], não havendo, portanto, um padrão a ser seguido.

Partindo da premissa de que *todo saber é datado,* Einstein distingue uma teoria verdadeira de uma falsa a partir do seu prazo de

---

94. EINSTEIN. *Vida e pensamentos*, p. 16-18.

95. HAWKING, Stephen. *O universo numa casca de noz*, p. 11.

96. Contudo, ensina Hawking (ob. cit., p. 79), "a relatividade geral falhou ao tentar descrever os momentos iniciais do universo porque não incorporava o princípio da incerteza, o elemento aleatório da teoria quântica a que Einstein tinha se oposto, como o pretexto de que Deus não joga dados" (recordemos da célebre frase de Einstein: "Deus não joga dados com o Universo"). Mas, ao que tudo indica, prossegue Hawking, é que Deus seja um grande jogador, onde o Universo não passa de um imenso cassino, com dados sendo lançados e roletas girando a todo momento. Existe um grande risco de "perder dinheiro" a cada lançamento de dados, mas existe uma previsibilidade (probabilidade), senão os proprietários de Cassinos não seriam tão ricos! O mesmo ocorre com o grande universo que temos hoje, em que existe um número enorme de lançamento de dados, em que a média de resultados pode ser prevista. É aqui que as leis clássicas da física funcionam: para os grandes sistemas. Sem embargo, quando o universo é minúsculo, como o era próximo à época do *Big Bang*, "o número de lançamentos de dados é pequeno, e o princípio da incerteza é muito importante". Aqui está a falha da relatividade, ao não incorporar esse elemento aleatório da incerteza. Hoje, a incerteza está tão arraigada nas diferentes dimensões da vida (economia, sociologia, antropologia etc.) que a discussão supera a fase da "probabilidade", para atingir o nível da "possibilidade", ou ainda das "propensões", como definiu Karl Popper (ao longo da obra *Um mundo de propensões*), para quem "a tendência para que as médias estatísticas se mantenham, se as condições se mantiverem estáveis, é uma das características mais notáveis do nosso universo. Sustento que isso só pode ser explicado pela teoria da propensão que são *mais do que meras possibilidades*, são mesmo tendências ou propensões para se tornarem realidade; ou propensões para se realizarem a si mesmas, as quais estão inerentes a todas as possibilidades em vários graus e que são algo como uma força que mantém as estatísticas estáveis" (ob. cit., p. 24). A propensão, entendemos, poderia ser definida como uma "possibilidade qualificada", conduzindo assim ao abandono da categoria "probabilidade" diante do princípio da incerteza.

validade: maior tempo para a primeira, tal como décadas ou anos; já para a desmistificação da segunda, bastam apenas dias ou instantes[97].

Nesse ínterim, "somente há uma verdade científica até que outra venha a ser descoberta para contradizer a anterior"[98]. Caso contrário, a vida se resumiria em reproduzir o conhecimento científico dos antepassados, assim como não haveria motivo para a ciência buscar novas fronteiras.

Em síntese, a ciência estrutura-se a partir do princípio da incerteza. E por causa dele

> não haverá apenas uma história do universo contendo vida inteligente. Ao contrário: as histórias no tempo imaginário serão toda uma família de esferas ligeiramente deformadas, cada uma correspondendo a uma história no tempo real na qual o universo infla por um longo tempo, mas não indefinidamente. Podemos então perguntar qual dessas histórias possíveis é a mais provável[99].

Essa incerteza também está intimamente relacionada com a noção de *futuro contingente*, em que se opera uma ruptura com a experiência vulgar do tempo – enquanto simples recondução do passado –, pois tudo se torna possível. O futuro é verdadeiramente contingente, indeterminado, o instante é verdadeiramente instantâneo, suspenso, sem sequência previsível ou prescrita[100]. Projetos e promessas (impulso prometeico) perdem toda pertinência. É a incerteza elevada ao quadrado.

Como aponta Ost[101], "toda ciência começa por uma recusa [...] o espírito científico mede-se pela sua capacidade de requestionar as certezas do sentido comum – tudo aquilo que Bachelard designava pelo nome de *obstáculo epistemológico*", pois "uma teoria nunca pode ser provada positivamente, nem definitivamente: lá pelo facto

---

97. VIRILIO, Paul. *A inércia polar*, p. 19.

98. THUMS, Gilberto. *Sistemas processuais penais*: *tempo, dromologia, tecnologia e garantismo*, p. 21.

99. HAWKING, Stephen. *O universo numa casca de noz*, p. 94.

100. OST, François. *O tempo do direito*, p. 324.

101. Ibidem, p. 327.

de termos contado milhares de cisnes brancos, como poderíamos ter a certeza de não existir pelo menos um que fosse preto?" A ciência está sempre em suspenso.

Nessa perspectiva de incerteza, a ordem é, pois, excepcional: é o caos que é regra.

A própria democracia é uma "política de indeterminação", pois torna o poder infigurável. Ao contrário do totalitarismo, explica Ost[102], na democracia ninguém tem o direito natural de deter o poder. Ninguém pode aspirar exercê-lo de forma durável. Nenhuma força ou partido poderá apropriar-se do poder, senão por meio do abuso. Enquanto o totalitarismo erradica o conflito e reduz toda espécie de oposição, a democracia está baseada no pluralismo de opiniões e na sua oposição conflitual (é uma visão de caos como regra). A democracia não elimina o conflito, apenas tenta garantir um desfecho negociável (por meio de procedimentos aceitos). Nunca há uma conclusão, mas apenas uma decisão que gera um acordo apenas parcial, uma verdade aproximada.

Inserida na epistemologia da incerteza, a democracia está centrada num conflito interminável, pois ela é essencialmente transgressiva e desprovida de base estável. Recordemos que, etimologicamente, político não se refere apenas a *polis*, mas também a *polemos*, isto é, à guerra, de forma que o espaço político não é apenas aquele reconciliado e harmônico, da ordem consensual, mas também do conflito. A arte consiste em transformar o antagonismo potencialmente destruidor em *agonismo democrático*[103].

1.7.3. Risco endógeno: processo como guerra ou jogo?

Mas o risco e a incerteza não estão apenas fora ou em torno do processo. São inerentes ao próprio processo, seja ele civil ou penal.

A noção de processo como relação jurídica, estruturada na obra de Bülow[104], foi fundante de equivocadas noções de segurança e

102. Ibidem, p. 332.

103. OST, François. *O tempo do direito*, p. 335.

104. Desenvolvida na obra *La teoría de las excepciones dilatorias y los pre-*

igualdade que brotaram da chamada relação de direitos e deveres estabelecidos entre as partes e entre as partes e o juiz. O erro foi o de crer que no processo penal houvesse uma efetiva relação jurídica, com um autêntico processo de partes.

A teoria do processo como uma relação jurídica (a seguir analisada no Capítulo "Teorias acerca da natureza jurídica do processo (penal)") é um marco relevante para o estudo do conceito de partes, principalmente porque representou uma evolução de conteúdo democrático-liberal do processo em um momento em que o processo penal era visto como uma simples intervenção estatal com fins de "desinfecção social" ou "defesa social"[105]. Com certeza, foi muito sedutora a tese de que no processo haveria um sujeito que exercitasse nele direitos subjetivos e, principalmente, que poderia exigir do juiz que efetivamente prestasse a tutela jurisdicional solicitada sob a forma de resistência (defesa). Apaixonante, ainda, a ideia de que existiria uma relação jurídica, obrigatória, do juiz com relação às partes, que teriam o direito de lograr por meio do ato final um verdadeiro clima de legalidade e *restabelecimento* da "paz social".

Tal relação deveria instaurar-se entre as partes (MP e réu) e o juiz, dando origem a uma reciprocidade de direitos e obrigações processuais. Ademais, a existência de partes constitui uma exigência lógica da instituição, da própria estrutura dialética do processo, pois, dogmaticamente, o processo não pode ser concebido sem a existência de partes contrapostas, ao menos *in potentia*[106].

Mas a tese de Bülow gerou diversas críticas e, sem dúvida, a mais apropriada veio de James Goldschmidt e sua *teoria do processo como situação jurídica*, tratada na sua célebre obra *Prozess als Rechtslage*, publicada em Berlim em 1925 e posteriormente difundida em diversos outros trabalhos do autor. Goldschmidt ataca,

---

supuestos procesales publicada (original em alemão) em 1868.

105. BETTIOL, Giuseppe. *Instituciones de derecho penal y procesal penal*, p. 243.

106. GUASP, Jaime. "Administración de justicia y derechos de la personalidad", p. 180 e ss.

primeiramente, os pressupostos da relação jurídica, em seguida, nega a existência de direitos e obrigações processuais, ou seja, o próprio conteúdo da relação e, por fim, reputa definitivamente como estática ou metafísica a doutrina vigente nos sistemas processuais contemporâneos. Nesse sentido, os pressupostos processuais não representam pressupostos do processo, deixando, por sua vez, de condicionar o nascimento da relação jurídica processual para ser concebidos como pressupostos da decisão sobre o mérito. Interessa-nos, pois, a crítica pelo viés da inércia e da falsa noção de segurança que traz ínsita a teoria do processo enquanto relação jurídica. Foi Goldschmidt quem evidenciou o caráter dinâmico do processo ao transformar a certeza própria do direito material na incerteza característica da atividade processual. Na síntese do autor, durante a paz, a relação de um Estado com seus territórios de súditos é estática, constitui um império intangível.

Sem embargo, ensina Goldschmidt,

> quando a guerra estoura, tudo se encontra na ponta da espada; os direitos mais intangíveis se convertem em expectativas, possibilidades e obrigações, e todo direito pode se aniquilar como consequência de não ter aproveitado uma ocasião ou descuidado de uma obrigação; como, pelo contrário, a guerra pode proporcionar ao vencedor o desfrute de um direito que não lhe corresponde[107].

Ficamos apenas nessa introdução, pois a Teoria de James Goldschmidt será analisada com profundidade no próximo capítulo, quando trataremos da "natureza jurídica do processo penal".

Essa rápida exposição do pensamento de Goldschmidt serve para mostrar que o *processo – assim como a guerra – está envolto por uma nuvem de incerteza*. A expectativa de uma sentença favorável ou a perspectiva de uma sentença desfavorável está sempre pendente do aproveitamento das chances e da liberação de cargas. Em nenhum momento, tem-se a certeza de que a sentença será procedente. A acusação e a defesa podem ser verdadeiras ou não; uma teste-

---

107. *Princípios gerais do processo civil*, p. 49.

munha pode ou não dizer a verdade, assim como a decisão pode ser acertada ou não (justa ou injusta), o que evidencia sobremaneira o risco no processo.

O mundo do processo é o mundo da instabilidade, de modo que não há que se falar em juízos de segurança, certeza e estabilidade quando se está tratando com o mundo da realidade, o qual possui riscos que lhes são inerentes.

É evidente que não existe *certeza* (*segurança*), nem mesmo após o trânsito em julgado, pois a coisa julgada é uma construção técnica do direito, que nem sempre encontra abrigo na realidade, algo assim como a matemática, na visão de Einstein[108]. É necessário destacar que o direito material é um mundo de entes irreais, vez que construído à semelhança da matemática pura, enquanto o mundo do processo, como anteriormente mencionado, identifica-se com o mundo das realidades (concretização), pelo qual há um enfrentamento da ordem judicial com a ordem legal.

Por derradeiro, tanto no jogo (Calamandrei) como na guerra (Goldschmidt), importam a estratégia e o bom manuseio das armas disponíveis. Mas, acima de tudo, são atividades de alto risco, envoltos na nuvem de incerteza. Não há como prever com segurança quem sairá vitorioso. Assim, deve ser visto o processo, uma situação jurídica dinâmica inserida na lógica do risco e do *giuoco*. Reina a incerteza até o final. *A consciência dessa realidade processual é fundamental para definirmos um sistema de garantias mínimas e também demarcar o melhor possível o espaço decisório. Importante compreender que a assunção da incerteza e da insegurança diz respeito à dinâmica do processo e não significa, em hipótese alguma, que estejamos avalizando o "decisionismo"*[109].

---

108. Ensina Einstein (ob. cit., p. 66-68) que "o princípio criador reside na matemática; a sua certeza é absoluta, enquanto se trata de matemática, abstrata, mas diminui na razão direta de sua concretização [...] as teses matemáticas não são certas quando relacionadas com a realidade e, enquanto certas, não se relacionam com a realidade".

109. Sobre os perigos do "decisionismo" e o "solipsismo", recomendamos a leitura de Lenio Streck, entre outros, na obra *O que é isto – decido conforme a minha consciência?*

1.7.4. Assumindo os riscos e lutando por um sistema de garantias mínimas

Em que pese o risco inerente ao jogo ou à guerra, em qualquer dos dois casos é necessário definir um sistema (ainda que mínimo) de regras (limites).

Diante desse cenário de risco total em que o processo penal se insere, mais do que nunca devemos lutar por um *sistema de garantias mínimas*. Não é querer resgatar a ilusão de segurança, mas sim assumir os riscos e *definir uma pauta de garantias formais das quais não podemos abrir mão*. É partir da premissa de que a garantia está na forma do instrumento jurídico e que, no processo penal, adquire contornos de limitação ao poder punitivo estatal e emancipador do débil submetido ao processo.

Nessa linha, pensamos que se deve maximizar a eficácia das garantias do devido processo penal[110]:

a) *jurisdicionalidade*: especialmente no que tange ao juiz natural e à imparcialidade;

b) *princípio acusatório* (ou dispositivo): fundando o sistema acusatório em conformidade com a Constituição;

c) *presunção de inocência*: enquanto pré-ocupação de espaços mentais (do julgador) e, portanto, no viés de "norma de tratamento", "norma probatória" e "norma de julgamento"[111];

d) *ampla defesa e contraditório*: ainda que distintas, são duas garantias que mantêm íntima relação e interação, necessitando ser maximizadas no processo penal;

---

110. Aqui apenas vamos indicar a base principiológica. Sugerimos a leitura da nossa obra *Direito processual penal*, publicada pela Saraiva Educação, em que aprofundamos a análise e problematização de todos e cada um deles.

111. Perspectiva muito bem exposta por Maurício Zanoide de Moraes, na obra *Presunção de Inocência no Processo Penal Brasileiro*, Lumen Juris, 2010, por nós aqui adotada, mas abordada com mais profundidade no livro *Direito Processual Penal*, publicado pela Saraiva Educação.

e) *fundamentação das decisões*: especialmente no viés de legitimação do poder jurisdicional exercido e instrumento de controle contra o "decisionismo" e o arbítrio.

Não se trata de mero apego incondicional à forma, senão de considerá-la uma garantia do cidadão e fator legitimante da pena ao final aplicada.

Mas – é importante destacar – não basta apenas definir as regras do jogo. Não é *qualquer regra que nos serve,* pois, como sintetiza Jacinto Coutinho[112], devemos ir para além delas (regras do jogo), definindo *contra quem se está jogando* e *qual o conteúdo ético e axiológico do próprio jogo.*

Nossa análise situa-se nesse desvelar do conteúdo ético e axiológico do jogo e de suas regras, indo muito além do mero (paleo) positivismo. Estamos com Bueno de Carvalho[113] ao defender a *positividade combativa*, segundo a qual devemos lutar pela máxima eficácia dos direitos e das garantias fundamentais, fazendo com que tenham vida real. Como define o autor:

> É o reconhecimento de que o direito positivado, por muitas vezes, resume conquistas democráticas (embora outras tantas vezes não seja aplicado). E, em tal acontecendo, há que se o fazer viger[114].

Tampouco podemos *confundir garantias com impunidade,* como insistem alguns defensores do terrorismo penal, subvertendo o eixo do discurso. As garantias processuais defendidas aqui não são geradoras de impunidade, senão legitimantes do próprio poder punitivo, que, fora desses limites, é abusivo e perigoso.

A discussão, como muito, pode situar-se no campo da relação ônus-bônus. Que preço estamos dispostos a pagar por uma "segurança"

---

112. COUTINHO, Jacinto Nelson de Miranda. "O papel do novo juiz no processo penal". *Crítica à teoria geral do direito processual penal*, p. 47.

113. BUENO DE CARVALHO, Amilton. *Teoria e prática do direito alternativo*, p. 56-57. Consulte-se, também, a excelente obra de Diego J. Duquelsky Gomez, *Entre a lei e o direito*.

114. Idem.

que, como apontado, sempre será mais simbólica e sedante do que efetiva e que, obviamente, sempre terá uma grande margem de falha (ausência de controle)? De que parcela da esfera de liberdade individual estamos dispostos a abrir mão em nome do controle estatal?

É aceitável que – em situações extremas e observadas as garantias legais – tenhamos de nos sujeitar a uma interceptação telefônica judicialmente autorizada, por exemplo. Contudo, será que estamos dispostos a permitir que essas conversas sejam reproduzidas e exploradas pelos meios de comunicação? Que a interceptação telefônica, de dados ou mesmo a busca domiciliar sejam banalizadas e usadas como primeiro ato investigativo, sem uma justa causa concreta que justifique e legitime tal (grave) ato (violento por essência) estatal?

Em definitivo, é importante compreender que *repressão* e *garantias processuais* não se excluem, senão que coexistem. Radicalismos à parte, devemos incluir nessa temática a noção de *simultaneidade*, em que o sistema penal tenha poder persecutório-punitivo e, ao mesmo tempo, esteja limitado por uma esfera de garantias processuais (e individuais).

Considerando que risco, violência e insegurança sempre existirão, é sempre melhor *risco com garantias processuais* do que *risco com autoritarismo*.

Em última análise, pensamos desde uma perspectiva de *redução de danos*, em que os princípios constitucionais não significam "proteção total" (até porque a *falta,* ensina Lacan, é constitutiva e sempre lá estará), sob pena de incidirmos na errônea crença na segurança (e sermos vítimas de nossa própria crítica). Trata-se, assim, de reduzir os espaços autoritários e diminuir o dano decorrente do exercício (abusivo ou não) do poder. Uma verdadeira política processual de redução de danos, pois, repita-se, o dano, como a *falta*, sempre lá estará.

Ademais, é preferível um sistema que falhe em alguns casos por falta de controle (ou de limitação da esfera de liberdade individual) do que um Estado *policialesco* e prepotente, pois a falha existirá sempre. O problema é que, nesse último caso, o risco de inocentes pagarem pelo erro é infinitamente maior e este é um custo que não podemos tolerar sem resistir.

1.8. A crise do processo penal: crise existencial; crise identitária da jurisdição; e a crise de (in)eficácia do regime de liberdade no processo penal

O processo penal brasileiro vive hoje uma grave crise, especialmente pela ineficácia da base principiológica da Constituição e da Convenção Americana de Direitos Humanos. A premissa "goldschmidtiana" de que o processo penal é um termômetro dos elementos democráticos ou autoritários da respectiva Constituição não está sendo posta em prática. O processo penal brasileiro deveria se constitucionalizar e democratizar, abrindo-se para a esfera protetiva ali estabelecida, bem como se convencionalizando. Sem embargo, a prática forense, fruto de uma forte cultura inquisitória arraigada, opera em sentido inverso: comprime a esfera de proteção constitucional e convencional para entrar na forma autoritária do código.

Por conta disso, enfrentamos uma grave crise no processo penal, que precisa ser analisada a partir de três dimensões:

1ª Crise existencial do processo penal

2ª Crise identitária da jurisdição penal

3ª Crise de (in)eficácia do regime de liberdade no processo penal

Somente a partir da compreensão desses três pontos de estrangulamento é que poderemos buscar medidas de redução de danos que permitirão a evolução do processo penal brasileiro e sua melhor conformação constitucional e convencional.

1.8.1. A crise existencial do processo penal: é (ainda) o processo o caminho necessário para chegar à pena?

Como visto no início deste capítulo, o processo penal tem sua existência justificada a partir da compreensão do "princípio da necessidade" – *nullum crime sine iudicio*, isto é, na impossibilidade de que se tenha a imposição de uma pena sem prévio processo penal. Essa concepção de processo como caminho necessário para se chegar à pena é fundante da própria existência do processo e constitui uma grande evolução civilizatória da humanidade. Nessa perspectiva, também fortalece o conjunto de regras que estruturam o "devido processo penal".

É uma concepção tradicional e ainda vigente e plenamente aplicável para a imensa maioria dos processos criminais que tramitam no Brasil.

Sem embargo, gradativamente, começa a tomar força outra via de resolução dos casos penais: a justiça negocial. Consideramos que "justiça negocial" é um gênero, no qual se inserem como espécies as formas de negociação sobre a pena (transação penal/acordo de não persecução), acordos sobre a abreviação do rito com diminuição da pena e também a delação/colaboração premiada.

Essas formas de negociação ou espaços de consenso acarretam a possibilidade de fixação de uma pena sem a tramitação completa do processo, rompendo com o modelo tradicional do confronto e do *nulla poena sine iudicio*. A expansão desses espaços negociais não é uma tendência nova e tampouco nos parece que seja passageira.

Vamos começar pela compreensão antropológica desse instituto.

Como já explicamos no início desta obra, vivemos em uma sociedade hiperacelerada, regida pela velocidade, como dirão, com algumas variações conceituais, mas com um mesmo núcleo fundante, Bauman, Virillo, Morin, Pascal Bruckner, Comte-Sponville e os principais pensadores contemporâneos. Estamos imersos numa narcose dromológica, sedados pelo instantâneo e o imediato, onde qualquer demora, por menor que seja, nos causa um imenso sofrimento. François Ost[115] mostra a dicotomia entre o *tempo social* e o *tempo do direito*, mas também entre o *tempo na sociedade* e o *tempo no direito*. Nessa perspectiva de hiperaceleração, é claro que o processo penal "também" é filho da flecha do tempo, ou seja, também sofre esse influxo, ainda que o tempo do processo ainda seja muito mais lento e demorado que o tempo da sociedade.

Claro que essa aceleração vai exigir o difícil equilíbrio que está na recusa aos dois extremos: de um lado, o atropelo de direitos e garantias fundamentais, que não pode ser admitido; de outro, a necessidade de que o processo tramite sem uma (de)mora excessiva. É aqui

---

115. OST, François. *O tempo do direito*.

que se situa a complexa compreensão do que seja um processo penal no prazo razoável.

O problema é que o fetiche da velocidade e da aceleração é muito forte, por qualquer ângulo que se mire, mas é especialmente forte no viés economicista, eficientista e utilitarista que tanto exige do processo penal. É talvez a mais cruel das "acelerações" que o processo penal pode sofrer, pois implica grave violação e restrição de direitos e garantias fundamentais.

Com razão, Figueiredo Dias[116] chama de "processo penal dotado de **eficiência funcionalmente orientada**". É um incremento de estruturas de consenso em detrimento de estruturas de conflito, para atender à ultrapassagem do atual modelo de sobrecarga da justiça para o modelo de eficiência funcionalmente orientada, explica o autor português, com precisão e síntese.

No Brasil o cenário é ainda mais grave, pois se criou um **ciclo vicioso**, **autofágico** até. Temos uma panpenalização (banalização do direito penal), pois acreditamos que o direito penal é a tábua de salvação para todos os males que afligem esta jovem democracia com uma grave e insuperável desigualdade social. Como "tudo" é direito penal, "quase tudo" acaba virando processo penal, com um entulhamento descomunal das varas criminais e tribunais. Não existe sistema de justiça que funcione nesse cenário e o nosso é um exemplo claro disso. A banalização do direito penal gera uma enxurrada diária de acusações, muitas por condutas absolutamente irrelevantes, outras por fatos que poderiam ser objeto do direito administrativo sancionador ou de outras formas de resolução de conflitos e, ainda, uma quantidade imensa de acusações por condutas aparentemente graves e relevantes, mas carentes de justa causa, sem um suporte probatório suficiente para termos um processo penal (em decorrência da má qualidade da investigação preliminar, também fruto – no mais das vezes – da incapacidade de dar conta do imenso volume de notícias-crimes).

---

116. FIGUEIREDO DIAS, Jorge. *Acordos sobre a sentença em processo penal.* Edição Conselho Distrital do Porto da Ordem dos Advogados, p. 16.

Diante do volume gigantesco de acusações e processos, é óbvio que o sistema de administração de justiça (dos juízes de primeiro grau às cortes superiores, o congestionamento é colossal) não funciona adequadamente. E, mesmo que eventualmente se tenha uma vara criminal em determinada cidade, cujos filtros "funcionem bem", todos os seus processos acabarão desaguando no mesmo lugar: primeiro nos tribunais de apelação (todos abarrotados) e depois no Superior Tribunal de Justiça (aqui então o estrangulamento é evidente, basta constatar que existem duas turmas criminais (5ª e 6ª Turmas) para julgar recursos especiais, *habeas corpus*, mandados de segurança, ações penais originárias etc., de todo o país... Qual a consequência? Uma justiça criminal lenta e que não dá conta da demanda, gerando demoras imensas. Diante da ineficácia do sistema de administração da justiça, agrava-se a percepção de impunidade, gerando um cenário fértil para os discursos punitivistas. Nada funciona, a sensação de impunidade cresce e a quantidade de crimes praticados só aumenta. O que fazer? Ministrar mais doses de direito penal simbólico, novos tipos penais, aumento de penas e mais endurecimento. E o ciclo se repete.

E o **sistema carcerário**? Superlotado e absolutamente sem controle. Com isso, reina a barbárie, o domínio das facções, do crime organizado, da corrupção, e se retroalimenta o ciclo da violência urbana. Quem "lucra" com todo esse descontrole? O crime organizado e as facções que realmente dominam e controlam o sistema carcerário brasileiro.

E na **esfera processual**? A crise de credibilidade do processo e da jurisdição conduz à ampliação dos casos de prisão preventiva, a menos liberdade no processo, menos direitos e garantias processuais e mais eficiência (leia-se: atropelo procedimental). Em suma, conduz à ilusão de que, acelerando de forma utilitarista os processos, restringindo recursos, limitando o uso do *habeas corpus* e ampliando o espaço de justiça negocial, se chega o mais rápido possível a uma pena, de preferência sem precisar do processo. Ainda que em uma esfera de apenamento restrita, os institutos da "transação penal" e da "suspensão condicional do processo", instituídos pela Lei n. 9.099/95, comprovam o quão problemática pode ser a negociação no processo penal. Esse espaço agora foi ampliado significativamente pelo acordo de não persecução penal.

A Lei n. 9.099/95[117] inseriu o processo penal brasileiro na perspectiva da justiça negociada e dos espaços de consenso. Para além do velado fundamento utilitarista, o modelo vem envolto por uma fina camada argumentativa de que seria uma imposição ou decorrência lógica e necessária da adoção do sistema processual acusatório. É um argumento insustentável, pois o sistema acusatório se funda no princípio dispositivo, no fato de que a iniciativa e a gestão da prova estão nas mãos das partes[118] (juiz-espectador). A lógica da *plea negotiation* se situa em outra dimensão, conduzindo a um afastamento do Estado-juiz das relações sociais, não atuando mais como interventor necessário, mas apenas assistindo de camarote ao conflito. A negociação guarda relação com a disponibilidade do objeto do processo penal (pretensão acusatória) e da própria acusação, bem como com a flexibilização do princípio da necessidade.

No que diz respeito à transação penal, Prado[119] faz longo e criterioso trabalho de crítica, demonstrando todos os inconvenientes do instituto e desvelando a falácia do discurso favorável à transação penal. Bastaria reconhecer a gravíssima e insuperável violação do princípio da necessidade, fundante e legitimante do processo penal

117. Para o estudo do Juizado Especial Criminal, composição dos danos civis, transação penal e suspensão condicional do processo, remetemos o leitor a nossa obra *Direito processual penal*, publicada pela Saraiva Educação.

118. Sobre o tema, imprescindível a leitura dos diversos escritos de Jacinto Nelson de Miranda Coutinho, especialmente: COUTINHO, Jacinto Nelson de Miranda. "Introdução aos princípios gerais do processo penal brasileiro". *Separata do Instituto Transdisciplinar de Estudos Criminais*. Também publicado na *Revista de Estudos Criminais*, n. 01/2001. COUTINHO, Jacinto Nelson de Miranda. "O papel do novo juiz no processo penal". In: COUTINHO, Jacinto Nelson de Miranda (org.). *Crítica à teoria geral do direito processual penal.* Idem. "Efetividade do processo penal e golpe de cena: Um problema às reformas processuais". In: WUNDERLICH, Alexandre (coord.). *Escritos de direito e processo penal em homenagem ao professor Paulo Cláudio Tovo*. Idem. "Glosas ao *Verdade, dúvida e certeza* de Francesco Carnelutti, para os operadores do direito". *Anuário Ibero-Americano de Direitos Humanos*.

119. PRADO, Geraldo. *Elementos para uma análise crítica da transação penal*, p. 224.

contemporâneo, para compreender que a transação penal é absolutamente ilegítima, pois constitui a aplicação de uma pena sem prévio processo. Põe-se por terra a garantia básica do *nulla poena sine iudicio*. A transação penal não dispõe, explica o autor, de um verdadeiro procedimento jurisdicional conforme a noção de devido processo legal.

Tampouco entendemos que o sistema negocial colabore para aumentar a credibilidade da justiça, pois ninguém gosta de negociar sua inocência. Não existe nada mais repugnante que, diante de frustrados protestos de inocência, ter de decidir entre reconhecer uma culpa inexistente, em troca de uma pena menor, ou correr o risco de se submeter a um processo que será desde logo desigual.

É um poderoso estímulo negativo saber que terá de enfrentar um promotor cuja "imparcialidade" (ainda sustentada por muitos e com a qual não concordamos) imposta por lei foi enterrada junto com a frustrada negociação, e que acusará de forma desmedida, inclusive obstaculizando a própria defesa.

Nossa crítica não se limita ao aspecto normativo da Lei n. 9.099/95, senão que vai à base epistemológica que a informa, constatando que o problema será potencializado com o aumento das chamadas zonas de consenso, como já está previsto no Projeto do CPP (PL n. 8.045), art. 283. Se acolhido, o dispositivo estabelece que o acusado e o Ministério Público poderão requerer a "aplicação imediata de pena nos crimes cuja sanção máxima cominada não ultrapasse 8 anos". É uma significativa ampliação do campo negocial.

A Lei n. 13.964/2019 trouxe no seu art. 28-A[120] o instituto do

---

120. Art. 28-A. Não sendo caso de arquivamento e tendo o investigado confessado formal e circunstancialmente a prática de infração penal sem violência ou grave ameaça e com pena mínima inferior a 4 (quatro) anos, o Ministério Público poderá propor acordo de não persecução penal, desde que necessário e suficiente para reprovação e prevenção do crime, mediante as seguintes condições ajustadas cumulativa e alternativamente: (*Incluído pela Lei n. 13.964, de 2019*)

I – reparar o dano ou restituir a coisa à vítima, exceto na impossibilidade de fazê-lo; (*Incluído pela Lei n. 13.964, de 2019*)

II – renunciar voluntariamente a bens e direitos indicados pelo Ministério Público como instrumentos, produto ou proveito do crime; (*Incluído pela Lei n. 13.964, de 2019*)

III – prestar serviço à comunidade ou a entidades públicas por período correspondente à pena mínima cominada ao delito diminuída de um a dois terços, em local a ser indicado pelo juízo da execução, na forma do art. 46 do Decreto-Lei n. 2.848, de 7 de dezembro de 1940 (Código Penal); (*Incluído pela Lei n. 13.964, de 2019*)

IV – pagar prestação pecuniária, a ser estipulada nos termos do art. 45 do Decreto-Lei n. 2.848, de 7 de dezembro de 1940 (Código Penal), a entidade pública ou de interesse social, a ser indicada pelo juízo da execução, que tenha, preferencialmente, como função proteger bens jurídicos iguais ou semelhantes aos aparentemente lesados pelo delito; ou (*Incluído pela Lei n. 13.964, de 2019*)

V – cumprir, por prazo determinado, outra condição indicada pelo Ministério Público, desde que proporcional e compatível com a infração penal imputada. (*Incluído pela Lei n. 13.964, de 2019*)

§ 1º Para aferição da pena mínima cominada ao delito a que se refere o *caput* deste artigo, serão consideradas as causas de aumento e diminuição aplicáveis ao caso concreto. (*Incluído pela Lei n. 13.964, de 2019*)

§ 2º O disposto no *caput* deste artigo não se aplica nas seguintes hipóteses: (*Incluído pela Lei n. 13.964, de 2019*)

I – se for cabível transação penal de competência dos Juizados Especiais Criminais, nos termos da lei; (*Incluído pela Lei n. 13.964, de 2019*)

II – se o investigado for reincidente ou se houver elementos probatórios que indiquem conduta criminal habitual, reiterada ou profissional, exceto se insignificantes as infrações penais pretéritas; (*Incluído pela Lei n. 13.964, de 2019*)

III – ter sido o agente beneficiado nos 5 (cinco) anos anteriores ao cometimento da infração, em acordo de não persecução penal, transação penal ou suspensão condicional do processo; e (*Incluído pela Lei n. 13.964, de 2019*)

IV – nos crimes praticados no âmbito de violência doméstica ou familiar, ou praticados contra a mulher por razões da condição de sexo feminino, em favor do agressor. (*Incluído pela Lei n. 13.964, de 2019*)

§ 3º O acordo de não persecução penal será formalizado por escrito e será firmado pelo membro do Ministério Público, pelo investigado e por seu defensor. (*Incluído pela Lei n. 13.964, de 2019*)

§ 4º Para a homologação do acordo de não persecução penal, será realizada audiência na qual o juiz deverá verificar a sua voluntariedade, por meio da oitiva do investigado na presença do seu defensor, e sua legalidade. (*Incluído pela Lei n. 13.964, de 2019*)

§ 5º Se o juiz considerar inadequadas, insuficientes ou abusivas as condições dispostas no acordo de não persecução penal, devolverá os autos ao Ministério Público para que seja reformulada a proposta de acordo, com concordância do investigado e seu defensor. (*Incluído pela Lei n. 13.964, de 2019*)

§ 6º Homologado judicialmente o acordo de não persecução penal, o juiz devolverá os autos ao Ministério Público para que inicie sua execução perante o juízo de execução penal. (*Incluído pela Lei n. 13.964, de 2019*)

acordo de não persecução penal, ampliando ainda mais o espaço negocial no processo penal.

A "barganha e a justiça criminal negocial", como manifestações dos espaços de consenso no processo penal, vêm (pre)ocupando cada vez mais não só os estudiosos, mas também os atores judiciários. A tendência de expansão é evidente, resta saber que rumo será tomado, se seguirá o viés de influência do modelo norte-americano da *plea bargaining*; o italiano do *patteggiamento*; o prático-forense alemão (cuja implantação evidenciou o conflito do *law in action* com o *law in books*); se ampliaremos o crescente modelo brasileiro introduzido pela Lei n. 9.099/95 (transação penal e suspensão condicional) na Lei n. 12.850/2013 e a colaboração premiada, chegando no acordo de não persecução penal (Lei n. 13.964/2019). Que rumo tomar? Quais os limites? Que vantagens e inconvenientes isso representa? São questões importantes a serem ponderadas.

---

§ 7º O juiz poderá recusar homologação à proposta que não atender aos requisitos legais ou quando não for realizada a adequação a que se refere o § 5º deste artigo. (*Incluído pela Lei n. 13.964, de 2019*)

§ 8º Recusada a homologação, o juiz devolverá os autos ao Ministério Público para a análise da necessidade de complementação das investigações ou o oferecimento da denúncia. (*Incluído pela Lei n. 13.964, de 2019*)

§ 9º A vítima será intimada da homologação do acordo de não persecução penal e de seu descumprimento. (*Incluído pela Lei n. 13.964, de 2019*)

§ 10. Descumpridas quaisquer das condições estipuladas no acordo de não persecução penal, o Ministério Público deverá comunicar ao juízo, para fins de sua rescisão e posterior oferecimento de denúncia. (*Incluído pela Lei n. 13.964, de 2019*)

§ 11. O descumprimento do acordo de não persecução penal pelo investigado também poderá ser utilizado pelo Ministério Público como justificativa para o eventual não oferecimento de suspensão condicional do processo. (*Incluído pela Lei n. 13.964, de 2019*)

§ 12. A celebração e o cumprimento do acordo de não persecução penal não constarão de certidão de antecedentes criminais, exceto para os fins previstos no inciso III do § 2º deste artigo. (*Incluído pela Lei n. 13.964, de 2019*)

§ 13. Cumprido integralmente o acordo de não persecução penal, o juízo competente decretará a extinção de punibilidade. (*Incluído pela Lei n. 13.964, de 2019*)

§ 14. No caso de recusa, por parte do Ministério Público, em propor o acordo de não persecução penal, o investigado poderá requerer a remessa dos autos a órgão superior, na forma do art. 28 deste Código. (*Incluído pela Lei n. 13.964, de 2019*)

Mas **a aceleração procedimental pode ser levada ao extremo de termos uma pena sem processo e sem juiz?** Sim, pois a garantia do juiz pode ficar reduzida ao papel de mero "homologador" do acordo, muitas vezes feito às portas do tribunal. No sistema norte-americano, por exemplo, muitas negociações são realizadas nos gabinetes do Ministério Público sem publicidade, prevalecendo o poder do mais forte, acentuando a posição de superioridade do *parquet*. Explicam Figueiredo Dias e Costa Andrade[121] que a *plea bargaining* nos Estados Unidos é responsável pela solução de 80% a 95% de todos os delitos. Ademais, as cifras citadas colocam em evidência que *em oito ou nove de cada dez casos não existe nenhum contraditório. Na mesma linha crítica e apontando cifras que vão de 90 a 97% de condenações com base em acordos, está o trabalho de Vinícius Gomes de Vasconcellos*[122].

A *negotiation* viola desde logo o pressuposto fundamental da jurisdição, pois a violência repressiva da pena já não passa pelo controle jurisdicional e tampouco se submete aos limites da legalidade, senão que está nas mãos do Ministério Público e submetida à sua discricionariedade. Isso significa uma inequívoca incursão do Ministério Público em uma área que deveria ser dominada pelo tribunal, que erroneamente limita-se a homologar o resultado do acordo entre o acusado e o promotor. Não sem razão afirma-se que **o promotor é o juiz às portas do tribunal**.

O pacto no processo penal pode se constituir em um perverso intercâmbio, que transforma a acusação em um instrumento de pressão, capaz de gerar autoacusações falsas, testemunhos caluniosos por conveniência, obstrucionismo ou prevaricações sobre a defesa, desigualdade de tratamento e insegurança. O furor negociador da acusação pode levar à perversão burocrática, em que a parte passiva não disposta ao "acordo" vê o processo penal transformar-se em uma complexa e burocrática guerra.

Tudo é mais difícil para quem não está disposto ao "negócio".

---

121. *Criminologia – o homem delinquente e a sociedade criminógena*, p. 484 e ss.

122. Na obra *Barganha e justiça criminal negocial*, monografia vencedora do 19º Concurso de Monografias de Ciências Criminais – IBCCrim.

O acusador público, disposto a constranger e obter o pacto a qualquer preço, utilizará a acusação formal como um instrumento de pressão, solicitando altas penas e pleiteando o reconhecimento de figuras mais graves do delito, ainda que sem o menor fundamento. A tal ponto pode chegar a degeneração do sistema que, de forma clara e inequívoca, o saber e a razão são substituídos pelo poder atribuído ao Ministério Público. O processo, ao final, é transformado em um luxo reservado a quem estiver disposto a enfrentar seus custos e riscos (Ferrajoli). A superioridade do acusador público, acrescida do poder de transigir, faz com que as pressões psicológicas e as coações sejam uma prática normal, para compelir o acusado a aceitar o acordo e também a "segurança" do mal menor de admitir uma culpa, ainda que inexistente.

Nessa mesma perspectiva se situam os acordos de delação/colaboração premiada, cabendo os mesmos questionamentos genéricos e mais alguns, específicos.

A delação/colaboração[123] insere-se na perspectiva da justiça negocial e encontra na Lei n. 12.850/2013 seu principal (mas não único) diploma legislativo. O grande problema é que a Lei n. 12.850/2013, ainda que seja a mais específica, não tem "suficiência normativa" para dar conta do que a prática processual está fazendo e exigindo.

Por mais que se admita que o acordo sobre a pena seja uma tendência mundial e inafastável, (mais) uma questão que preocupa muito é: onde estão essas regras e limites na lei? Onde está o princípio da legalidade? Reserva de lei? Será que não estamos indo no sentido da negociação, mas abrindo mão de regras legais claras, para cair no erro do decisionismo e na ampliação dos espaços indevidos da discricionariedade judicial? Ou, ainda, na ampliação dos espaços discricionários impróprios do Ministério Público? Estamos preocupados

---

123. Parte da doutrina é rigorosa na distinção dos institutos. Luiz Flávio Gomes, por exemplo, explica que a colaboração é gênero, subdividindo-se em cinco espécies: delação premiada; colaboração reveladora da estrutura e funcionamento da organização; colaboração preventiva; colaboração para localização e recuperação de ativos; colaboração para libertação de pessoas. Disponível em: <http://www.cartaforense.com.br/conteudo/colunas/ha-diferenca-entre-colaboracao--e-delacao--premiada/14756>.

não apenas com a banalização da delação premiada, mas com a ausência de limites claros e precisos acerca da negociação. É evidente que a Lei n. 12.850/2013 não tem suficiência regradora e estamos longe de uma definição clara e precisa acerca dos limites negociais.

A delação premiada, enquanto forma de consenso sobre a pena, precisa ser objeto de uma problematização muito mais complexa (para além da simples recusa, pois ela está aí), como por exemplo:

a) Cabe ao juiz fixar a pena e aplicar a redução de até 2/3 ou essa pena deve ser previamente indicada?

b) São válidos os acordos firmados na Operação "Lava Jato", em que o MPF já fixava previamente a pena? Podem ser criados regimes de cumprimento da pena, sem previsão legal, como fez Moro e a autodenominada "equipe Moro"? Como fixar uma pena de 15 anos em regime de prisão domiciliar? Regime semiaberto diferenciado? Aberto diferenciado?

c) Está pacificado que não se pode condenar apenas com a palavra do delator. Mas existe suficiência probatória quando a palavra do delator é "corroborada" por testemunhas que são, na verdade, delatores em outros processos (delação-cruzada)? Quando a delação é corroborada por documentos, planilhas indicando pagamentos e arquivos unilateralmente produzidos pelo delator[124]?

d) A decisão da 2ª Turma do STF, no HC 157.627 (Caso Bendine), exigindo que o corréu delator apresente alegações finais (memoriais) antes do corréu delatado, é suficiente para assegurar a ampla defesa? Bastaria o delator ser ouvido antes? Ou, para que exista ampla defesa, o delator deve ser considerado uma "testemunha qualificada da acusação" e, como tal, precisa ser ouvida antes das testemunhas de defesa, para que realmente o delatado possa produzir contra-prova[125]?

---

124. Já se chegou ao absurdo de admitir "delação de ouvi dizer": <https://www.conjur.com.br/2021-mai-12/delacao-ouvir-dizer>.

125. Sobre o tema, remetemos o leitor para nossa Coluna Limite Penal, na

e) Uma vez formalizado o negócio jurídico processual (delação), mas por qualquer motivo não efetivada ou descumprida, como vamos lidar com a confissão já realizada? E o prejulgamento, como fica? O juiz que teve contato com a confissão/delação deve ser afastado ou continuaremos com a ilusão de que não há quebra da imparcialidade, de que o juiz pode dar um *rewind* e deletar o que ouviu, viu e leu?

f) Havendo rescisão do acordo, podem ser utilizadas as provas e informações trazidas pelo delator? É válida a cláusula de que "em caso de rescisão valem os elementos probatórios trazidos"?

g) Nos casos penais de competência do tribunal do júri, como se dará o julgamento? Haverá júri e os jurados poderão não homologar a delação? E a íntima convicção, como fica? Haverá quesitação sobre a delação? Ou com a negociação usurparemos a competência do júri?

h) Havendo assistente da acusação, poderá se opor a negociação sobre a pena? Qual o espaço da vítima no ritual negocial? Ela poderá estabelecer "condições" ou será ignorada (como ocorre na transação penal oferecida pelo Ministério Público nas ações penais de iniciativa privada)?

i) Existe um "direito" do imputado ao acordo ou ele é um poder discricionário do Ministério Público?

j) Qual o nível e a dimensão de controle jurisdicional feito? Qual o papel do juiz no espaço negocial sem que ele deixe de ser "juiz" (ou seja, imparcial)?

Muitas são as perguntas não respondidas pelo sistema jurídico brasileiro e que acabam criando espaços impróprios de discricionariedade para o Ministério Público e também para o juiz. A Operação "Lava Jato" e seus vários acordos com cláusulas ilegais, fixação pelo Ministério Público de penas, criação de regimes não previstos

---

Conjur, neste texto publicado em coautoria com Vitor Paczek: <https://www.conjur.com.br/2019-set-27/limite-penal-correu-delator-ouvido-antes-testemunhas-defesa>.

em lei etc., é uma triste experiência do sistema penal brasileiro que precisa ser lembrada e estudada, para que absurdos assim não se repitam. Sem falar no absurdo consórcio de justiceiros e na relação promíscua que se estabeleceu entre Moro e a Equipe Moro, como amplamente revelado no escândalo da "vaza jato".

E isso nos conduz a uma reflexão importante: Como fica o princípio da legalidade?

Os juristas portugueses José Joaquim Gomes Canotilho e Nuno Brandão[126], analisando a delação premiada brasileira, se debruçaram sobre dois conhecidos acordos na origem da Lava Jato (Paulo Roberto Costa e Alberto Youssef), e também fizeram esse questionamento. E chegaram a uma reflexão perturbadora: que os compromissos (acordos de delação) "padecem de tantas e tão ostensivas ilegalidades e inconstitucionalidades que de forma alguma pode admitir-se o uso e a valoração de meios de prova através deles conseguidos". E "é terminantemente proibida a promessa e/ou a concessão de vantagens desprovidas de expressa base legal" (como os regimes de cumprimento acima mencionados), ressaltaram os professores. Assim, eles declararam que não é possível reduzir uma pena em mais de dois terços ou conceder perdão judicial a um crime não mencionado pela lei das organizações criminosas, pois, "em tais casos, o juiz substituir-se-ia ao legislador numa tão gritante quanto constitucionalmente intolerável violação de princípios fundamentais do (e para o) Estado de direito como são os da separação de poderes, da legalidade criminal, da reserva de lei e da igualdade na aplicação da lei".

Portanto, nessa perspectiva, graves ilegalidades estão ocorrendo.

Mas, antes de pensarmos que "legislar" é a solução para tudo isso, façamos mais um questionamento: já foi elaborado um sério e profundo "estudo de impacto carcerário" da expansão do espaço negocial? A expansão da possibilidade de concretização antecipada do poder de punir, por meio do reconhecimento consentido da cul-

---

126. "Colaboração premiada e auxílio judiciário em matéria penal: A ordem pública como obstáculo à cooperação com a operação Lava Jato". *Revista de Legislação e Jurisprudência*, ano 146, n. 4.000, set./out. 2016, p. 24-25.

pabilidade, não representará um aumento significativo da nossa já inchada população carcerária? Como o sistema carcerário sucateado e medieval que temos irá lidar com isso? Pois é, parece que mais uma vez legislaremos primeiro, para ver o que vai ocorrer depois.

Dessarte, estamos entrando – sem muito rumo ou prumo – em terreno minado (em grande parte), desconhecido e muito perigoso para o processo penal democrático e constitucional.

E quem não estiver disposto a *colaborar*? Surge o mesmo problema anteriormente apontado na justiça negocial: o processo se transforma em uma perigosa aventura. Os acusados que se recusam a aceitar a delação ou negociação são considerados incômodos e nocivos, e sobre eles pesará todo o rigor do direito penal "tradicional", em que qualquer pena acima de 4 anos impede a substituição e, acima de 8 anos, impõe o regime fechado. O panorama é ainda mais assustador quando, ao lado da acusação, está um juiz pouco disposto a levar o processo até o final, quiçá mais interessado que o próprio promotor em que aquilo acabe o mais rápido e com o menor trabalho possível (recordemos da "eficiência funcionalmente orientada" de Figueiredo Dias). Quando as pautas estão cheias e o sistema passa a valorar mais o juiz pela sua produção quantitativa do que pela qualidade de suas decisões, o processo assume sua face mais nefasta e cruel. É a lógica do tempo curto atropelando as garantias fundamentais em nome de maior eficiência.

A **prisão preventiva** também tem sido distorcida para forçar acordos de delação premiada (mostrando a outra dimensão da crise a seguir tratada, da [in]eficácia da liberdade no processo penal), na seguinte (dis)função: delata para não ser preso; ou delata para ser solto; ou, ainda, é solto para delatar. E mais, em processos como esse, as penas aplicadas aos que não fizeram "acordo" são estratosféricas, evidenciando que se criou uma nova função para a pena privativa de liberdade: ao lado das funções de prevenção geral e especial, temos agora a **prevenção "negocial"**. A mensagem é muito clara: ou colabora e aceita o perverso negócio, ou se prepare para uma pena exemplar. É a comprovação de que o processo penal acabou se transformando em uma perigosa aventura para quem não estiver disposto ao acordo.

Também é preciso que o processo penal brasileiro reposicione o Ministério Público na persecução penal, pois, a vingar um modelo negocial, já não há espaço para os princípios da obrigatoriedade e indisponibilidade da acusação, e a indisponibilidade do objeto do processo penal. São questões que não podem coexistir com a concepção tradicional ainda vigente.

1.8.2. Crise identitária da jurisdição penal: um juiz para que(m)? A incompreendida imparcialidade judicial

Considerando que a imparcialidade do juiz é o *princípio supremo do processo* (Pedro Aragoneses Alonso)[127], **a posição do juiz no processo penal é fundante do sistema** (inquisitório ou acusatório), sendo a "crise identitária da jurisdição" a mais grave de todas. Poderíamos considerar que é a "crise primeva", instituidora de todo o problema, na medida em que vai se refletir nas demais. O ponto nevrálgico reside nestas três perguntas:

1. Qual o lugar do juiz no processo penal?
2. Qual a função desse juiz?
3. A que expectativas deve corresponder a atuação do juiz penal?

As questões propostas são de extrema complexidade, mas inexoravelmente acabam se unindo e mirando para um mesmo ponto comum: o que é a "imparcialidade" judicial?

A imparcialidade é uma construção técnica artificial do direito processual, para criar um terceiro estruturalmente afastado das partes, remontando à estrutura dialética de *actum trium personarum* (de Búlgaro de Sassoferrato). Obviamente que não se confunde com a "neutralidade", inexistente nas relações sociais, na medida em que o juiz é um juiz-no-mundo.

---

127. A expressão é de Pedro Aragoneses Alonso, na obra *Proceso y derecho procesal*, p. 127. Werner Goldschmidt também leciona na mesma dimensão, mas denominando de "princípio básico do processo" (no magistral trabalho "La imparcialidad como principio básico del proceso". *Revista de Derecho Procesal*, n. 2, 1950, p. 208 ss.).

Esse afastamento estrutural exige que a esfera de atuação do juiz não se confunda com a esfera de atuação das partes, constituindo uma **vedação a que o juiz tenha iniciativa acusatória e também probatória**. Eis o pecado reducionista de muitos: pensar que basta a mera separação inicial de atividades (acusador-julgador) para termos um processo penal acusatório (e constitucional). O erro está em considerar que essa separação deve ser apenas "inicial", com um acusador distinto do julgador. Grave reducionismo, porque de nada adianta uma separação inicial se depois permitirmos que o juiz desça e pratique atos tipicamente de parte, como, por exemplo, determinando a produção de provas de ofício, condenando sem pedido ou nas atuações *ex officio* (*v.g.*, prisão, busca e apreensão etc. sem pedido).

O *ne procedat iudex ex officio* deve ser levado a sério e, obviamente, demarcar a posição do juiz durante todo o processo e não apenas no início. O ativismo judicial, o condenar sem pedido, o buscar provas de ofício, tudo isso produz um deslocamento estrutural que fulmina a posição do juiz por sacrificar o princípio supremo do processo: a imparcialidade. Não se pode, repetimos, pensar a estrutura sistêmica do processo e a posição do juiz, de forma desconectada da imparcialidade.

Daí a imensa importância do art. 3º-A, infelizmente suspenso ainda pela liminar do Min. Fux, que dispõe:

> Art. 3º-A. O processo penal terá estrutura acusatória, vedadas a iniciativa do juiz na fase de investigação e a substituição da atuação probatória do órgão de acusação.

Afirmado no CPP que o processo penal terá estrutura acusatória, demarca o legislador no Código a necessidade (óbvia, mas não respeitada) de respeitar uma regra de ouro (Jacinto Coutinho): *cada parte no seu lugar constitucionalmente demarcado.*

Especificamente sobre o sistema acusatório, será tratado no Capítulo 3, mas cumpre demonstrar aqui que existe uma íntima relação entre sistema processual, lugar do juiz e imparcialidade. Uma regra que reflete de forma direta no princípio supremo da imparcialidade, que deve ser tratada dentro da sua complexidade conceitual, englobando aquilo que a doutrina italiana chama de *terzietà* (um estranhamento, alheamento), a **estética de afastamento e a originalidade cognitiva**. E sempre recordando que isso somente poderá ser possível no marco do processo penal acusatório.

É claro que a garantia do juiz natural é fundamental, mas sobre isso a doutrina já se debruçou com suficiente profundidade. Nossa preocupação aqui está focada em outra dimensão: a imparcialidade.

O juiz brasileiro – por culpa da estrutura processual adotada até então – já inicia o processo completamente contaminado e sem a necessária originalidade cognitiva, na medida em que a "prevenção" fixa a competência. Já tratamos desse tema, mas é necessário voltar constantemente a ele. A reforma trazida pela Lei n. 13.964/2019 pretende exatamente romper com essa estrutura inquisitória e superar esses problemas.

No processo penal brasileiro, existe um absurdo faz-de--contas-cognitivo[128], dada a inegável contaminação (e falta de originalidade cognitiva) do juiz prevento.

Não é suficiente apenas *ter um juiz* natural e competente, é necessário que ele reúna algumas qualidades mínimas, para estar apto a desempenhar seu papel de garantidor da eficácia do sistema de garantias da Constituição (função do juiz penal). A imparcialidade do órgão jurisdicional é um "princípio supremo do processo", fundante da própria estrutura dialética. Como explica Carnelutti[129] que *el juicio es un mecanismo delicado como un aparato de relojería: basta cambiar la posición de una ruedecilla para que el mecanismo resulte desequilibrado e comprometido*. Seguindo Werner Goldschmidt[130], o termo "partial" expressa a condição de parte na relação jurídica processual e, por isso, a *impartialidade* do julgador constitui uma consequência lógica da adoção da heterocomposição, por meio da qual um terceiro *impartial* substitui a autonomia das partes.

---

128. Sobre o tema, remetemos o leitor para nossa Coluna Limite Penal, onde escrevemos esse texto em coautoria com Ruiz Ritter: <https://www.conjur.com.br/2020-mai-08/juiz-garantias-fim-faz-conta>.

129. *Derecho procesal civil y penal*, p. 342.

130. No magistral trabalho: "La imparcialidad como principio básico del processo". *Revista de Derecho Procesal*, n. 2, 1950, p. 208 e ss.

Já a *parcialidade* significa um estado subjetivo, emocional, um estado anímico do julgador. A imparcialidade corresponde exatamente a essa posição de terceiro que o Estado ocupa no processo, por meio do juiz, atuando como órgão supraordenado às partes ativa e passiva. Mais do que isso, exige uma posição de *terzietà*[131], um *estar alheio* aos interesses das partes na causa, ou, na síntese de Jacinto Coutinho[132], *não significa que ele está acima das partes, mas que está para além dos interesses delas*.

Por isso, W. Goldschmidt[133] sintetiza que *la imparcialidad del juez es la resultante de las parcialidades de los abogados* [ou das partes].

A imparcialidade pode ser pensada em subjetiva e objetiva.

A **imparcialidade subjetiva** diz respeito ao estado anímico do juiz, isto é, à ausência de prejulgamentos em relação àquele caso penal e seu autor. É a inexistência de prévia tomada de decisão, capaz de gerar os pré-juízos que causam um imenso prejuízo.

Essa discussão é muito importante quando se trata de avaliar a contaminação pela tomada prévia de decisões que acabam se aproximando em demasia do próprio julgamento do mérito do caso penal. É o que ocorre, por exemplo, quando o juiz, atendendo a pedido do Ministério Público (mesmo que não seja de ofício, portanto), decreta – na fase pré-processual – medidas cautelares pessoais (*v.g.*, prisão preventiva), uma busca e apreensão, quebra de sigilo telefônico etc. **Daí, uma vez mais, a imprescindibilidade do sistema *doble juez*, ou seja, que o juiz que atua na fase investigatória não seja o mesmo que depois instrua e julgue. É a evidência de que o juiz das garantias (art. 3º-B e ss.) e a prevenção como causa de exclusão da competência (nesta perspectiva de não ser o mesmo juiz) são instrumentos absolutamente necessários.**

---

131. Para FERRAJOLI (*Derecho y razón*, cit., p. 580), é a *ajenidad del juez a los intereses de las partes en causa.*

132. "O papel do novo juiz no processo penal", cit., p. 11.

133. *Introducción filosófica al derecho*, p. 321.

Enfrentando esses resquícios inquisitórios e a problemática acerca da imparcialidade, o **Tribunal Europeu de Direitos Humanos** (TEDH), especialmente nos casos *Piersack*, de 1º de outubro de 1982, e *De Cubber*, de 26 de outubro de 1984, consagrou o entendimento de que o juiz com poderes investigatórios é incompatível com a função de julgador. Ou seja, se o juiz lançou mão de seu poder investigatório na fase pré-processual, não poderá, na fase processual, ser o julgador. É uma violação do direito ao juiz imparcial consagrado no art. 6.1 do Convênio para a Proteção dos Direitos Humanos e das Liberdades Fundamentais, de 1950. Segundo o TEDH, a contaminação resultante dos "pré-juízos" conduz à falta de imparcialidade subjetiva ou objetiva.

Desde o caso *Piersack*, de 1982, entende-se que a imparcialidade subjetiva alude à convicção pessoal do juiz concreto, que conhece de um determinado assunto e, desse modo, a sua falta de "pré-juízos".

Nenhuma dúvida temos, na esteira de Casara e Tavares[134], ao tratar da cultura inquisitória ainda presente e dominante no processo penal brasileiro e nas práticas judiciárias, que "a confusão entre acusador e juiz, que é uma característica historicamente ligada ao fenômeno da inquisição e à epistemologia autoritária. No momento em que o juiz protofascista se confunde com a figura do acusador e passa a exercer funções como a de buscar confirmar a hipótese acusatória, surge um julgamento preconceituoso, com o comprometimento da imparcialidade. Tem-se, então, o primado da hipótese sobre o fato. A verdade perde importância diante da "missão" do juiz, que aderiu psicologicamente à versão acusatória."

Importante contribuição nos traz a teoria da dissonância cognitiva[135] para a compreensão da imparcialidade subjetiva do juiz.

---

134. TAVARES, Juarez; CASARA, Rubens. *Prova e Verdade*. São Paulo: Tirant lo Blanch, 2020. p. 13.

135. Referência nesse tema é a obra de Ruiz Ritter, *Imparcialidade no processo penal*: reflexões a partir da teoria da dissonância cognitiva, publicada pela editora Tirant lo Blanch Brasil.

Como explica Schünemann[136], grave problema existe no fato de o mesmo juiz receber a acusação, realizar a audiência de instrução e julgamento e posteriormente decidir sobre o caso penal. Existe não apenas uma "cumulação de papéis", mas um "conflito de papéis", não admitido como regra pelos juízes, que se ancoram na "formação profissional comprometida com a objetividade". Tal argumento nos remete a uma ingênua crença na "neutralidade" e supervalorização de uma (impossível) objetividade na relação sujeito-objeto, já tão desvelada pela superação do paradigma cartesiano (ainda não completamente compreendido). Ademais, desconsidera a influência do inconsciente, que cruza e permeia toda a linguagem e a dita "razão".

Em linhas introdutórias, a teoria da "dissonância cognitiva", desenvolvida na psicologia social, analisa as formas de reação de um indivíduo diante de duas ideias, crenças ou opiniões antagônicas, incompatíveis, geradoras de uma situação desconfortável, bem como a forma de inserção de elementos de "consonância" (mudar uma das crenças ou as duas para torná-las compatíveis, desenvolver novas crenças ou pensamentos etc.) que reduzam a dissonância e, por consequência, a ansiedade e o estresse gerado. Pode-se afirmar que o indivíduo busca – como mecanismo de defesa do ego – encontrar um equilíbrio em seu sistema cognitivo, reduzindo o nível de contradição entre o seu conhecimento e a sua opinião. É um anseio por eliminação das contradições cognitivas, explica Schünemann.

O autor traz a teoria da dissonância cognitiva para o campo do processo penal, aplicando-a diretamente sobre o juiz e sua atuação até a formação da decisão, na medida em que precisa lidar com duas "opiniões" antagônicas, incompatíveis (teses de acusação e defesa), bem como com a "sua opinião" sobre o caso penal, que sempre encontrará antagonismo perante uma das outras duas (acusação ou defesa). Mais do que isso, considerando que o juiz constrói uma imagem mental dos fatos a partir dos autos do inquérito e da denúncia, para recebê-la, é inafastável o prejulgamento (agravado quando ele decide anteriormente sobre prisão preventiva, medidas cautelares etc.).

---

136. SCHÜNEMANN, Bernd. *Estudos de direito penal e processual penal e filosofia do direito.*

É de supor – afirma Schünemann – que "tendencialmente o juiz a ela [a imagem já construída] se apegará de modo que ele tentará confirmá-la na audiência (instrução), isto é, tendencialmente deverá superestimar as informações consoantes e menosprezar as informações dissonantes".

Para diminuir a tensão psíquica gerada pela dissonância cognitiva, haverá dois efeitos (Schünemann):

a) **efeito inércia ou perseverança**: mecanismo de autoconfirmação de hipóteses, superestimando as informações anteriormente consideradas corretas (como as informações fornecidas pelo inquérito ou a denúncia, tanto que ele as acolhe para aceitar a acusação, pedido de medida cautelar etc.);

b) **busca seletiva de informações**: onde se procuram, predominantemente, informações que confirmam a hipótese que em algum momento prévio foi aceita (acolhida pelo ego), gerando o efeito confirmador-tranquilizador.

A partir disso, Schünemann desenvolve uma interessante pesquisa de campo que acaba confirmando várias hipóteses, entre elas a já sabida – ainda que empiricamente – por todos: quanto maior for o nível de conhecimento/envolvimento do juiz com a investigação preliminar e o próprio recebimento da acusação, menor é o interesse dele pelas perguntas que a defesa faz para a testemunha e (muito) mais provável é a frequência com que ele condenará. Toda pessoa procura um equilíbrio do seu sistema cognitivo, uma relação não contraditória. A tese da defesa gera uma relação contraditória com as hipóteses iniciais (acusatórias) e conduz à (molesta) dissonância cognitiva. Como consequência, existe o efeito inércia ou perseverança, de autoconfirmação das hipóteses, por meio da busca seletiva de informações.

Demonstra Schünemann que – em grande parte dos casos analisados – o juiz, ao receber a denúncia e posteriormente instruir o feito, passa a ocupar – de fato – a posição de parte contrária diante do acusado que nega os fatos e, por isso, está impedido de realizar uma avaliação imparcial, processar as informações de forma adequada. Grande parte desse problema vem do fato de o juiz ler e estudar os autos da investigação preliminar (inquérito policial) para decidir se recebe ou não a denúncia, para decidir se decreta ou não a prisão preventiva, formando uma imagem mental dos fatos para, depois, passar à "busca por confirmação" dessas hipóteses na instrução. O quadro agrava-se se permitirmos que o juiz, de ofício, vá em busca dessa prova sequer produzida pelo acusador. Enfim, o risco de prejulgamento é real e tão expressivo que a tendência é separar o juiz que recebe a denúncia (que atua na fase pré-processual) daquele que vai instruir e julgar ao final.

Conforme as pesquisas empíricas do autor, "os juízes dotados de conhecimentos dos autos (a investigação) não apreenderam e não armazenaram corretamente o conteúdo defensivo" presente na instrução, porque eles só apreendiam e armazenavam as informações incriminadoras que confirmavam o que estava na investigação. "O juiz tendencialmente apega-se à imagem do ato que lhe foi transmitida pelos autos da investigação preliminar; informações dissonantes desta imagem inicial são não apenas menosprezadas, como diria a teoria da dissonância, mas frequentemente sequer percebidas."

É importante sublinhar que o "viés confirmatório" é um processo inconsciente, que independe das boas ou más intenções do juiz, sendo um dos muitos erros cognitivos que pode o juiz incorrer nos diferentes processos decisórios que é chamado a realizar.

O **viés confirmatório** – *confirmation bias* –, explicam Morais da Rosa e Wojciechowski[137], constitui uma tendência natural das pessoas a procurarem ou favorecerem apenas as informações que corroborem seus pontos de vista, hipóteses ou preconcepções, negligenciando evidências que apontem em sentido contrário. Parafraseando Cordero[138], é exatamente a prevalência da hipótese sobre os fatos. Ocorre quando o agente (pode ser o juiz ou, durante a investigação, a autoridade policial) primeiro decide e depois vai atrás da prova que (apenas serve para) confirma a decisão já tomada, desconsiderando outras hipóteses. Primeiro decide "foi ele", depois busca a prova exclusivamente confirmatória da decisão já tomada. O viés de confirmação é o erro mais comum nas investigações e decisões judiciais, ainda que não seja o único, gerando graves injustiças.

---

137. MORAIS DA ROSA, Alexandre; WOJCIECHOWSKI, Paola Bianchi. *Vieses da Justiça*: como as heurísticas e vieses operam nas decisões penais e atuação contraintuitiva. 2. ed. Florianopolis: EMais Editora, 2021. p. 51 e ss.

138. CORDERO, Franco. *Guida alla procedura penale*, p. 51.

Como apontam Alexandre e Paola, "as ideias são pegajosas", conduzindo ao efeito perseverança. Por isso, é importante um agir contraintuitivo, que, consciente da existência desse enviesamento, o agente busca atrasar ao máximo a tomada de decisões, estando cognitivamente aberto para confirmar ou negar a hipótese trazida.

O quadro mental é agravado pelo chamado "efeito aliança", em que o juiz tendencialmente se orienta pela avaliação realizada pelo promotor. O juiz "vê não no advogado criminalista, mas apenas no promotor, a pessoa relevante que lhe serve de padrão de orientação". Inclusive, aponta a pesquisa, o "efeito atenção" diminui drasticamente tão logo o juiz termine sua inquirição e a defesa inicie suas perguntas, a ponto de serem completamente desprezadas na sentença as respostas dadas pelas testemunhas às perguntas do advogado de defesa.

Tudo isso acaba por constituir um "caldo cultural" onde o princípio do *in dubio pro reo* acaba sendo virado de ponta-cabeça – na expressão de Schünemann –, pois o advogado vê-se incumbido de provar a incorreção da denúncia! Entre as conclusões de Schünemann encontra-se a impactante constatação de que o juiz é "um terceiro inconscientemente manipulado pelos autos da investigação preliminar".

Da compreensão da teoria da dissonância cognitiva, aplicada ao processo penal brasileiro, pensamos que:

a) é uma ameaça real e grave para a imparcialidade a atuação de ofício do juiz, especialmente em relação à gestão e iniciativa da prova (ativismo probatório do juiz) e à decretação (de ofício) de medidas restritivas de direitos fundamentais (prisões cautelares, busca e apreensão, quebra de sigilo telefônico etc.), tanto na fase pré-processual como na processual (referente à imparcialidade, nenhuma diferença existe com relação a qual momento ocorra);

b) viola a imparcialidade o fato de o mesmo juiz receber a acusação e, depois, instruir e julgar o feito;

c) precisamos da figura do "juiz da investigação" (ou juiz das garantias, como preferiu a reforma do CPP de 2019), que não se confunde com o "juizado de instrução", sendo responsável pelas decisões acerca de medidas restritivas de direitos fundamentais requeridas pelo investigador (polícia ou MP) e que ao final recebe ou rejeita a denúncia;

d) é imprescindível a exclusão física dos autos do inquérito, permanecendo apenas as provas cautelares ou técnicas irrepetíveis, para evitar a contaminação e o efeito perseverança **(prevista no art. 3º-C, § 3º, do CPP, infelizmente também suspenso pela liminar do Min. Fux).**

Considerando a complexidade do processo e de termos – obviamente – "um juiz-no-mundo", devem-se buscar medidas de redução de danos, que diminuam a permeabilidade inquisitória e os riscos para a imparcialidade e a estrutura acusatória constitucionalmente demarcada.

Compreendida a imparcialidade subjetiva, passemos para a imparcialidade objetiva.

A **imparcialidade objetiva** diz respeito a se tal juiz se encontra em uma situação dotada de garantias bastantes para dissipar qualquer dúvida razoável acerca de sua imparcialidade. Em ambos os casos, a parcialidade cria a desconfiança e a incerteza na comunidade e nas suas instituições. Não basta estar subjetivamente protegido; é importante que se encontre em uma situação jurídica objetivamente imparcial (é a **visibilidade** ou **estética de imparcialidade** a seguir tratada).

O controle da **imparcialidade objetiva** acaba se mostrando extremamente útil, diante das naturais dificuldades em ingressar na esfera de subjetividade do julgador e também da impossibilidade de comprovação empírica do seu estado anímico.

A **imparcialidade objetiva** diz respeito à posição que objetivamente o juiz ocupa na estrutura dialética do processo. Já que é discutível a possibilidade de "entrar na cabeça do juiz" para verificar seu estado anímico, sua interioridade, sua subjetividade, entendemos que o verdadeiro controle passa a ser feito a partir das suas condutas, na dimensão objetiva, estrutural. Portanto, não estão em debate "as boas ou más intenções" do juiz e tampouco sua motivação, afastando os argumentos genéricos do estilo "boa fé", "busca da justiça" e outros "coringas hermenêuticos".

Para que exista a imparcialidade objetiva, o juiz não pode praticar atos típicos de parte, como é a atuação *ex officio* na busca de provas ou na decretação de uma prisão. Viola a imparcialidade toda vez que o juiz, objetivamente, sair do local estruturalmente demarcado, qual seja, de afastamento da arena das partes. Sempre recordando a estrutura dialética de Búlgaro de Sassoferrato, o juiz obrigatoriamente deve estar (e assim permanecer) em situação de afastamento da esfera de atuação das partes:

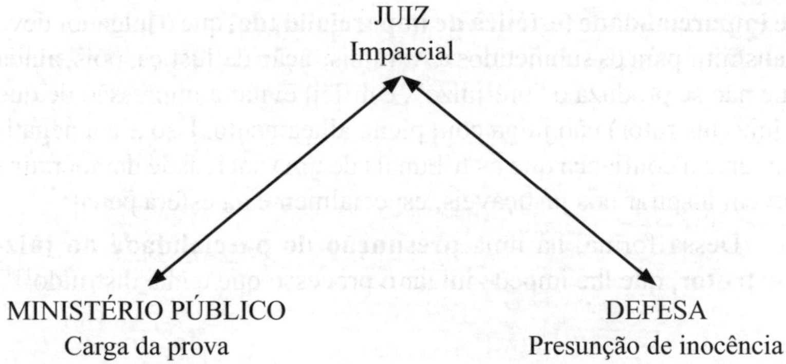

Quando o juiz sai desse lugar de estranhamento e, descendo, se mistura na "arena das partes", praticando atos típicos das partes (como é a iniciativa probatória, por exemplo), ele estruturalmente se coloca em posição de parcialidade (ou *partialidade*, na medida em que se confunde com as partes), ferindo de morte a garantia constitucional. É uma questão estrutural, objetivamente comprovável: basta que saia do seu lugar para decretar a quebra da igualdade, do contraditório, e da própria estrutura dialética do processo. Inclusive, evidencia-se **falta de uma estética (ou visibilidade) de imparcialidade**.

Essa estética de imparcialidade está vinculada à percepção dos jurisdicionados em relação ao juiz, que é fundamental para que exista confiança na jurisdição.

Seguindo essas decisões do TEDH, aduziu o Tribunal Constitucional espanhol (STC 145/88), entre outros fundamentos, que o juiz-instrutor não poderia julgar, pois violava a chamada **imparcialidade objetiva**, aquela *que deriva não da relação do juiz com as partes, mas sim de sua relação com o objeto do processo*.

Ainda que a investigação preliminar suponha uma investigação objetiva sobre o fato (consignar e apreciar as circunstâncias tanto adversas como favoráveis ao sujeito passivo), o contato direto com o sujeito passivo e com os fatos e dados pode provocar no ânimo do juiz-instrutor uma série de "pré-juízos" e impressões a favor ou contra o imputado, influenciando no momento de sentenciar.

Destaca o Tribunal uma fundada preocupação com a **aparência de imparcialidade (estética de imparcialidade)** que o julgador deve transmitir para os submetidos à Administração da Justiça, pois, ainda que não se produza o "pré-juízo", é difícil evitar a impressão de que o juiz (instrutor) não julga com pleno alheamento. Isso afeta negativamente a confiança que os tribunais de uma sociedade democrática devem inspirar nos justiçáveis, especialmente na esfera penal.

Dessa forma, há uma **presunção de parcialidade do juiz-instrutor**, que lhe impede julgar o processo que tenha instruído[139].

---

139. É importante destacar que existiu uma posterior oscilação na jurisprudência do TEDH, especialmente na década de 1990, no sentido de relativizar essa presunção, recorrendo à análise do caso concreto (entre outros: Casos Hauschild, Sainte-Marie *vs.* França e Padovani *vs.* Itália). Essa variação é perfeitamente compreensível, na medida em que, como qualquer tribunal, o TEDH está suscetível de mudanças de humor em razão dos influxos e pressões que sofre. Ademais, há que se compreender que os casos citados (Piersack [1982] e De Cubber *vs.* Bélgica [1984]) são do início da década de 1980, momento sensível no que tange ao processo penal europeu, em que o modelo de juizado de instrução (juiz instrutor/inquisidor) ainda era predominante e começava a ser seriamente questionado. Era o modelo em que um mesmo juiz investigava e julgava, na maior parte dos países, e esse sistema estava em crise. Basta recordar que a Alemanha fez uma grande reforma em 1974 para abandonar o juizado de instrução (substituído pelo promotor investigador), seguida, posteriormente, por Itália (1988) e Portugal (1988). Portanto, as decisões proferidas nesses casos refletem uma preocupação que já não existe atualmente nos principais sistemas processuais penais europeus, seja pelo completo abandono do modelo de juizado de instrução (*v.g.*, Alemanha, Itália e Portugal), seja pela vedação completa de que o juiz que instrui possa julgar (como é o caso do modelo espanhol). Inobstante, o Brasil segue uma perigosa tendência de retrocesso, com a constante atribuição de mais poderes instrutórios aos juízes, como se vê na nova redação do art. 156, I, do CPP, que consagra um absurdo cenário de juiz instrutor/inquisidor. Diante disso, é de extrema importância toda a doutrina construída pelo TEDH em torno do caso Piersack e De Cubber, pois, se na Europa a matéria já está consolidada a ponto de se poder recorrer a eventuais

Outra decisão sumamente relevante foi proferida pelo TEDH no caso "Castillo-Algar contra España" (STEDH de 28-10-1998), na qual *declarou vulnerado o direito a um juiz imparcial o fato de dois magistrados, que haviam formado parte de uma Sala que denegou um recurso interposto na fase pré-processual, também terem participado do julgamento*.

Frise-se que esses dois magistrados não atuaram como juízes de instrução, mas apenas haviam participado do julgamento de um recurso interposto contra uma decisão interlocutória tomada no curso da instrução preliminar pelo juiz-instrutor. Isso bastou para que o TEDH entendesse comprometida a imparcialidade deles para julgar em grau recursal a apelação contra a sentença.

Imaginemos o que diria o TEDH diante do sistema brasileiro[140], em que muitas vezes os integrantes de uma Câmara Criminal irão julgar do primeiro *habeas corpus* – interposto contra a prisão preventiva –, passando pela apelação e chegando até a decisão sobre os agravos interpostos contra os incidentes da execução penal...

Mas não apenas os espanhóis enfrentaram esse problema. Seguindo a normativa europeia ditada pelo TEDH, o art. 34 do *Codice di Procedura Penale* prevê, entre outros casos, a incompatibilidade do juiz que ditou a resolução de conclusão da audiência preliminar para atuar no processo e sentenciar. Posteriormente, a *Corte Costituzionale,* através de diversas decisões[141], declarou a inconstitucionalidade por omissão desse dispositivo legal, por não haver previsto

---

relativizações, no Brasil o problema é grave e longe de se atingir uma solução satisfatória. Daí por que, aqui, precisamos sim de todo o rigor da regra "o juiz que investiga não pode julgar", pois temos – por culpa do art. 156 e de uma forte cultura inquisitória – um cenário bastante perigoso e que exige uma postura intransigente.

140. Com primoroso estudo das decisões do TEDH anteriormente apontadas (e várias outras aplicáveis ao estudo da imparcialidade judicial), é imprescindível a leitura das obras de Andre Machado Maya, *Imparcialidade e processo penal*: da prevenção da competência ao juiz de garantias, publicada pela Editora Atlas, e *Juiz de garantias*: fundamentos, origem e análise da Lei 13.964/19, publicada pela Editora Tirant lo Blanch.

141. Decisões n. 496/90, 401/91, 502/91, 124/92, 186/92, 399/92, 439/93, 432/95, entre outras.

outros casos de incompatibilidade com relação a anterior atuação do juiz na *indagine preliminare*.

Em síntese, consagrou o princípio anteriormente explicado, de que o juiz que atua na investigação preliminar está prevento e não pode presidir o processo, ainda que somente tenha decretado uma prisão cautelar (Sentença da *Corte Costituzionale* n. 432, de 15-9-1995).

A jurisprudência brasileira engatinha neste terreno, mas há decisões interessantes e que precisam ser estudadas.

Conforme o Informativo do STF n. 528, de novembro de 2008, o Supremo Tribunal Federal, no HC 94.641/BA, rel. orig. Min. Ellen Gracie, rel. p/ o acórdão Min. Joaquim Barbosa, julgado em 11 de novembro de 2008:

> a Turma, por maioria, concedeu, de ofício, *habeas corpus* impetrado em favor de condenado por atentado violento ao pudor contra a própria filha, para anular, em virtude de ofensa à *garantia da imparcialidade da jurisdição*, o processo desde o recebimento da denúncia. No caso, no curso de procedimento oficioso de investigação de paternidade (Lei n. 8.560/92, art. 2º) promovido pela filha do paciente para averiguar a identidade do pai da criança que essa tivera, surgiram indícios da prática delituosa *supra*, sendo tais relatos enviados ao Ministério Público. O *parquet*, no intuito de ser instaurada a devida ação penal, denunciara o paciente, *vindo a inicial acusatória a ser recebida e processada pelo mesmo juiz daquela ação investigatória de paternidade*. Entendeu-se que o juiz sentenciante teria atuado como se autoridade policial fosse, em virtude de, no procedimento preliminar de investigação de paternidade, em que apurados os fatos, ter ouvido testemunhas antes de encaminhar os autos ao Ministério Público para a propositura de ação penal (grifos nossos).

Verifica-se que o ponto fundamental para a anulação foi: *viola a garantia da imparcialidade o fato de o juiz ter realizado atos de natureza instrutória de ofício, apurando fatos e ouvindo testemunhas*.

No mesmo processo, o voto-vista do Min. Cezar Peluso concluiu que:

> pelo conteúdo da decisão do juiz, *restara evidenciado que ele teria sido influenciado pelos elementos coligidos na investigação preli-*

minar. Dessa forma, considerou que teria ocorrido hipótese de ruptura da denominada *imparcialidade objetiva* do magistrado, cuja falta incapacita-o, de todo, para conhecer e decidir causa que lhe tenha sido submetida. Esclareceu que a imparcialidade denomina-se objetiva, uma vez que não provém de ausência de vínculos juridicamente importantes entre o juiz e qualquer dos interessados jurídicos na causa, sejam partes ou não (imparcialidade dita subjetiva), mas porque *corresponde à condição de originalidade da cognição* que irá o juiz desenvolver na causa, no sentido de que não haja ainda, de modo consciente ou inconsciente, formado nenhuma convicção ou juízo prévio, no mesmo ou em outro processo, sobre os fatos por apurar ou sobre a sorte jurídica da lide por decidir. Assim, sua perda significa falta da isenção inerente ao exercício legítimo da função jurisdicional. Observou, por último, que, mediante interpretação lata do art. 252, III, do CPP ("Art. 252. O juiz não poderá exercer jurisdição no processo em que: [...] III – tiver funcionado como juiz de outra instância, pronunciando-se, de fato ou de direito, sobre a questão;"), mas conforme com o princípio do justo processo da lei (CF, art. 5º, LIV), *não pode, sob pena de imparcialidade objetiva e por consequente impedimento, exercer jurisdição em causa penal o juiz que, em procedimento preliminar e oficioso de investigação de paternidade, se tenha pronunciado, de fato ou de direito, sobre a questão* (grifos nossos).

Interessante, ainda, como o voto do Min. Cezar Peluso menciona exatamente os mesmos fundamentos, de imparcialidade objetiva e subjetiva, empregados pelo Tribunal Europeu de Direitos Humanos desde o Caso Piersack, de 1982, e constantemente por nós referidos, inclusive neste tópico.

Crer na imparcialidade de quem está totalmente absorvido pelo labor investigador é o que J. Goldschmidt[142] denomina *erro psicológico*. Foi essa **incompatibilidade psicológica** que levou ao descrédito do modelo inquisitório.

Por tudo isso, representa um avanço gigantesco a inserção dos arts. 3º-A a 3º-F pela Lei n. 13.964/2019, que finalmente

142. *Problemas jurídicos y políticos del proceso penal*, p. 29.

consagra expressamente: o sistema acusatório no CPP; o juiz das *garantias*, que não atua de ofício e que, posteriormente, não será o mesmo a instruir e julgar; e, ainda, o sistema de exclusão (ou não inclusão) das peças do inquérito no processo.

Infelizmente, como já explicado, ao menos por ora, tais mudanças – imprescindíveis, sublinhe-se – estão suspensas pela equivocadíssima liminar do Min. Fux.

Por fim, a crise identitária da jurisdição também está diretamente relacionada com a questão dos sistemas processuais (inquisitório ou acusatório).

Não são raras as situações em que o juiz se coloca em posição de "**corresponder às expectativas**[143] **sociais ou midiáticas criadas**" e assume um papel próximo à de justiceiro, agindo ativamente na "busca da verdade"[144]. Esse ativismo judicial é nota característica do sistema inquisitório.

A imparcialidade cai por terra quando se atribuem poderes instrutórios (ou investigatórios) ao juiz, pois a gestão ou iniciativa probatória é característica essencial do **princípio inquisitivo**, que leva, por consequência, a fundar um **sistema inquisitório**[145]. A gestão/iniciativa probatória nas mãos do juiz conduz à figura do *juiz-ator* (e não espectador), núcleo do sistema inquisitório. Logo, destrói-se a estrutura dialética do processo penal, o contraditório, a igualdade de tratamento e oportunidades e, por derradeiro, a imparcialidade, sempre recordando que não se pode pensar o sistema acusatório desconectado do princípio da imparcialidade e do contraditório, sob pena de incorrer em grave reducionismo. *A imparcialidade é*

143. Sobre a "batalha das expectativas" à qual o direito é lançado, recomendamos a leitura de Rui Cunha Martins, na obra *A hora dos cadáveres adiados*.

144. Sobre a "ambição da verdade no processo penal" e suas nefastas consequências, veja-se a obra *A busca da verdade no processo penal*, de Salah Khaled Jr., publicada pela Editora Letramento, e também um dos capítulos do nosso livro *Direito processual penal*, publicado pela Saraiva Educação.

145. Consultem-se os diversos trabalhos de Jacinto Coutinho, especialmente o artigo "Introdução aos princípios gerais do direito processual penal brasileiro". *Revista de Estudos Criminais*, n. 1, 2001; e também o "Glosas ao *Verdade, dúvida e certeza* de Francesco Carnelutti, para os operadores do direito", cit.

garantida pelo modelo acusatório e sacrificada no sistema inquisitório, de modo que somente haverá condições de possibilidade da imparcialidade quando existir, além da separação inicial das funções de acusar e julgar, um afastamento do juiz da atividade investigatória/instrutória.

É isso que precisa ser compreendido por aqueles que pensam ser suficiente a separação entre acusação-julgador para a constituição do sistema acusatório no modelo constitucional contemporâneo. É um erro separar em conceitos estanques a imensa complexidade do processo penal, fechando os olhos para o fato de que a posição do juiz define o nível de eficácia do contraditório e, principalmente, da imparcialidade.

A imparcialidade do juiz fica evidentemente comprometida quando estamos diante de um juiz-instrutor (poderes investigatórios) ou quando lhe atribuímos poderes de gestão/iniciativa probatória. É um contraste que se estabelece entre a posição totalmente ativa e atuante do instrutor, contrastando com a inércia que caracteriza o julgador. Um é sinônimo de *atividade,* e o outro, de *inércia*.

No RHC 144.615 AGR/PR/2020, o STF se debruçou sobre o tema e anulou uma sentença condenatória do ex-juiz Moro no Caso Banestado, afirmando que houve a quebra da imparcialidade diante de sua postura inquisitória, em que atuou de ofício na produção de provas. Em seu voto, afirmou o Min. Gilmar Mendes:

> A partir da análise dos atos probatórios praticados pelo magistrado, verifica-se que houve uma atuação direta do julgador em reforço à acusação. Não houve uma mera supervisão dos atos de produção de prova, mas o direcionamento e a contribuição do juiz para o estabelecimento e para o fortalecimento da tese acusatória. Ao final da instrução, sem qualquer pedido do órgão acusador, ou seja, após o exaurimento da pretensão acusatória já que o representante do MP entendeu como suficiente o lastro probatório produzido, o julgador determinou a juntada de quase 800 folhas em quatro volumes de documentos diretamente relacionados com os fatos criminosos imputados aos réus. Depois, ao sentenciar, o juízo utilizou expressamente tais elementos para fundamentar a condenação. O cenário é evidente: o magistrado produziu, sem pedido das partes, a prova que ele mesmo utilizou para proferir a condenação que já era almejada, por óbvio.

E, mais, em seu voto lapidar, o Min. Gilmar Mendes faz a mesma relação por nós sustentada, no sentido de que somente o sistema acusatório, que garante a radical separação entre as funções de acusar e julgar, mantendo o juiz alheio à iniciativa probatória (*ne procedat iudex ex officio*), cria as condições de possibilidade de termos um juiz imparcial.

Em que pese entendermos que o art. 156 do CPP (e todos aqueles que permitem a atuação de ofício do juiz na busca de provas, decretação de ofício de prisões cautelares etc.) não foi recepcionado pela Constituição e agora está tacitamente revogado pelo art. 3º-A do CPP, por se tratar de uma mudança recente e que será vítima de movimentos contrarreformistas (ou do movimento de sabotagem inquisitória, como denomina Alexandre Morais da Rosa), vamos insistir em demonstrar a necessidade da revogação e também da mudança rumo à cultura acusatória constitucional.

Vamos nos concentrar – e com isso reforçar a necessidade do seu abandono – na problemática figura do juiz com poderes instrutórios/investigatórios cujo núcleo está não só no famigerado art. 156 do CPP, mas também na possibilidade de o juiz, *de ofício*, converter a prisão em flagrante em prisão preventiva (o que representa o mesmo que decretar a prisão de ofício...); determinar o sequestro de bens (art. 127 do CPP); decretar a busca e apreensão (art. 242 do CPP); ouvir outras testemunhas, além das arroladas pelas partes (art. 209 do CPP); condenar, ainda que o Ministério Público tenha pedido a absolvição (art. 385 do CPP) etc.

Esse último exemplo – art. 385 do CPP – é bastante sintomático do nível de involução do processo penal brasileiro: o juiz condenando diante do pedido expresso de absolvição do MP. Significa dizer que ele está condenando sem pedido, violando o princípio da correlação e deixando de lado o *ne procedat iudex ex officio*. Tudo isso é absolutamente incompatível com a estrutura acusatória e com a imparcialidade exigida do julgador.

Especificamente no que tange ao art. 156 do CPP, a questão é igualmente sensível.

É insuficiente pensar que o sistema acusatório se funda a partir da separação inicial das atividades de acusar e julgar. Isso é um reducionismo que desconsidera a complexa fenomenologia do processo penal. De nada adianta uma separação inicial, com o Ministério Público formulando a acusação, se depois, ao longo do procedimento, permitirmos que o juiz assuma um papel ativo na busca da prova ou mesmo na prática de atos tipicamente da parte acusadora.

Nesse contexto, o art. 156 do CPP funda um sistema inquisitório e fere de morte a imparcialidade judicial.

Em definitivo, pensamos que a imparcialidade é o princípio supremo do processo, que somente encontra condições de possibilidade quando se adota uma estrutura acusatória em conjunto com o sistema duplo juiz (adoção do juiz das garantias e a prevenção como causa de exclusão da competência) e a exclusão física dos autos do inquérito (art. 3º-C, § 3º) para assegurar a imprescindível "originalidade cognitiva". Somente assim teremos um justo processo e um juiz com condições de imparcialidade.

1.8.3. A crise de (in)eficácia do regime de liberdade no processo penal. Banalização da prisão preventiva. O problema da execução antecipada da pena

O último vértice da grande crise do processo penal está relacionado com a eficácia ou ineficácia do regime de liberdade ao qual é submetido o acusado. O tema está diretamente relacionado ao binômio prisão cautelar/liberdade e, por consequência, à eficácia da presunção constitucional e convencional de inocência. Parafraseando Goldschmidt (e sua concepção de processo penal como termômetro dos elementos autoritários ou democráticos da Constituição), podemos afirmar que o nível de civilidade de um povo pode ser medido pelo maior ou menor respeito à liberdade individual e à presunção de inocência.

O Brasil, enquanto democracia jovem e com grandes instabilidades econômicas e políticas, é um exemplo dos altos e baixos aos quais os direitos fundamentais são submetidos, diante da forte tensão existente entre o populismo punitivo e as garantias constitucionais.

A banalização da prisão cautelar[146] tem um forte componente simbólico e de correspondência às expectativas sociais criadas em torno da punição, na medida em que se situa no eterno conflito entre tempo social *versus* tempo do direito. Uma sociedade regida pela velocidade e hiperacelerada, dominada pelo instantâneo, não está acostumada a esperar. Por conta disso, diante de um crime, existe um imenso mal-estar em ter que esperar pelo processo e o tempo do direito, ou seja, a temporalidade do processo enquanto caminho necessário para se chegar à pena é vista – sempre, qualquer que seja a duração – como uma dilação insuportável, jamais correspondendo à ambição de velocidade e à ilusão de justiça imediata. Nesse contexto, a prisão cautelar é a satisfação plena do anseio mítico, vista como um encurtamento entre fato e punição, sem a intermediação do processo. As pessoas simplesmente não querem esperar o fim do processo para ter punição (nem cogitam a opção "não ter punição = absolvição") e o juiz, quando na *batalha das expectativas* (Rui Cunha Martins), se situa ao lado das expectativas sociais criadas, vai contribuir para a degeneração processual da prisão cautelar. É complicado pretender, com o monólogo jurídico, dar conta dessa complexidade. Trata-se de uma questão cultural e, por isso, para romper com essa "cultura" é preciso mudar "cabeças" e não apenas a "lei". Significa dizer que se deve produzir um choque cultural a partir de uma mudança legislativa radical e forte, o que não foi obtido com a Lei n. 12.403/2011.

O problema da (in)eficácia do regime de liberdade no processo penal está diretamente relacionado com a compressão conceitual que se pretende dar à presunção constitucional e convencional de inocência. Não se compreende (ou não se quer efetivar) o que significa, inicialmente, o termo "presunção" para o processo penal. Para além do lugar comum juridicamente demarcado (*juris et de jure* ou *juris tantum*), interessa compreender que **presunção de inocência impõe, inicialmente, uma *pré-ocupação de espaços***

146. Sobre o tema, recomendamos a leitura das nossas obras *Prisões cautelares* e *Direito processual penal*, ambas publicadas pela Saraiva Educação.

mentais do julgador* e, por consequência, uma *preocupação[147]. Um juiz consciente do seu lugar e função, deve(ria) entrar no processo mentalmente comprometido[148] com esse estado, somente abrindo mão dele quando plenamente convencido (pelo menos, além da dúvida razoável – *reasonable doubt*) diante da prova produzida pela acusação. A presunção de inocência[149] constitui "regra de tratamento" e "regra de julgamento" dirigida (não apenas, mas) essencialmente ao juiz.

Em texto de 2003, intitulado "Sobre la jurisdicción criminal en Brasil, hoy. Carta abierta de un juez brasileño a un juez español"[150], Amilton Bueno de Carvalho já trazia uma preciosa definição da presunção de inocência. Explica o autor que ela exige uma atuação real e efetiva do julgador, orientada a inocência, como algo ativo e não passivo. Diz Amilton:

> la última es la hipótesis teórica básica que me anima: llego a todos los procesos convencido de la inocencia (hay un perjuício con base en el princípio de la presunción) y sólo condeno cuando no fuera posible, a pesar de todos los esfuerzos interpretativos, absolver [...]. Y cuando tengo que condenar, entonces hago todo lo posible por concebir beneficios que no llevan al condenado a la cárcel.

É a expressão máxima do que seja a presunção de inocência como uma "pré-ocupação" dos espaços mentais do julgador, bem refletindo o espaço que ela precisa ocupar no processo enquanto dever de tratamento e regra de julgamento.

---

147. Sobre o tema, remetemos aos trabalhos do ilustre professor português Rui Cunha Martins, especialmente nas obras *A hora dos cadáveres adiados* e *O ponto cego do direito*, ambas publicadas pela Editora Atlas.

148. Também nesse sentido, Amilton Bueno de Carvalho, especialmente na obra "Lei, para que(m)?". In: WUNDERLICH, Alexandre (coord.). *Escritos de direito e processo penal em homenagem ao professor Paulo Cláudio Tovo*.

149. Para evitar repetições, remetemos o leitor a nossa obra *Direito processual penal*, publicada pela Saraiva Educação, onde aprofundamos a análise da presunção de inocência.

150. BUENO DE CARVALHO, Amilton. *Direito alternativo em movimento*, p. 29-30.

A incompreensão do alcance da presunção de inocência nos remete novamente à própria crise identitária da jurisdição, anteriormente tratada. Contudo, neste breve espaço, vamos focar na tensão entre a presunção de inocência – enquanto regra de tratamento – e a questão da prisão cautelar.

Por uma falha cognitiva acerca das expectativas, não raras vezes o juiz busca a satisfação das expectativas populares e, por conta disso, banaliza a prisão cautelar para sedar a opinião pública, para dar uma resposta imediata, para "combater a impunidade". Nessa linha, o sistema jurídico-processual acaba lhe dando (erroneamente) abrigo, ao prever verdadeiras "cláusulas genéricas para prender", especialmente com a prisão preventiva para garantia da ordem pública.

Existe uma absurda banalização da prisão preventiva, uma grave degeneração, que a transformou em uma medida processual em atividade tipicamente de polícia, utilizando-a indevidamente como medida de *segurança pública*. Quando se mantém uma pessoa presa em nome da ordem pública, diante da reiteração de delitos e o risco de novas práticas, está se atendendo não ao processo penal, mas sim a uma função de polícia do Estado, completamente alheia ao objeto e ao fundamento do processo penal.

Sobre a banalização da prisão cautelar e a excessiva relativização dos princípios da excepcionalidade e da proporcionalidade, é importante recordar a lição de Carnelutti[151]:

> As exigências do processo penal são de tal natureza que induzem a colocar o imputado em uma situação absolutamente análoga ao de condenado. É necessário algo mais para advertir que a prisão do imputado, junto com sua submissão, tem, sem embargo, um elevado custo? O custo se paga, desgraçadamente em moeda justiça, quando o imputado, em lugar de culpado, é inocente, e já sofreu, como inocente, uma medida análoga à pena; não se esqueça que, se a prisão ajuda a impedir que o imputado realize manobras desonestas para criar falsas provas ou para destruir provas verdadeiras, mais de uma vez prejudica a justiça, porque, ao contrário, lhe impossibilita de buscar e

151. CARNELUTTI, Francesco. *Lecciones sobre el proceso penal*, v. II, p. 75.

de proporcionar provas úteis para que o juiz conheça a verdade. A prisão preventiva do imputado se assemelha a um daqueles remédios heroicos que devem ser ministrados pelo médico com suma prudência, porque podem curar o enfermo, mas também podem ocasionar-lhe um mal mais grave; quiçá uma comparação eficaz se possa fazer com a anestesia, e sobretudo com a anestesia geral, a qual é um meio indispensável para o cirurgião, mas ah se este abusa dela!

Como aponta Sanguiné[152]:

> Quando se argumenta com razões de exemplaridade, de eficácia da prisão preventiva na luta contra a delinquência e para restabelecer o sentimento de confiança dos cidadãos no ordenamento jurídico, aplacar o clamor público criado pelo delito etc., que evidentemente nada tem a ver com os fins puramente cautelares e processuais que oficialmente se atribuem à instituição, na realidade, se introduzem elementos estranhos à natureza cautelar e processual que oficialmente se atribuem à instituição, questionáveis tanto desde o ponto de vista jurídico-constitucional como da perspectiva político-criminal. Isso revela que a prisão preventiva cumpre funções reais (preventivas gerais e especiais) de pena antecipada incompatíveis com sua natureza.

Grave problema encerra ainda a prisão para garantia da ordem pública, pois se trata de um conceito vago, impreciso, indeterminado e despido de qualquer referencial semântico. Sua origem remonta à Alemanha da década de 1930, período em que o nazifascismo buscava exatamente isto: uma autorização geral e aberta para prender. Até hoje, ainda que de forma mais dissimulada, tem servido a diferentes senhores, adeptos dos discursos autoritários e utilitaristas, que tão "bem" sabem utilizar dessas cláusulas genéricas e indeterminadas do direito para fazer valer seus atos prepotentes.

Assume contornos de **verdadeira pena antecipada**, violando o devido processo legal, a presunção de inocência e o previsto, expressamente, no art. 313, § 2º: "Não será admitida a decretação da prisão preventiva com a finalidade de antecipação de cumprimento de pena ou como decorrência imediata de investigação criminal ou da apresentação ou recebimento de denúncia".

---

152. SANGUINÉ, Odone. "A inconstitucionalidade do clamor público como fundamento da prisão preventiva". *Revista de Estudos Criminais*, n. 10, p. 114.

Sanguiné[153] explica que a prisão preventiva para garantia da ordem pública (ou, ainda, o clamor público) acaba sendo utilizada com uma função de "prevenção geral, na medida em que o legislador pretende contribuir à segurança da sociedade, porém deste modo se está desvirtuando por completo o verdadeiro sentido e natureza da prisão provisória ao atribuir-lhe funções de prevenção que de nenhuma maneira está chamada a cumprir".

As funções de prevenção geral e especial e retribuição são exclusivas de uma pena, que supõem um processo judicial válido e uma sentença transitada em julgado. Jamais tais funções podem ser buscadas na via cautelar.

No mesmo sentido, Delmanto Junior[154] afirma que é indisfarçável que nesses casos "a prisão preventiva se distancia de seu caráter instrumental – de tutela do bom andamento do *processo* e da *eficácia* de seu resultado – ínsito a toda e qualquer *medida cautelar*, servindo de *inaceitável instrumento de justiça sumária*".

Em outros casos, a prisão para garantia da ordem pública atende a uma dupla natureza[155]: pena antecipada e medida de segurança, já que pretende isolar um sujeito supostamente perigoso.

O art. 312 contém uma "anemia semântica", explica Morais da Rosa[156], pois basta um pouco de conhecimento de estrutura linguística para construir artificialmente esses requisitos, cuja "falsificação" é inverificável. O grande problema é que, uma vez decretada a prisão, os argumentos "falsificados" pela construção linguística são inverificáveis e, portanto, irrefutáveis. Se alguém é preso porque o juiz aponta a existência de risco de fuga, uma vez efetivada a medida, desaparece o (pseudo-)risco, sendo impossível refutar, pois o argumento construído (ou falsificado) desaparece.

---

153. SANGUINÉ, Odone. "A inconstitucionalidade do clamor público como fundamento da prisão preventiva". *Revista de Estudos Criminais*, n. 10, p. 115.

154. DELMANTO JUNIOR, Roberto. *As modalidades de prisão provisória e seu prazo de duração*, p. 183.

155. SANGUINÉ, Odone. Ibidem.

156. Ibidem, p. 139.

Ademais, o preenchimento semântico (dos requisitos) é completamente retórico.

O "clamor público", tão usado para fundamentar a prisão preventiva, acaba se confundindo com a opinião pública, ou melhor, com a opinião "publicada". Há que se atentar para uma interessante manobra feita rotineiramente: explora-se, midiaticamente, determinado fato (uma das muitas "operações" com nomes sedutores, o que não deixa de ser uma interessante manobra de *marketing* policial), muitas vezes com proposital vazamento de informações, gravações telefônicas e outras provas colhidas, para colocar o fato na pauta pública de discussão (a conhecida teoria do agendamento).

Explorado midiaticamente, o pedido de prisão vem na continuação, sob o argumento da necessidade de tutela da ordem pública, pois existe um "clamor social" diante dos fatos...

Ou seja, constrói-se midiaticamente o pressuposto da posterior prisão cautelar. Na verdade, a situação fática apontada nunca existiu; trata-se de argumento forjado.

É substancialmente inconstitucional e inconvencional atribuir à prisão cautelar a função de controlar o alarma social e, por mais respeitáveis que sejam os sentimentos de vingança, nem a prisão preventiva pode servir como pena antecipada e fins de prevenção, nem o Estado, enquanto reserva ética, pode assumir esse papel vingativo.

Obviamente que a prisão preventiva para garantia da ordem pública não é cautelar, pois não tutela o processo, sendo, portanto, flagrantemente inconstitucional, até porque, nessa matéria, é imprescindível a estrita observância do princípio da legalidade e da taxatividade. Considerando a natureza dos direitos limitados (liberdade e presunção de inocência), é absolutamente inadmissível uma interpretação extensiva (*in malam partem*) que amplie o conceito de "cautelar" até o ponto de transformá-la em "medida de segurança pública".

Quanto à **prisão para garantia da ordem econômica**[157], é resultado da influência do modelo economicista e contribui para a

157. Para uma análise mais completa, remetemos a nossa obra *Prisões cautelares*, publicada pela Saraiva Educação.

degeneração da medida. É elementar que, se o objetivo é perseguir a especulação financeira, as transações fraudulentas e coisas do gênero, o caminho passa pelas sanções à pessoa jurídica, pelo direito administrativo sancionador, pelas restrições comerciais, mas jamais pela intervenção penal, muito menos de uma prisão preventiva.

Mas não é apenas na prisão preventiva que existe um ilegítimo estrangulamento da esfera de liberdade do indivíduo no processo penal. Também a prisão em flagrante é sintoma disso.

Como já explicamos em outra oportunidade[158], a prisão em flagrante não é uma medida cautelar, ao contrário do que a quase totalidade da doutrina nacional e a totalidade da jurisprudência entendiam até a reforma de 2011. Prisão em flagrante é "medida precautelar", preparatória, dada sua precariedade de requisitos, duração e finalidade. Banacloche Palao[159] explica que o flagrante – ou la *detención imputativa* – não é uma medida cautelar pessoal, mas sim precautelar, no sentido de que não se dirige a garantir o resultado final do processo, mas apenas se destina a colocar o detido à disposição do juiz para que adote ou não uma verdadeira medida cautelar. Por isso, o autor afirma que é uma medida independente, frisando o caráter instrumental e ao mesmo tempo autônomo do flagrante. A instrumentalidade manifesta-se no fato de a prisão em flagrante ser um *strumento dello strumento*[160] da prisão preventiva, ao passo que a autonomia explica as situações em que o flagrante não gera a prisão preventiva ou, nos demais casos, em que a prisão preventiva existe sem prévio flagrante. Destaca o autor que a prisão em flagrante *en ningún caso se dirige a asegurar ni la eventual ejecución de la pena, ni tampoco la presencia del imputado en la fase decisoria del proceso.*

Na mesma linha, Ferraioli e Dalia[161]: *l'arresto in flagranza è una misura precautelare personale*. Ainda que utilize uma denomi-

---

158. Especialmente na obra *Prisões cautelares*, publicada pela Saraiva Educação.

159. BANACLOCHE PALAO, Julio. *La libertad personal y sus limitaciones*, p. 292.

160. Invocando aqui o consagrado conceito de "strumentalità qualificata", tão bem explicado por CALAMANDREI (ob. cit., p. 22).

161. FERRAIOLI, Marzia e DALIA, Andrea Antonio. *Manuale di diritto processuale penale*, p. 228 ss.

nação diferente, a posição de Cordero[162] é igual à nossa. Para o autor, a prisão em flagrante é uma "subcautela", na medida em que serve de prelúdio (*preludio subcautelar*) para eventuais medidas coativas pessoais, garantindo sua execução. Na essência, a compreensão do instituto é a mesma.

A prisão em flagrante é uma medida precautelar, de natureza pessoal, cuja precariedade vem marcada pela possibilidade de ser adotada por particulares ou autoridade policial, e que somente está justificada pela brevidade de sua duração e pelo imperioso dever de análise judicial em até 24 horas, momento em que deverá ser realizada a audiência de custódia e verificada a necessidade de decretação da prisão preventiva (se houver pedido, jamais de ofício[163]) ou determinada a imediata concessão de liberdade (interessante verificar que a liberdade no processo é tão precária que se chama de "liberdade provisória", quando, na verdade, provisória deveria ser a prisão!).

Portanto, prisão em flagrante não é uma medida cautelar, mas preparatória de uma cautelar (que será a prisão temporária ou preventiva) e, portanto, jamais alguém poderia ficar preso além do prazo de 24 horas a título de "prisão em flagrante", como se fez no Brasil durante décadas. Era um absurdo a prática judicial de "homologar o flagrante e manter a prisão", sem enfrentamento estrito e fundamentado dos requisitos da prisão preventiva e sua formal decretação. O imputado ficava preso a título de "prisão em flagrante", como se essa prisão tivesse suficiência jurídica para isso.

Inacreditavelmente, esse problema voltou. Retrocedemos com a nova redação dada pela Lei n. 13.964/2019 ao art. 310, especialmente no § 2º:

162. CORDERO, Franco. *Procedimiento penal*, v. 1, p. 410.

163. Importante destacar a ilegalidade e a inconstitucionalidade da conversão, de ofício pelo juiz, da prisão em flagrante em prisão preventiva. Nesse sentido, relevante a decisão do Min. Celso de Mello no HC 186.421, comentada por nós na Coluna Limite Penal. Disponível em: <https://www.conjur.com.br/2020-jul-24/limite-penal-paradigmatica-decisao-celso-mello-hc-186421>.

Art. 310, § 2º Se o juiz verificar que o agente é reincidente ou que integra organização criminosa armada ou milícia, ou que porta arma de fogo de uso restrito, deverá denegar a liberdade provisória, com ou sem medidas cautelares.

Inicialmente, é criticável o já conhecido *bis in idem* da reincidência, ou seja, a dupla (ou mais) punição pela mesma circunstância (reincidência) já tão criticada pela doutrina penal. Depois o artigo elege, *à la carte* e sem critério para justificar, determinadas condutas para proibir (inconstitucionalmente) a concessão de liberdade provisória. Inclusive, considerando que se trata de prisão em flagrante, dependendo do caso, é praticamente inviável já se ter uma prova suficiente de que o agente, por exemplo, é membro de uma organização criminosa ou milicia, para aplicar o dispositivo.

Contudo, o ponto nevrálgico do problema está na vedação de concessão de liberdade provisória, com ou sem medidas cautelares, pelos seguintes fundamentos:

– cria uma prisão em flagrante que se prolonga no tempo, violando a natureza pré-cautelar do flagrante;

– estabelece uma prisão (pré)cautelar obrigatória, sem necessidade cautelar e sem que se demonstre o *periculum libertatis*;

– viola toda a principiologia cautelar, já analisada;

– por fim, é flagrantemente inconstitucional, pois o STF já se manifestou nesse sentido em casos análogos (como na declaração de inconstitucionalidade do art. 2º da Lei n. 8.072 e em casos posteriores).

O STF já afirmou e reafirmou que são inconstitucionais as regras (como a constante na Lei de Drogas, mas também já o fez em relação à Lei dos Crimes Hediondos e outras) que vedam a concessão de liberdade provisória, inclusive em decisão que teve repercussão geral reconhecida:

> Recurso extraordinário. 2. Constitucional. Processo Penal. Tráfico de drogas. Vedação legal de liberdade provisória. Interpretação dos incisos XLIII e LXVI do art. 5º da CF. 3. Reafirmação de jurisprudência. 4. Proposta de fixação da seguinte tese: É inconstitucional a expressão e liberdade provisória, constante do *caput* do artigo 44 da Lei 11.343/2006. 5. Negado provimento ao recurso extraordinário inter-

posto pelo Ministério Público Federal (**RE 1.038.925 RG**, rel. Min. **Gilmar Mendes**, P, j. 18-8-2017, *DJe* 19-9-2017, Tema 959).

Conforme noticiado no site[164] do STF, "o Supremo Tribunal Federal (STF) reafirmou sua jurisprudência no sentido da inconstitucionalidade de regra prevista na Lei de Drogas (Lei n. 11.343/2006) que veda a concessão de liberdade provisória a presos acusados de tráfico. A decisão foi tomada pelo Plenário Virtual no Recurso Extraordinário (RE) 1038925, com repercussão geral reconhecida. Em maio de 2012, no julgamento do *Habeas Corpus* 104.339, o Plenário do STF havia declarado, incidentalmente, a inconstitucionalidade da expressão "liberdade provisória" do art. 44 da Lei de Drogas. Com isso, o Supremo passou a admitir prisão cautelar por tráfico apenas se verificada, no caso concreto, a presença de algum dos requisitos do art. 312 do CPP. Desde então, essa decisão serve de parâmetro para o STF, mas não vinculava os demais tribunais. Com a reafirmação da jurisprudência com *status* de repercussão geral, esse entendimento deve ser aplicado pelas demais instâncias em casos análogos".

Portanto, a vedação de concessão de liberdade provisória contida no art. 310 para certos tipos de crimes é claramente inconstitucional. Mas, apenas para esclarecer, isso não impede, obviamente, que uma prisão em flagrante exista e, posteriormente, seja decretada a prisão preventiva, mediante requerimento do MP ou representação da autoridade policial, desde que presentes os requisitos legais da prisão preventiva.

Feita essa ressalva, sigamos.

Em que pese o retrocesso que acabamos de verificar, a Lei n. 13.964/2019 trouxe muitos avanços importantes (como visto anteriormente, ao tratar do juiz das garantias e do sistema acusatório), entre eles, a recepção da audiência de custódia, a vedação da prisão preventiva decretada de ofício pelo juiz (e agora, sem dúvida, o fim da famigerada "conversão" de ofício do flagrante em preventiva) e, ainda, o dever de revisar periodicamente a prisão preventiva.

---

164. Disponível em: <http://www.stf.jus.br/portal/cms/verNoticiaDetalhe.asp?idConteudo=354431>.

A audiência de custódia é um instrumento importante para aferir a legalidade das prisões e dar eficácia ao art. 319 do CPP e às medidas cautelares diversas, mas é preciso que se respeite a "reserva de lei", com a edição de uma lei ordinária (que altere o CPP) que, além de recepcionar, discipline claramente sua implantação – de forma igual – em todas as comarcas (e não apenas nas capitais ou principais cidades). Atualmente, estamos vendo os Estados legislarem (violando a reserva da União para legislar em matéria processual penal) *à la carte*, ou seja, sem uniformidade. Trata-se de respeitar a reserva de lei e o princípio da igualdade. Enfim, não há por que temer a audiência de custódia; ela vem para humanizar o processo penal e representa uma importantíssima evolução, além de ser uma imposição da Convenção Americana de Direitos Humanos que ao Brasil não é dado o poder de desprezar.

Destacamos, ainda, o disposto no art. 310, § 3º: "A autoridade que deu causa, sem motivação idônea, à não realização da audiência de custódia no prazo estabelecido no *caput* deste artigo responderá administrativa, civil e penalmente pela omissão".

Esse parágrafo é muito importante para reafirmar a obrigatoriedade de realização da audiência de custódia no prazo de 24h, diante da injustificada resistência de alguns juízes. Dessa forma, a audiência de custódia é obrigatória e os juízes que não a realizarem, sem um motivo idôneo, poderão ser punidos penal e administrativamente, sem prejuízo de eventual responsabilidade civil pela manutenção de uma prisão ilegal e usurpação de um direito. Obviamente, se houver uma motivação idônea para justificar o atraso e até, excepcionalmente, a sua não realização, não há que se falar em punição. Mas o artigo veio em boa hora e só reforça o instituto da audiência de custódia.

Já o § 4º, que vinha na mesma linha de reforço da audiência de custódia, foi infelizmente suspenso pela liminar do Min. Fux. Tem a seguinte redação:

> § 4º Transcorridas 24 (vinte e quatro) horas após o decurso do prazo estabelecido no *caput* deste artigo, a não realização de audiência de custódia sem motivação idônea ensejará também a ilegalidade da prisão, a ser relaxada pela autoridade competente, sem prejuízo da possibilidade de imediata decretação de prisão preventiva.

Era o estabelecimento daquilo que cobramos há mais de uma década: prazo razoável com sanção. De nada adianta fixar prazos para a realização de atos por parte do juiz, por exemplo, sem que exista uma sanção, sob pena de absoluta ineficácia. Infelizmente, o Min. Fux não compreendeu a importância da medida para efetivação do direito à audiência de custódia e suspendeu esse dispositivo. Não há que se falar em impunidade, na medida em que o próprio dispositivo abre a possibilidade de não cumprimento do prazo quando houver uma motivação idônea, o que é razoável e adequado. Ademais, ainda permitia que, inobstante o descumprimento do prazo sem motivação idônea, poderia ser decretada a prisão preventiva se houvesse necessidade cautelar. Portanto, mais um dispositivo suspenso por uma medida liminar absolutamente equivocada, que se espera seja logo cassada pelo STF.

Quanto ao *segundo ponto*, a chamada "conversão de ofício" da prisão em flagrante em preventiva, é uma equivocada construção jurisprudencial, de viés consequencialista-punitivista, que despreza a estrutura constitucional acusatória e a própria legalidade (art. 311 do CPP). O art. 310 do CPP não autoriza a que se sustente a possibilidade de o juiz, homologando uma prisão em flagrante, decretar de ofício, ou seja, sem pedido do MP ou representação da autoridade policial. **A tal conversão da prisão em flagrante em prisão preventiva equivale, fática e juridicamente, ao "decretar de ofício" a prisão preventiva.** Ou seja, o resultado final da conversão é faticamente o mesmo que decretar a prisão preventiva de ofício. E, nesse caso, além de clara violação das regras básicas do sistema acusatório-constitucional, viola-se frontalmente a regra insculpida no art. 311.

Exatamente nessa linha vem a decisão do Min. Celso de Mello no HC 186.421/SC, em 17-7-2020, que textualmente afirma que a nova redação

> vedou, de forma absoluta, a decretação da prisão preventiva sem o prévio "requerimento das partes ou, quando no curso da investigação criminal, por representação da autoridade policial ou mediante requerimento do Ministério Público", não mais sendo lícito, portanto, com base no ordenamento jurídico vigente, a atuação "ex officio" do Juízo processante em tema de privação cautelar da liberdade.

E enfatiza o Ministro

a significar que se tornou inviável a conversão, de ofício, da prisão em flagrante de qualquer pessoa em prisão preventiva, sendo necessária, por isso mesmo, anterior e formal provocação do Ministério Público, da autoridade policial ou, quando for o caso, do querelante ou do assistente do MP.

E conclui o Min. Celso de Mello de forma acertada e precisa que:

Em suma: tornou-se inadmissível, em face da superveniência da Lei n. 13.964 ("Lei Anticrime"), a conversão, "ex officio", da prisão em flagrante em preventiva, pois a decretação dessa medida cautelar de ordem pessoal dependerá, sempre, do prévio e necessário requerimento do Ministério Público, do seu assistente ou do querelante (se for o caso), ou, ainda, de representação da autoridade policial na fase pré-processual da "persecutio criminis", sendo certo, por tal razão, que, em tema de privação e/ou de restrição cautelar da liberdade, não mais subsiste, em nosso sistema processual penal, a possibilidade de atuação "ex officio" do magistrado processante. (grifei)

Diante de um cenário tão claro de qual é o *standard* de legalidade da prisão cautelar, não é exagero considerar que, em tese, comete o crime de abuso de autoridade previsto no art. 9º da Lei n. 13.869/2019 o juiz que "converte de ofício" uma prisão em flagrante em prisão preventiva, na medida em que preenche os elementos do tipo penal: *Decretar medida de privação da liberdade em manifesta desconformidade com as hipóteses legais*. Pena – detenção, de 1 (um) a 4 (quatro) anos, e multa.

Portanto, não há nenhuma hipótese de decretação da prisão preventiva de ofício pelo juiz, sem pedido do MP ou representação da autoridade policial.

Por fim, entre as medidas progressistas e civilizatórias trazidas pela Lei n. 13.964/2019 está o dever de revisar periodicamente a necessidade de manutenção ou não da prisão preventiva.

Falta, ainda, a clara definição de um prazo máximo de duração da prisão preventiva, com sanção, que nosso sistema infelizmente não consagra.

Noutra dimensão, a liberdade durante o processo sofreu um duro golpe com a equivocadíssima decisão proferida pelo **STF no HC 126.292/2016 e a chancela da chamada "execução antecipada da**

pena". Felizmente, em novembro de 2019, ao julgar as ADCs 43, 44 e 54, que tinham por objeto o art. 283 do CPP, o STF reafirmou a inconstitucionalidade da execução antecipada da pena. Mas o debate ainda segue na pauta e, por isso, mesmo tendo o STF declarado a inconstitucionalidade, gostaríamos de ampliar e manter a crítica.

Recordemos que presunção de inocência deve ser compreendida em sua tríplice dimensão: norma de tratamento, norma probatória e norma de julgamento. Para o estudo das prisões cautelares, importa a primeira dimensão: o dever de tratar o acusado como inocente até o trânsito em julgado da sentença penal condenatória.

Muito importante sublinhar que a presunção constitucional de inocência tem um marco claramente demarcado: **até o trânsito em julgado**. Neste ponto, nosso texto constitucional supera os diplomas internacionais de direitos humanos e muitas constituições tidas como referência. Há uma afirmação explícita e inafastável de que o acusado é presumidamente inocente até o "trânsito em julgado da sentença penal condenatória". Mas também não é uma construção única, basta ler as Constituições Italiana e Portuguesa, que também asseguram a presunção de inocência até o trânsito em julgado[165].

Mas a presunção de inocência não é absoluta e pode ser relativizada pelo uso das prisões cautelares. O que permite a coexistência, além do requisito e fundamento cautelar, são os princípios que regem as medidas cautelares, que serão estudados a seguir. São eles que permitem a coexistência.

Então é importante compreender desde logo que se pode prender alguém, em qualquer fase ou momento do processo ou da investigação preliminar, inclusive em grau recursal, desde que exista uma "necessidade cautelar", isto é, o preenchimento do requisito e fundamento cautelar (art. 312).

---

165. É o caso da Constituição Italiana, de 1948, que no art. 27, *comma* 2º, assegura: "l'imputato non è considerato colpevole **sino alla condanna definitiva**". O mesmo conteúdo foi adotado pela Constituição Portuguesa, de 1974, no artigo 32.2, que entre as garantias do processo criminal, assegura: "Todo o arguido **se presume inocente até ao trânsito em julgado da sentença de condenação**, devendo ser julgado no mais curto prazo compatível com as garantias de defesa".

E quais são as prisões cautelares recepcionadas atualmente? Prisão preventiva e prisão temporária. A prisão em flagrante também costuma ser considerada "cautelar" por parte da doutrina tradicional. Divergimos neste ponto, por considerar a prisão em flagrante como "pré-cautelar", como explicaremos ao tratar dela. De qualquer forma, essas são as três modalidades de prisão que podem ocorrer antes do trânsito em julgado de uma sentença penal condenatória. **Não existem mais, após a reforma de 2011, a prisão decorrente da pronúncia e a prisão decorrente da sentença penal condenatória recorrível.** Elas agora, como determinam os respectivos arts. 413, § 3º e 387, §1º do CPP, **passam a ser tratadas como prisão preventiva** (não só porque somente podem ser decretadas se presentes o requisito e o fundamento, mas também devem ser assim nominadas).

Após o trânsito em julgado, o que temos é uma prisão-pena, ou seja, a execução definitiva da sentença e o cumprimento da pena privativa de liberdade.

Tais conclusões brotam da redação do art. 283 do CPP:

> Art. 283. Ninguém poderá ser preso senão em flagrante delito ou por ordem escrita e fundamentada da autoridade judiciária competente, em decorrência de prisão cautelar ou em virtude de condenação criminal transitada em julgado.
>
> § 1º As medidas cautelares previstas neste Título não se aplicam à infração a que não for isolada, cumulativa ou alternativamente cominada pena privativa de liberdade.
>
> § 2º A prisão poderá ser efetuada em qualquer dia e a qualquer hora, respeitadas as restrições relativas à inviolabilidade do domicílio.

E a execução antecipada da pena, após o julgamento da segunda instância, mas antes do trânsito em julgado?

É inconstitucional, pois não se reveste de caráter cautelar e não foi recepcionada pelo art. 283 do CPP, além de violar a presunção de inocência ao tratar alguém de forma análoga a de um condenado, antes do trânsito em julgado. Neste sentido, após uma oscilação de entendimento inaugurada pelo julgamento (errôneo) do HC 126.292 em 2016, o STF julgou procedente as Ações Declaratórias de Constitucionalidade (ADC) 43, 44 e 54 em 2019, que tinham por objeto o art. 283 do CPP. Com isso, a execução antecipada não foi recepcionada pela Constituição.

Dessarte, considerando a polêmica em torno do tema (e também o perigo de retorno da execução antecipada, a exemplo do recém-promulgado art. 492), gostaríamos de destacar que[166]:

1. O Brasil recepcionou a presunção de inocência – estágio pós-presunção de não culpabilidade – de forma expressa no art. 8.2 da CADH e também no art. 5º, LVII, da CF, concebida como um dever de tratamento e também regra de julgamento, que exige – como dissemos anteriormente – uma pré-ocupação dos espaços mentais decisórios do juiz. Nesse sentido, durante o processo penal, um verdadeiro dever imposto ao julgador de preocupação com o imputado, uma preocupação de tratá-lo como inocente. É a presunção de inocência um "dever de tratamento" no terreno das prisões cautelares e a autorização, pelo STF, de uma famigerada execução antecipada da pena é exatamente tratar como culpado, equiparar a situação fática e jurídica do condenado.
2. Podem os acusados ser considerados "culpados" após a decisão de segundo grau? Óbvio que não. Primeiramente há que se compreender o que é "culpabilidade normativa" e "culpabilidade fática". Como explica Geraldo Prado[167], a presunção de inocência é cláusula pétrea e princípio reitor do processo penal brasileiro, estabelecendo uma relação com o conceito jurídico de culpabilidade adotado no Brasil. Não adotamos o modelo norte-americano de processo penal, assentado no paradigma de controle social do delito sobre o qual se estrutura um conceito operacional de culpabilidade fática; todo o oposto, nosso sistema estrutura-se sobre o conceito jurídico de culpabilidade, que repousa na presunção de inocência. Em

---

166. Para uma análise mais aprofundada, remetemos o leitor para as seguintes publicações eletrônicas: <http://www.conjur.com.br/2016-mar-04/limite-penal-fim-presuncao-inocencia-stf-nosso-juridico>; <http://www.academia.edu/25564572/Parecer_Presun%C3%A7%C3%A3o_de_Inoc%C3%AAncia_Do_conceito_de_tr%C3%A2nsito_em_julgado_da_senten%C3%A7a_penal_condenat%C3%B3ria>.

167. PRADO, Geraldo. "O trânsito em julgado da decisão penal condenatória". *Boletim do IBCCrim*, n. 277, dez. 2015.

apertada síntese, o conceito normativo de culpabilidade exige que somente se possa falar em (e tratar como) culpado após o transcurso inteiro do processo penal e sua finalização com a imutabilidade da condenação. E, mais, somente se pode afirmar que está "comprovada legalmente a culpa", como exige o art. 8.2 da Convenção Americana de Direitos Humanos, com o trânsito em julgado da decisão condenatória.

3. E o caráter "extraordinário" dos recursos especial e extraordinário? Em nada afeta, porque o caráter "extraordinário" desses recursos não altera ou influi no conceito de trânsito em julgado expressamente estabelecido como marco final do processo (culpabilidade normativa) e inicial para o "tratamento de culpado". A essa altura, não preciso aqui explicar o que seja trânsito em julgado, coisa julgada formal e material, mas é comezinho e indiscutível que não se produz na pendência de (qualquer) recurso. É preciso compreender que os conceitos no processo penal têm fonte e história e não cabe que sejam manejados irrefletidamente (Geraldo Prado) ou distorcidos de forma autoritária e a "golpes de decisão". Não pode o STF imaginar que pode reinventar conceitos processuais assentados em — literalmente — séculos de estudo e discussão, bem como em milhares e milhares de páginas de doutrina. O STF é o guardião da Constituição, não seu dono e tampouco o criador do direito processual penal ou de suas categorias jurídicas. O STF não pode "criar" um novo conceito de trânsito em julgado, numa postura solipsista e aspirando ser o marco zero de interpretação. Esse é um exemplo claro e inequívoco do que é dizer-qualquer-coisa-sobre-qualquer-coisa, de forma autoritária e antidemocrática (como adverte, exaustivamente, Lenio Streck).
4. E a ausência de "efeito suspensivo" nesses recursos? Mais uma herança (perversa) da teoria geral do processo que volta para assombrar. Além de o art. 27, § 2º, da Lei n. 8.038 não ser aplicável ao processo penal, por desconsiderar suas categorias jurídicas próprias, há que se compreender que o problema (de prender-se antes do trânsito em julgado e sem caráter cautelar) não se reduz ao mero "efeito recursal". É da liberdade de alguém que estamos tratando e, portanto, da esfera de com-

pressão dos direitos e liberdades individuais, tutelados – entre outros princípios – pela presunção de inocência.

5. E a invocação do "direito comparado" para justificar? Foram generalizações que desconsideraram as inúmeras diferenças entre os sistemas jurídicos, que começam na investigação preliminar (nos Estados Unidos o modelo é policial, mas eles possuem – no âmbito estadual – mais de 17 mil agências policiais. Na França o modelo é de juiz de instrução e na Alemanha, desde 1974, é um modelo de promotor investigador), passando pelo julgamento de primeiro grau (há uma distinção crucial: são países que adotam um julgamento colegiado já em primeiro grau, completamente distinto do nosso, cujo julgamento é monocrático [juiz singular]), passando pelas diferenças no sistema recursal e desaguando na absoluta diferença do sistema carcerário (sobre isso, nem preciso argumentar...). Sem falar na diversidade de políticas criminais e processuais. Ademais, muitos desses países não admitem que se chegue, pela via recursal, além do segundo grau de jurisdição. O que se tem depois são ações de impugnação, com caráter rescisório, desconstitutivas da coisa julgada que já se operou. É uma estrutura completamente diferente. Para além disso, há uma diferença crucial e não citada: nossa Constituição prevê – ao contrário das invocadas – a presunção de inocência *até* o trânsito em julgado. Essa é uma especificidade que impede o paralelismo, uma distinção insuperável. Em última análise, não interessa o que dizem "as outras" Constituições, mas sim o que diz a Constituição brasileira.

6. O argumento do "baixo número" de recursos especiais e extraordinários defensivos admitidos? É partir de uma premissa absolutamente equivocada, pois a legitimação dos recursos extraordinários não é "quantitativa", não depende do número de recursos providos. Como a presunção de inocência, não depende do número de sentenças absolutórias. É um argumento falacioso como foi, no passado, a crítica de Manzini[168] à presunção de inocência, em que o processualista fascista disse que era

168. Entre outros, na obra *Tratado de derecho procesal penal*, tomo I, p. 252.

irracional e paradoxal a defesa do princípio, na medida em que o "normal das coisas" era presumir-se o fundamento da imputação como verdadeiro. E vai além, ao afirmar que, se a maior parte dos imputados resultava culpado ao final do processo, não havia nada que justificasse a presunção de inocência. É mais ou menos o mesmo que dizer: já que a maior parte dos recursos especial e extraordinário interpostos pela defesa não são acolhidos, vamos presumir que são infundados e desnecessários, podendo prender primeiro e decidir depois.

7. É falacioso o argumento de que o número de decisões modificadas em grau de recurso especial e extraordinário é insignificante. Os dados trazidos pelas defensorias públicas de SP, RJ e da União (quando do julgamento do HC 126.292 e das ADCs) mostram um índice altíssimo (em torno de 46%) de reversão de efeitos. Para compreender essa taxa de reversão é preciso ter um mínimo de "honestidade" metodológica, pois não se pode usar como argumento de busca apenas as palavras "recurso especial" e "absolvição"... É preciso considerar os agravos em REsp e RExt, os agravos regimentais, embargos declaratórios com efeitos infringentes e, principalmente, o imenso número de *habeas corpus* substitutivos. Além da absolvição, deve-se considerar outras decisões da maior relevância, como: redução da pena, mudança de regime, substituição da pena, anulação do processo, reconhecimento de ilicitude probatória, mudança da tipificação/desclassificação, enfim, vários outros resultados positivos e relevantes que se obtém em sede de REsp e RExt e que mostram a imensa injustiça de submeter alguém a execução antecipada de uma pena que depois é significativamente afetada.
8. O problema é que não se pode esperar até o trânsito em julgado, isso gera sensação de impunidade e até a prescrição... Esse é mais um argumento populista do que propriamente jurídico. De qualquer forma, há que se encontrar o difícil equilíbrio entre a (de)mora jurisdicional e o atropelo de direitos e garantias fundamentais. Devemos buscar a diminuição dos "tempos mortos" (Chiavario) e melhorar a dinâmica pro-

cedimental. Essa é uma discussão válida e complexa, que está sendo reduzida e pseudossolucionada com a possibilidade de execução antecipada da pena. É um efeito sedante apenas, pois nada foi feito para efetivamente agilizar o julgamento dos recursos especial e extraordinário. Eles continuarão demorando para ser julgados, com a agravante de que agora os acusados ficarão presos. Não se resolveu o problema (demora) e apenas se sacrificou direitos fundamentais para corresponder (erroneamente) a expectativas sociais criadas em torno do julgamento penal.

9. Por fim, ainda que sucintamente, o discurso de "combate à impunidade" é um argumento falacioso. Em apertadíssima síntese, o papel do STF não é de corresponder às expectativas sociais criadas (se fosse assim, teria de admitir a tortura para obter a confissão, a pena de morte, a pena perpétua e outras atrocidades do estilo, de forte apelo popular, mas constitucionalmente impensáveis), mas sim de corresponder às expectativas jurídico-constitucionais, ou seja, atuar como guardião da CF e da eficácia dos direitos fundamentais, ainda que tenha que decidir de forma contramajoritária. Um dos primeiros deveres do STF é o de dizer "não" ao vilipêndio de garantias constitucionais, ainda que essa decisão seja completamente contrária à maioria.

Convém destacar, ainda, a inexistência de um "estudo de impacto carcerário" que essa decisão poderá causar, especialmente diante de um sistema carcerário caótico, superlotado e descontrolado, que foi considerado – pelo próprio STF – como inconstitucional (ADPF 347 MC/DF, rel. Min. Marco Aurélio, julgado em 9-9-2015, Info 798). Como o STF reconhece: a) violação generalizada e sistêmica de direitos fundamentais; b) inércia ou incapacidade reiterada e persistente das autoridades públicas em modificar a conjuntura; c) a existência de uma situação que exige a atuação não apenas de um órgão, mas sim de uma pluralidade de autoridades para resolver o problema; e profere uma decisão dessa natureza? Esquizofrenia jurisdicional ou bipolaridade extrema? Reconhece tudo isso e profere uma decisão completamente descomprometida com a situação apontada, agravando-a substancialmente?

Portanto, ainda que o erro de 2016 (HC 126.292) tenha sido corrigido em 2019 (com o julgamento das ADCs 43, 44 e 54), a verdade é que aquela decisão criou uma ilegítima expectativa punitivista que cobrou (e ainda corre o risco de voltar a cobrar) um preço altíssimo em termos de sacrifício da democracia e das liberdades constitucionais.

E aqui fazemos expressa referência à (inconstitucional) inovação trazida pela Lei n. 13.964/2019 no art. 492:

> Art. 492. Em seguida, o presidente proferirá sentença que:
>
> I – no caso de condenação:
>
> (...)
>
> e) mandará o acusado recolher-se ou recomendá-lo-á à prisão em que se encontra, se presentes os requisitos da prisão preventiva, ou, no caso de condenação a uma pena igual ou superior a 15 (quinze) anos de reclusão, determinará a execução provisória das penas, com expedição do mandado de prisão, se for o caso, sem prejuízo do conhecimento de recursos que vierem a ser interpostos;
>
> (...)

Sem dúvida, um grande erro do legislador, pois (resumidamente):

– viola a presunção constitucional de inocência, na medida em que trata o réu como culpado, executando antecipadamente sua pena, sem respeitar o marco constitucional do trânsito em julgado;

– se o STF já reconheceu ser inconstitucional a execução antecipada após a decisão de segundo grau, com muito mais razão é inconstitucional a execução antecipada após uma decisão de primeiro grau (o tribunal do júri é um órgão colegiado, mas integrante do primeiro grau de jurisdição);

– da decisão do júri cabe apelação em que podem ser amplamente discutidas questões formais e de mérito, inclusive com o tribunal avaliando se a decisão dos jurados encontrou ou não abrigo na prova, sendo um erro gigantesco autorizar a execução antecipada após essa primeira decisão;

– tanto a instituição do júri quanto a soberania dos jurados estão inseridas no rol de direitos e garantias individuais, não podendo servir de argumento para o sacrifício da liberdade do próprio réu;

– ao não se revestir de caráter cautelar, sem, portanto, analisar o *periculum libertatis* e a necessidade efetiva da prisão, se converte em uma prisão irracional, desproporcional e perigosíssima, dada a real possibilidade de reversão já em segundo grau (sem mencionar, ainda, a possibilidade de reversão em sede de recurso especial e extraordinário);

– a soberania dos jurados não é um argumento válido para justificar a execução antecipada, pois é um atributo que não serve como legitimador de prisão, mas sim como garantia de independência dos jurados;

– é incompatível com o disposto no art. 313, § 2º, que expressamente prevê que "não será admitida a decretação da prisão preventiva com a finalidade de antecipação de cumprimento de pena".

Na mesma linha, trazendo ainda outros argumentos, Paulo Queiroz[169] afirma que, "além de incoerente e ilógica, é claramente inconstitucional, visto que: 1) ofende o princípio da presunção de inocência, segundo o qual ninguém será considerado culpado até o trânsito em julgado de sentença penal condenatória (CF, art. 5º, LVII), razão pela qual toda medida cautelar há de exigir cautelaridade, especialmente a prisão preventiva; 2) viola o princípio da isonomia, já que condenações por crimes análogos e mais graves (*v.g.*, condenação a 30 anos de reclusão por latrocínio) não admitem tal exceção, razão pela qual a prisão preventiva exige sempre cautelaridade; 3) estabelece critérios facilmente manipuláveis e incompatíveis com o princípio da legalidade penal, notadamente a pena aplicada pelo juiz-presidente; 4) o só fato de o réu sofrer uma condenação mais ou menos grave não o faz mais ou menos culpado, já que a culpabilidade tem a ver com a prova produzida nos autos e com os critérios de valoração

---

169. O excelente texto de Paulo Queiroz, do qual extraímos apenas um trecho, é bem mais amplo, trazendo, ainda, uma análise importante da prisão preventiva. Recomendamos a leitura no site: <https://www.pauloqueiroz.net/a-nova-prisao-preventiva-lei-n-13-964-2019/>.

da prova, não com o quanto de pena aplicado; 5) a gravidade do crime é sempre uma condição necessária, mas nunca uma condição suficiente para a decretação e manutenção de prisão preventiva. Como é óbvio, a exceção está em manifesta contradição com o novo art. 313, § 2º, que diz: "**Não será admitida a decretação da prisão preventiva com a finalidade de antecipação de cumprimento de pena**".

Portanto, é um grave erro a execução antecipada da pena aplicada em primeiro grau, que demonstra a gravíssima crise do regime de liberdade no processo penal.

1.8.4. É o *plea bargaining* um remédio para a crise do processo penal? Ou um veneno mortal? Analisando a proposta do pacote anticrime[170]

1.8.4.1. Ampliação dos espaços de consenso é uma tendência inexorável

A pergunta diante da crise anteriormente exposta é: assim como a depender da dose ministrada, remédio vira veneno, "quanto" de negociação da pena criminal o nosso sistema admite e tolera, sem prejuízo para a qualidade da administração da justiça? A hipótese é de que a "dosagem" dessa técnica processual é o ponto de reflexão, pois a depender pode matar ou salvar o paciente (processo penal). Tomamos como pano de fundo a proposta legislativa, vulgo Projeto Anticrime, apresentado pelo ex-Ministro da Justiça e Segurança Pública Sérgio Moro, em 2019, e que, felizmente, não foi recepcionado pela Lei n. 13.964/2019. **Dessa forma, não adotamos o *plea bargaining* inicialmente proposto, mas a discussão sobre o tema segue e novas tentativas de mudança legislativa virão. Por isso, nossa preocupação aqui (novamente) é prospectiva.**

Em termos práticos, argumentos de eficiência e sobrecarga da justiça criminal serão determinantes para que a negociação no processo penal seja ampliada, porque o entulhamento do sistema de administração

---

170. O presente tópico é reprodução de artigo produzido por Aury Lopes Jr. e Vitor Paczek para publicação na *Revista Duc In Altum* – Cadernos de Direito, v. 11, n. 23, p. 319-356, jan.-abr. 2019.

da justiça existe. É preciso pensar esses limites a partir da compreensão da nossa realidade social-prisional, dos erros que já cometemos com a banalização da transação penal e suspensão condicional do processo, além da própria experiência internacional. Se a transação penal já se mostrou uma perversa mercantilização do processo penal, no sentido mais depreciativo da expressão, imagine-se o imenso estrago que causará uma ampliação ilimitada da aplicação consensual de pena[171]?

A ampliação dos espaços de consenso no processo penal é uma tendência inexorável, que começou timidamente no Brasil em 1995, com a Lei n. 9.099 e seus institutos de transação penal e suspensão condicional do processo (além da composição dos danos civis), e foi se expandindo através da delação premiada e, mais recentemente, com o "acordo de não persecução penal" recepcionado pelo art. 28-A[172] do CPP (com a nova redação dada pela Lei n. 13.964/2019).

---

171. Em 2001 prenunciou-se a primeira crítica ao sistema de justiça negociada, a partir da experiência da Lei n. 9.099: "o pensamento que nos orienta é prospectivo, olhamos para o futuro. A situação atual já é preocupante, mas pretendemos demonstrar – por meio da crítica – que a ampliação do campo de atuação da justiça consensuada será desastrosa para o processo penal. Devemos recordar, ainda, o contexto social e econômico no qual ela se insere (e foi gerada), até porque o sistema penal não está num compartimento estanque, imune aos movimentos sociais, políticos e econômicos, conforme explicamos nos capítulos anteriores, onde tratamos da ideologia repressivista da 'lei e ordem' e da eficiência (antigarantista). (...) Contudo, com o passar dos anos, a criatura virou-se contra o criador ou, melhor, mostrou sua verdadeira cara: utilitarismo processual e a busca da máxima eficiência (utilitarista)" (LOPES JR., Aury. *Sistemas de investigação preliminar no processo penal*. Rio de Janeiro: Lumen Juris, 2001. p. 22).

172. Art. 28-A. Não sendo caso de arquivamento e tendo o investigado confessado formal e circunstancialmente a prática de infração penal sem violência ou grave ameaça e com pena mínima inferior a 4 (quatro) anos, o Ministério Público poderá propor acordo de não persecução penal, desde que necessário e suficiente para reprovação e prevenção do crime, mediante as seguintes condições ajustadas cumulativa e alternativamente: (*Incluído pela Lei n. 13.964, de 2019*)

I – reparar o dano ou restituir a coisa à vítima, exceto na impossibilidade de fazê-lo; (*Incluído pela Lei n. 13.964, de 2019*)

II – renunciar voluntariamente a bens e direitos indicados pelo Ministério Público como instrumentos, produto ou proveito do crime; (*Incluído pela Lei n. 13.964, de 2019*)

III – prestar serviço à comunidade ou a entidades públicas por período correspondente à pena mínima cominada ao delito diminuída de um a dois terços, em local a ser indicado pelo juízo da execução, na forma do art. 46 do Decreto-Lei n. 2.848, de 7 de dezembro de 1940 (Código Penal); (*Incluído pela Lei n. 13.964, de 2019*)

IV – pagar prestação pecuniária, a ser estipulada nos termos do art. 45 do Decreto-Lei n. 2.848, de 7 de dezembro de 1940 (Código Penal), a entidade pública ou de interesse social, a ser indicada pelo juízo da execução, que tenha, preferencialmente, como função proteger bens jurídicos iguais ou semelhantes aos aparentemente lesados pelo delito; ou (*Incluído pela Lei n. 13.964, de 2019*)

V – cumprir, por prazo determinado, outra condição indicada pelo Ministério Público, desde que proporcional e compatível com a infração penal imputada. (*Incluído pela Lei n. 13.964, de 2019*)

§ 1º Para aferição da pena mínima cominada ao delito a que se refere o *caput* deste artigo, serão consideradas as causas de aumento e diminuição aplicáveis ao caso concreto. (*Incluído pela Lei n. 13.964, de 2019*)

§ 2º O disposto no *caput* deste artigo não se aplica nas seguintes hipóteses: (*Incluído pela Lei n. 13.964, de 2019*)

I – se for cabível transação penal de competência dos Juizados Especiais Criminais, nos termos da lei; (*Incluído pela Lei n. 13.964, de 2019*)

II – se o investigado for reincidente ou se houver elementos probatórios que indiquem conduta criminal habitual, reiterada ou profissional, exceto se insignificantes as infrações penais pretéritas; (*Incluído pela Lei n. 13.964, de 2019*)

III – ter sido o agente beneficiado nos 5 (cinco) anos anteriores ao cometimento da infração, em acordo de não persecução penal, transação penal ou suspensão condicional do processo; e (*Incluído pela Lei n. 13.964, de 2019*)

IV – nos crimes praticados no âmbito de violência doméstica ou familiar, ou praticados contra a mulher por razões da condição de sexo feminino, em favor do agressor. (*Incluído pela Lei n. 13.964, de 2019*)

§ 3º O acordo de não persecução penal será formalizado por escrito e será firmado pelo membro do Ministério Público, pelo investigado e por seu defensor. (*Incluído pela Lei n. 13.964, de 2019*)

§ 4º Para a homologação do acordo de não persecução penal, será realizada audiência na qual o juiz deverá verificar a sua voluntariedade, por meio da oitiva do investigado na presença do seu defensor, e sua legalidade. (*Incluído pela Lei n. 13.964, de 2019*)

§ 5º Se o juiz considerar inadequadas, insuficientes ou abusivas as condições dispostas no acordo de não persecução penal, devolverá os autos ao Ministério Público para que seja reformulada a proposta de acordo, com concordância do investigado e seu defensor. (*Incluído pela Lei n. 13.964, de 2019*)

§ 6º Homologado judicialmente o acordo de não persecução penal, o juiz devolverá os autos ao Ministério Público para que inicie sua execução perante o juízo de execução penal. (*Incluído pela Lei n. 13.964, de 2019*)

§ 7º O juiz poderá recusar homologação à proposta que não atender aos requisitos legais ou quando não for realizada a adequação a que se refere o § 5º deste artigo. (*Incluído pela Lei n. 13.964, de 2019*)

Sustentam os defensores do viés expansionista que aumentar os espaços de consenso é uma realidade necessária, justificando-se por fatores utilitaristas e eficientistas. Contudo, estamos ao mesmo tempo em antítese ao Princípio da Necessidade do processo (*nulla poena sine iudicio*). Mas a aceleração procedimental pode ser levada ao extremo de termos uma pena sem processo e sem juiz? Sim, pois a garantia do juiz pode ficar reduzida ao papel de mero "homologador" do acordo, muitas vezes feito às portas do tribunal (nos Estados Unidos, acordos assim superam 90% dos meios de resolução de casos penais, chegando a 97% nos casos federais [Walsh] e até 99% em Detroit [Langbein[173]]).

Nesses termos, o *plea bargaining* viola o pressuposto fundamental da jurisdição: o exercício do poder de penar não passa mais pelo controle jurisdicional e tampouco se submete aos limites da legalidade, senão que está nas mãos do Ministério Público e da sua

---

§ 8º Recusada a homologação, o juiz devolverá os autos ao Ministério Público para a análise da necessidade de complementação das investigações ou o oferecimento da denúncia. (*Incluído pela Lei n. 13.964, de 2019*)

§ 9º A vítima será intimada da homologação do acordo de não persecução penal e de seu descumprimento. (*Incluído pela Lei n. 13.964, de 2019*)

§ 10. Descumpridas quaisquer das condições estipuladas no acordo de não persecução penal, o Ministério Público deverá comunicar ao juízo, para fins de sua rescisão e posterior oferecimento de denúncia. (*Incluído pela Lei n. 13.964, de 2019*)

§ 11. O descumprimento do acordo de não persecução penal pelo investigado também poderá ser utilizado pelo Ministério Público como justificativa para o eventual não oferecimento de suspensão condicional do processo. (*Incluído pela Lei n. 13.964, de 2019*)

§ 12. A celebração e o cumprimento do acordo de não persecução penal não constarão de certidão de antecedentes criminais, exceto para os fins previstos no inciso III do § 2º deste artigo. (*Incluído pela Lei n. 13.964, de 2019*)

§ 13. Cumprido integralmente o acordo de não persecução penal, o juízo competente decretará a extinção de punibilidade. (*Incluído pela Lei n. 13.964, de 2019*)

§ 14. No caso de recusa, por parte do Ministério Público, em propor o acordo de não persecução penal, o investigado poderá requerer a remessa dos autos a órgão superior, na forma do art. 28 deste Código. (*Incluído pela Lei n. 13.964, de 2019*)

173. LANGBEIN, John H. Tortura e *plea bargaining*. In: GLOCKNER, Ricardo Jacobsen (org.). Sistemas Processuais Penais. Florianópolis: Empório do Direito, 2017, p. 138.

discricionariedade. Isso significa uma inequívoca incursão do Ministério Público em uma área que deveria ser dominada pelo tribunal, onde erroneamente está se limitando a homologar o resultado do acordo entre o acusado e o promotor[174]. Não sem razão, afirma-se que o promotor é o juiz às portas do tribunal[175].

Também desconsidera que o processo penal brasileiro tem como regra a ação penal pública pautada pelos princípios de obrigatoriedade e indisponibilidade, admitindo alguma mitigação desde o advento da Lei n. 9.099/95, mas sem consagrar os princípios de oportunidade e conveniência, especialmente pelo teor do art. 42 do CPP. Depois, o Ministério Público brasileiro, ao contrário do americano, tem sua atuação pautada pela Legalidade e a vinculação aos limites da lei, continuando a ser um poder condicionado pela legalidade (taxatividade), obrigatoriedade e indisponibilidade.

A questão está em equalizar essa tendência de expansão com o devido processo legal, evitando a supremacia da investigação preliminar e os efeitos equivocados na decisão penal. Também não se pode cair no ingênuo mito do voluntarismo entre acusado e acusador, porque a diferença entre o *plea bargaining* com a tortura não é de gênero, mas de grau, como explicará Langbein. A questão do consenso também é problemática, especialmente quando existe um abuso da prisão preventiva no processo penal brasileiro, havendo grande risco de ser utilizado como um meio de coerção para o acordo.

1.8.4.2. As justificativas para o implemento do *plea bargaining*

A tendência generalizada de implantar no processo penal amplas zonas de consenso está sustentada, em síntese, por três argumentos básicos:

---

174. DIAS, Jorge de Figueiredo. *Acordos sobre a sentença em processo penal: o "fim" do Estado de Direito ou um novo "princípio"?* Porto: Conselho Distrital do Porto da Ordem dos Advogados, 2011, p. 17.

175. Na experiência dos EUA, os promotores têm amplas opções de negociação, podendo não tomar posição no acordo da sentença, não se opor aos pedidos do acusado, requisitar tipos específicos de sentença, especificar multa ou termo para a prisão ou nada mais que multa ou sentença de prisão. (O'SULLIVAN, Julie R. *Federal white collar crime*: cases and materials. St. Paul: West, Fifth Edition, 2012, p. 1.117-1.121).

a) estar conforme os princípios do modelo acusatório;

b) resultar de um ato voluntário;

c) proporcionar celeridade na administração de justiça.

A tese de que as formas de acordo são um resultado lógico do "modelo acusatório" e do "processo de partes" é ilusória[176]. Trata-se de uma confusão entre o modelo teórico acusatório – que consiste unicamente na separação entre juiz e acusação, na igualdade entre acusação e defesa, na oralidade e publicidade do juízo – e as características concretas do sistema acusatório americano, como a discricionariedade da ação penal e o acordo, que não têm relação alguma com o modelo teórico[177].

O modelo acusatório exige que o juiz se mantenha alheio ao trabalho de investigação e passivo no recolhimento das provas, tanto de imputação como de descargo. A gestão/iniciativa probatória, no modelo acusatório, está nas mãos das partes; esse é o princípio fundante do sistema, como leciona Jacinto Coutinho[178] de forma incansável.

O argumento eficientista e utilitarista que sustenta a adoção da negociação sobre a pena no processo penal não é novo e está no cerne das propostas legislativas que direcionaram nesse sentido. Mas é preciso compreender por que se chegou nesse ponto, desde negação de processo justo e contraditório no modelo inquisitorial da Idade Média, e a negação de processo no sistema negocial dos séculos XX e XXI.

---

176. FERRAJOLI, Luigi. *Derecho y razón*: teoría del garantismo penal. 8. ed. Madrid: Trotta, 1995. p. 747.

177. Exige a separação entre as funções de acusar/julgar; o processo deve ser (predominantemente) oral, público, com um procedimento contraditório e de trato igualitário das partes (e não meros sujeitos). Com relação à prova, vigora o sistema do livre convencimento motivado e a sentença produz a eficácia de coisa julgada. A liberdade da parte passiva é a regra, sendo a prisão cautelar uma exceção. Assim é o sistema acusatório, não derivando dele a justiça negociada. Todo o oposto.

178. Em inúmeros trabalhos, mas especialmente: COUTINHO, Jacinto Nelson de Miranda. O papel do novo juiz no processo penal. In: SILVEIRA, Marco Aurélio Nunes da; PAULA, Leonardo Costa de (org.) *Observações sobre os sistemas processuais penais* (escritos do Prof. Jacinto Nelson de Miranda Coutinho; 1). Curitiba: Observatório da Mentalidade Inquisitória, 2018, p. 25-62.

Após passar pela Inquisição, a Europa aprendeu e elevou gradativamente o nível das garantias. O problema é que os processos passaram a ser considerados, para muitos, excessivamente "garantistas", morosos e custosos. Na mesma linha, o modelo americano também criou um processo penal complexo e com alto nível de garantias processuais, sendo o julgamento do júri um dos seus grandes trunfos, além das regras de exclusão da prova ilícita, a exigência de prova acima da dúvida razoável para condenação etc., ou seja, um arsenal de garantias que funda o *due process of law* e que passou a ser atacado por ser excessivamente caro, complexo e moroso, especialmente pela dependência do júri. Explica Langbein[179] (e, exatamente no mesmo sentido vem a crítica de Walsh) "que elas [as garantias] tornaram o julgamento pelo tribunal do júri tão complicado e demorado que o tornaram impraticável como dispositivo processual cotidiano".

O *plea bargaining* projeta o equívoco de querer aplicar o sistema negocial, como se estivéssemos tratando de um ramo do direito privado. Existem, inclusive, os que defendem uma "privatização" do processo penal partindo do princípio dispositivo do processo civil, esquecendo que o processo penal constitui um sistema com suas categorias jurídicas próprias e de que tal analogia, além de nociva, é inadequada. Explica Carnelutti[180] que existe uma diferença insuperável entre o direito civil e o direito penal: "en penal, con la ley no se juega". No direito civil, as partes têm as mãos livres; no penal, devem tê-las atadas, pois o civil lida com o 'ter' e o penal com o 'ser'.

O primeiro pilar da função protetora do direito penal e processual é o monopólio legal e jurisdicional (do poder) da violência repressiva. A justiça negociada viola desde logo esse primeiro pressuposto fundamental, pois o poder de penar não passa mais pelo controle jurisdicional e tampouco se submete aos limites da legalidade, senão que está nas mãos do Ministério Público e vinculado à sua

179. LANGBEIN, John H. Tortura e *plea bargaining*. In: GLOCKNER, Ricardo Jacobsen (org.). *Sistemas processuais penais*. Florianópolis: Empório do Direito, 2017, p. 140.

180. La equidad en el juicio penal (para la reforma de la corte de asises) In: CARNELUTTI, Francesco. *Cuestiones sobre el proceso penal*, Buenos Aires: Libreria el Foro, 1960, p. 292.

discricionariedade. É a mais completa desvirtuação do juízo contraditório, essencial para a própria existência de processo, e se encaixa melhor com as práticas persuasórias permitidas pelo segredo e nas relações desiguais do sistema inquisitivo. É transformar o processo penal em uma "negociata", no seu sentido mais depreciativo.

Na Europa, a negociação também veio para atender a esse postulado de velocidade e eficiência, mas em menor escala. Estima-se que em torno de 30 a 40% se resolve pela negociação no *patteggiamento sulla pena* italiano, por exemplo. Os demais países não fogem desse parâmetro e tendem a ter números inferiores. Optaram por sistemas mais ágeis, várias opções de ritos e abolição do tribunal do júri ou o mantiveram com uma competência restrita e limitada. Nada comparado ao modelo americano.

Nos Estados Unidos, o júri permanece como principal método de julgamento, mantendo toda sua amplitude procedimental, ainda que alguns Estados já estejam partindo para julgamentos por juiz singular como forma de melhorar a eficiência e, ao mesmo tempo, assegurar a existência de processo. Como explica Walsh[181] "a alternativa para melhorar as negociações é ter mais julgamentos", como tem ocorrido na Filadélfia, "onde julgamentos perante um juiz, e não no júri, são comuns". O caminho adotado foi evitar o *voir dire* (processo de seleção do júri). Os números são importantes e registram que "em 2015, excluindo os casos que foram denegados/não admitidos, apenas 72% dos réus criminais na Filadélfia se declararam culpados, em contraste com 97% dos julgamentos federais; e 15% optaram por ser julgado por um juiz (e não pelo júri)".

Também é preciso destacar, parafraseando Goldschmidt[182], que o processo penal de uma nação é um termômetro dos elementos au-

---

181. WALSH, Dylan. Why U.S. Criminal Courts are so dependent on plea bargaining? Side effects include inordinately powerful prosecutors and infrequent access to jury trials. In: Revista *The Atlantic*, publicado em 2-5-2017. Disponível em: <https://www.theatlantic.com/politics/archive/2017/05/plea-bargaining-courts-prosecutors/524112/>.

182. GOLDSCHMIDT, James. *Problemas politicos y juridicos del proceso penal.* Conferencias dadas en la Universidad de Madrid en los meses de diciembre de 1934 y de enero, febrero y marzo de 1935. Barcelona, Bosch, 1935, p. 67.

toritários ou democráticos de sua Constituição; e acrescentamos: também da cultura de um povo. O *american way of life* também marca o processo penal, na medida em que estamos diante de uma cultura que valoriza o liberalismo econômico, a competitividade, a autonomia de vontade e o individualismo. Não sem razão, o *plea bargaining* é marcado por isso: um afastamento do Estado-Juiz das relações, privatizando o conflito e deixando a negociação livre. Os "jogadores" precisam ter estratégia na hora de "vender" a colaboração em troca do maior "benefício/ganho"[183].

O júri americano se assemelha a uma propaganda enganosa, pois acessível a uma parcela ínfima dos submetidos ao sistema penal. Por isso, Schünemann[184] considera o modelo americano um "simulacro", pois "por trás do disfarce do procedimento do tribunal do júri, deságua na prática em nada mais, nada menos, do que no velho modelo de processo inquisitorial", onde os "substratos teóricos não resistem a um exame crítico". Então, ao invés de o processo cumprir o seu papel de proteção do acusado, ressignifica-se o processo através de uma mentalidade inquisitória.

Nesse ponto, é precisa a metáfora de Walsh[185]: os americanos transformaram o processo penal em um luxuoso Cadillac, grande,

183. Não há nenhum compromisso ético com a "verdade" (crítica também feita por Schünemann ainda que processual, e tampouco com o valor "justiça". Importa fazer um acordo aceitável para as partes, ainda que isso represente uma pena baixa para um criminoso confesso (rompendo com o liame gravidade do crime-pena) ou uma pena injusta para um inocente que não quer se arriscar ao processo (e o perigo de uma pena desproporcional), ou ainda a concessão de imunidade penal. (SCHÜNEMANN, Bernd. Um olhar crítico ao modelo processual penal norte-americano. In: GRECO, Luís. (org.) Estudos de direito penal, direito processual penal e filosofia do direito. São Paulo: Marcial Pons, 2013. p. 248-249).

184. SCHÜNEMANN, Bernd. Um olhar crítico ao modelo processual penal norte-americano. In: GRECO, Luís. (org.) *Estudos de direito penal, direito processual penal e filosofia do direito*. São Paulo: Marcial Pons, 2013. p. 242-243.

185. WALSH, Dylan. Why U.S. Criminal Courts are so dependent on plea bargaining? Side effects include inordinately powerful prosecutors and infrequent access to jury trials. In: Revista *The Atlantic*, publicado em 2-5-2017. Disponível em: <https://www.theatlantic.com/politics/archive/2017/05/plea-bargaining-courts-prosecutors/524112/>.

caro e pesado. Mas é claro que nem todos podem ter acesso a ele. Então reservemos esse luxo para 2% da população e o resto que ande a pé, isto é, fazendo acordos.

Não é preciso maior esforço argumentativo para compreender por que os europeus preferem garantir o devido processo com uma esfera negocial menor, em contraste com os mais de 90% (chegando a 97% e até 99%) de negociação do sistema americano, em que um processo penal é raríssimo.

Como destaca Walsh, o direito constitucional a um julgamento público é excluído com o *plea bargaining*, tratando-se, para a maioria, de um mito, conforme também compreendeu o Juiz Federal americano John Kane. Essa deterioração sistemática que o acordo penal produz é identificada por um coro de juristas dos EUA, que "querem ajustes para regulamentação e controle das negociações; outros pedem uma revisão mais ambiciosa do modo como os procedimentos são conduzidos, agilizando o processo para torná-lo acessível a um maior número de pessoas"[186].

Nesse sentido, Langbein[187] é categórico: "o *plea bargaining* é, portanto, um procedimento de julgamento para condenar e declarar culpadas pessoas acusadas de crimes graves", sem legitimação constitucional, por causa da "garantia oposta, uma garantia de julgamento".

1.8.4.3. A experiência negocial em Portugal, Espanha e Itália e o Projeto de Lei n. 8.045 (Novo CPP), que foi desconsiderado

Não se pode desconectar a compreensão do Direito da realidade social[188], havendo uma grande tensão entre o tempo do direito e o

186. WALSH, Dylan. *Why* U.S. Criminal Courts are so dependent on plea bargaining? Side effects include inordinately powerful prosecutors and infrequent access to jury trials. In: Revista *The Atlantic*, publicado em 2-5-2017. Disponível em: <https://www.theatlantic.com/politics/archive/2017/05/plea-bargaining-courts-prosecutors/524112/>.

187. LANGBEIN, John H. Tortura e *plea bargaining*. In: GLOCKNER, Ricardo Jacobsen (org.). *Sistemas processuais penais*. Florianópolis: Empório do Direito, 2017. p. 137.

188. Mas isso não significa que o processo penal deva corresponder às ex-

tempo da sociedade, especialmente pelo fetiche da hiperaceleração e do presenteísmo.

O processo, aos olhos do povo, demora demais e é ineficiente, mas isso não é uma peculiaridade brasileira, todo o oposto. Figueiredo Dias[189] afirma que "o povo português perdeu a confiança no seu sistema de justiça, em particular da justiça criminal, e este tem-se revelado incapaz de estabilizar as expectativas comunitárias na sua correcção e funcionalidade".

Essa desarmonia temporal (ou da percepção do tempo) facilita, imensamente, a aceitação de atalhos e soluções imediatas, pois conduz à ilusão de uma justiça instantânea, desconsiderando que a ruptura temporal é crucial para que se respeite o tempo do direito e o tempo do processo[190]. Sendo a velocidade a "alavanca do mundo", há uma verdadeira narcose dromológica, tomando emprestada a concepção de dromologia de Virilio.[191]

É preciso definir um espaço de negociação entre as partes, em detrimento das estruturas de conflito e, principalmente, uma forma de oferecer uma "eficiência funcionalmente orientada"[192] que permitirá ultrapassar a atual sobrecarga da justiça penal, rumo a um modelo mais rápido, sem, em tese, violação dos princípios constitucionais do Estado de Direito. Mas, por outro lado, Figueiredo Dias é claro em rechaçar a importação do *plea bargaining*[193] porque in-

---

pectativas sociais criadas, todo o oposto, ele deve ser contraintuitivo e contramajoritário no que tange à eficácia dos direitos e garantias fundamentais. (CUNHA MARTINS, Rui. Contra-intuição e processo penal. In: KHALED JR., Salah H. (coord.) *Sistema penal e poder punitivo*: estudos em homenagem ao prof. Aury Lopes Jr. Florianópolis: Empório do direito, 2015, p. 467 e ss).

189. DIAS, Jorge de Figueiredo. *Acordos sobre a sentença em processo penal* – o "fim" do estado de direito ou um novo "princípio"? Porto: Conselho Distrital do Porto da Ordem dos Advogados, 2011, p. 13.

190. OST, François. *O tempo do direito.* Lisboa: Piaget, 2001, *passim.*

191. VIRILIO, Paul. *A inércia polar.* Lisboa: Dom Quixote, 1993, *passim.*

192. DIAS, Jorge de Figueiredo. *Acordos sobre a sentença em processo penal* – o *"fim" do estado de direito ou um novo "princípio"?* Conselho Distrital do Porto, 2001, p.16.

193. Utilizaremos aqui apenas a expressão *plea bargaining* (ou *plea agreement)* por ser mais representativa e abrangente. Mas, como explica Masi (MASI,

compatível com o modelo português (e também com o brasileiro, acrescentamos), na medida em que não coincide com nossa concepção de Estado de Direito que tampouco é conciliável com o *rule of law* anglo-saxônico.

No processo penal português, o espaço negocial é restrito e pontual em termos de pena do delito: existe o arquivamento em caso de dispensa da pena (art. 280 do CPP português) e o instituto da "suspensão provisória do processo" (art. 281), similar à nossa suspensão condicional do processo, para crimes punidos com pena não superior a 5 anos. Nesse caso, o processo ficará suspenso por um período máximo de 2 anos, ou de 5 anos (casos previstos no art. 281. 6 e 7) e, uma vez cumpridas as condições, será arquivado (art. 282). O professor português[194] propõe uma ampliação, dentro do marco do art. 344 do CPP português, o que significa restringir a negociação para crimes cuja pena máxima não ultrapasse os 5 anos, ficando na esfera dos crimes de pequena ou média gravidade.

Na Itália, cujo modelo *civil law* é similar ao nosso e é paradigma em termos de orientação doutrinária, jurisprudencial e legislativa, o *patteggiamento sulla pena*[195] (art. 444 e seguintes do CPP italiano)

Carlo Velho. A *plea bargaining* no sistema penal norte-americano, publicado em 29-7-2016, disponível em: <https://canalcienciascriminais.com.br/a-plea-bargaining-no-sistema-processual-penal-norte-americano>, existem diferentes tipos de barganha: "a) na *charge bargaining*, o acusado se declara culpado de um crime menos grave que a acusação original; b) na *count bargaining*, o acusado assume apenas uma parte dentre várias acusações; c) na *sentence bargaining*, a promotoria se compromete a pedir em juízo determinado benefício na sentença (o que pode ser negado pelo juiz); d) e na *fact bargaining* o acusado se declara culpado, mas as partes acordam sobre certos fatos que afetarão a forma como o acusado será punido."

194. DIAS, Jorge de Figueiredo. *Acordos sobre a sentença em processo penal: o "fim" do estado de direito ou um novo "principio"?* Porto: Conselho Distrital do Porto da Ordem dos Advogados, 2011, *passim*.

195. O *pattegiamento* seria exercido mediante conclusão antecipada do procedimento, por meio de sentença na qual o juízo verificaria a legalidade, pela qualificação jurídica do fato, se a pena acordada estaria dentro dos limites normativos predeterminados, após ter avaliado a adequação da reprimenda. Seria esse o grande papel do magistrado, que exerceria o controle não sobre a legitimidade, mas sobre

é uma negociação entre acusado e MP, que não permite negociação sobre a imputação (correlação), existindo um limite demarcado: com a redução de 1/3 a pena não pode superar 5 anos. Esse é um limite muito próximo e que orientou a redação do art. 283 do Projeto de CPP que tramita atualmente.

Na Espanha, a *Ley de Enjuiciamiento Criminal* prevê o instituto da *conformidad* nos arts. 695 e seguintes, depois nos arts. 787 e 801, onde o acusado se conforma com a pena solicitada pelo Ministério Público, abreviando o procedimento e aceitando a imputação, desde que a pena privativa de liberdade não seja superior a 6 anos.

E o projeto de Código de Processo Penal (atual PL n. 8.045), que tramita desde 2009? No projeto do CPP (PL n. 8.045) o art. 283 define que a negociação será aplicável aos crimes cuja pena máxima cominada não ultrapasse 8 anos, cabendo às partes pedirem aplicação da pena mínima. Além disso, exige-se a confissão do acusado e que a pena respeite as balizas do tipo penal, não havendo espaço para imposição de regimes diferenciados de cumprimento. Além disso, as partes poderão postular (conforme estabelece o § 3º) que essa pena mínima seja "*diminuída em até 1/3 (um terço), se as condições pessoais do agente e a menor gravidade das consequências do crime o indicarem*".

Esse novo CPP foi completamente desconsiderado pelo Ex-Ministro Sérgio Moro, que partiu de um ilusório "marco zero" de compreensão sobre a matéria. O Projeto Anticrime (versão inicial) peca por ser amplo e admitir a negociação com base em qualquer pena, similar ao *plea bargaining* americano e afastado dos modelos europeus que nos influenciaram e são similares ao nosso.

1.8.4.4. Fim da produção de provas: a supremacia da investigação preliminar

Nos termos em que se debateu (e debate) a inserção da negociação ampla e sem limite no sistema brasileiro, haverá a realiza-

---

os efeitos da comensuração da pena, mediante *giudizio di bilanciamento*, atentando ao critério normativo. Portanto, em que pese haja significativo espectro de atuação, nem tudo é possível de acordar. (DALIA, Andre Antonio; FERRAIOLI, Andrea. *Manuale di diritto processuale penale*. Cedam Casa Editrice Dott. Antonio Milani, 1997, p. 643-645).

ção de uma audiência – após o oferecimento da denúncia, mas antes da instrução – em que será ouvido o réu e homologado (ou não) o acordo. Logo, antes da produção de prova em juízo, recordando-se da diferença entre atos de prova e atos de investigação e, principalmente, que os atos da investigação preliminar não servem para justificar um juízo condenatório, pois seu valor é limitado[196]. Isso acarreta uma supervalorização da investigação preliminar, do superado, híbrido e malformado inquérito policial, pois o acordo é feito exclusivamente com base nele, já que nenhuma prova é produzida.

O inquérito é sigiloso e as dificuldades (reais) que a defesa encontra para ter acesso a "integralidade" dos atos de investigação é imensa, tanto que há Súmula Vinculante (n. 14) no STF e existem mecanismos de controle inerentes para fazer valer essa medida, o que é sintoma de descumprimento permanente. Maior ainda são as dificuldades de produção de provas a favor da defesa nessa fase. Seria imprescindível consagrar então a ampla possibilidade de investigação defensiva[197], o que não foi o caso. Então a defesa vê o que o MP e a polícia deixarem e, com base nisso, é feito o acordo, ao contrário do imprescindível *discovery* americano, onde se coloca todas as cartas na mesa de negociação e existe transparência da informação.

Nesse ponto, é importante chamar a atenção para mais um grave problema do sistema brasileiro: **a falta de um dever de "*full disclouser*"**, tratada no caso Brady *vs*. Maryland, ou seja, o dever de que o Ministério Público também apure e compartilhe no processo os elementos de descargo, os elementos de prova que sejam favoráveis à defesa. Daí se extrai, também, o dever de compartilhar essas provas de descargo, de mostrar os elementos e provas tanto que comprovem a versão acusatória, como também aquelas que possam interessar à defesa. É um *dever de transpa-*

196. Sobre o valor probatório do inquérito policial e a (fundamental) distinção entre atos de investigação e atos de prova, remetemos o leitor à nossa obra *Direito processual penal*, publicada pela Saraiva Educação, na qual tratamos do tema.

197. Sobre o tema, consultar: <https://www.conjur.com.br/2019-fev-01/limite-penal-investigacao-defensiva-poder-dever-advocacia-direito-cidadania>.

rência que deveria ser inerente ao agir de todo e qualquer agente público, cuja atuação deve ser cravada na legalidade e objetividade, enquanto elementos de legitimação do próprio poder que lhe é outorgado. É verdade que da Súmula Vinculante n. 14[198] se pode extrair o direito de acesso, mas isso é insuficiente, é preciso estabelecer na lei o dever de que o Ministério Público efetivamente traga aos autos, antes do acordo, a integralidade do material probatório que dispõe.

Explica Walsh[199] que a questão desse desequilíbrio é tão séria que nos EUA, no Texas e na Carolina do Norte, juntamente com alguns outros estados, é obrigatório que as partes compartilhem evidências antes do acordo. Um procedimento muito importante que não consta no pacote anticrime como requisito para realização do acordo, sendo possível que o acusado seja impedido de ter acesso à integralidade dos elementos colhidos e tenha que decidir sobre fazer ou não o acordo a partir de uma análise parcial da viabilidade ou não da acusação. Esse dever de compartilhamento é uma exigência de boa-fé e transparência que não só deve pautar o agir do Estado, mas também como uma forma de evitar "blefe" e acordos abusivos. Se a "estratégia" e a "malícia" podem ser utilizadas nos negócios privados, não o devem quando se trata de um agente público. Isso é fundamental e foi completamente desconsiderado na proposta legislativa, que busca atenuar esse malefício com a realização da audiência de homologação do acordo e oitiva do acusado após o oferecimento da denúncia, mas antes de iniciada a instrução. Portanto, a rigor, parte-se da premissa que a defesa já terá tido acesso à integralidade do inquérito policial, o que é equivocado, pois não resolve o problema. Não raras vezes provas sigilosas são

198. "É direito do defensor, no interesse do representado, ter acesso amplo aos elementos de prova que, já documentados em procedimento investigatório realizado por órgão com competência de polícia judiciária, digam respeito ao exercício do direito de defesa."

199. WALSH, Dylan. Why U.S. Criminal Courts are so dependent on plea bargaining? Side effects include inordinately powerful prosecutors and infrequent access to jury trials. In: Revista *The Atlantic*, publicado em 2-5-2017. Disponível em: <https://www.theatlantic.com/politics/archive/2017/05/plea-bargaining-courts-prosecutors/524112/>.

apresentadas depois, ou juntadas aos autos do processo eletrônico durante a instrução e com base no art. 231 do CPP. Portanto, não há garantia de *fair play*, ou seja, de que até o momento do acordo todas as provas da acusação estejam sobre a mesa e sejam conhecidas da defesa, para evitar excessos de acusação ou blefes.

1.8.4.5. Supervalorização da confissão: tortura, *plea bargaining*, o (ab)uso da prisão cautelar como instrumento de coerção

Com a supervalorização da confissão para legitimar a punição antecipada, a questão da prisão cautelar generalizada torna-se um ponto sensível em termos de "consenso" e "voluntariedade", pois a própria Constituição Federal considera a prisão uma "coação", assegurando-se o *habeas corpus* em casos de ilegalidade.

No modelo negocial, seja pela via da delação premiada ou pelo *plea bargaining*, o que se busca é, acima de tudo, a confissão do acusado. Para delação premiada a confissão deve vir acrescida de "colaboração" para punição de outras pessoas/crimes, ou seja, de efetiva contribuição probatória para a responsabilização de terceiros. Já, para o *plea*, a simples confissão circunstanciada basta. Mas ambas possuem um ponto em comum, entre elas, e com o modelo inquisitório medieval: a necessidade de confissão[200].

A confissão volta a ser a rainha das provas no modelo negocial, como uma recusa a toda a evolução da epistemologia da prova e também do nível de exigência na formação da convicção dos julgadores (*proof beyond a reasonable doubt*). Bastam os meros atos de investigação, realizados de forma inquisitória na fase pré-processual, sem (ou com muita restrição) de defesa e contraditório, seguidos de uma confissão.

---

200. Nesse sentido, Langbein explica que existem "paralelos notáveis entre as regras da tortura e as regras do *plea bargaining*". Explica o autor que do século XII à metade do século XVIII a tortura estabeleceu-se no coração do processo penal continental. A tortura era uma prática rotineira para obtenção da confissão, que era a "rainha" das provas. (LANGBEIN, John H. Tortura e *plea bargaining*. In: GLOCKNER, Ricardo Jacobsen (org.). *Sistemas Processuais Penais*. Florianópolis: Empório do Direito, 2017, p. 134-150).

Assim como na delação premiada, é preciso considerar que o acordo sobre a pena, calcado que está na confissão, representa um atalho cognitivo sedutor. Não é preciso produzir prova de qualidade, basta a confissão. Obviamente essa confissão nem sempre é fácil de ser obtida. Então, lançar mão de algum tipo de pressão (ou no mínimo, blefe) é uma técnica natural e muito mais fácil do que investigar profundamente com tempo e meios adequados, obtendo-se elementos probatórios consistentes e submetê-los ao processo. Inclusive, uma pergunta surge de forma cristalina: se o Estado investiga bem, produz prova suficiente da culpabilidade de alguém, por que ele iria "negociar" a pena com um criminoso? Deveria punir. É um paradoxo negociar nesse caso.

Portanto, é inegável que toda negociação com o autor de um crime é o reconhecimento da incapacidade do Estado de investigar e produzir prova, sendo um típico atalho sedutor. Como explica Langbein é "muito mais agradável sentar-se confortavelmente na sombra, esfregando pimenta vermelha nos olhos de um pobre diabo do que sair ao sol caçando provas", disse alguém na Índia, em 1872, ao ser questionado sobre a propensão dos policiais locais em torturar suspeitos[201].

Langbein[202] também considera que as práticas de tortura e *plea bargaining* não têm diferença de gênero, apenas de grau:

> nós coagimos o acusado contra quem encontramos uma causa provável a confessar a sua culpa. Para ter certeza, **nossos meios são muito mais elegantes; não usamos rodas, parafusos de polegar, botas espanholas para esmagar as suas pernas.** Mas como os europeus de séculos atrás, que empregavam essas máquinas, **nós fazemos o acusado pagar caro pelo seu direito à garantia constitucional do direito a um julgamento.** Nós o tratamos com uma sanção substancialmente aumentada se ele se beneficia de seu direito e é posteriormente condenado. Este diferencial da sentença é o que torna o *plea bargaining* coercitivo. Há, claro, uma diferença entre ter os seus membros esmagados ou sofrer alguns anos a mais de prisão se você se recusar a

---

201. LANGBEIN, John H. Tortura e *plea bargaining*. In: GLOCKNER, Ricardo Jacobsen (org.). *Sistemas Processuais Penais*. Florianópolis: Ed. Empório do Direito, 2017, p. 146.

202. Ibidem, p. 141.

confessar, **mas a diferença é de grau, não de espécie**. O *plea bargaining*, assim como a tortura, é coercitivo." (Grifamos)

Nada muito distante da realidade brasileira experimentada na Operação "Lava Jato", com a banalização da prisão cautelar (coação) como técnica para obter a negociação e confissão. Por mais que se negue (ou até que se assuma[203]), há um número altíssimo (e essa cifra é impossível de ser precisamente definida dado o caráter sigiloso dos acordos) de delatores que aceitaram o acordo para não serem presos (mais notório foi o caso Guido Mantega[204]); outros delataram para obter a liberdade (caso Antonio Palocci, por exemplo) e muitos estavam em liberdade, mas diante da ameaça real e concreta de prisões longas durante as investigações – constantemente noticiadas pela mídia – preferiram se antecipar ao perigo. Portanto, é inegável que a prisão cautelar foi usada como importante instrumento de coação para obtenção dos acordos de delação premiada.

Tal coerção, no Brasil, é ainda muito mais grave que nos Estados Unidos, na medida em que o acusado ficará preso em um sistema carcerário medieval, violento e dominado por facções, onde o risco

---

203. Nesse sentido, ver parecer do MPF no TRF4 que considerou: "*2. Além de se prestar a preservar as provas, o elemento autorizativo* ***da prisão preventiva****, consistente na conveniência da instrução criminal, diante da série de atentados* contra o país, ***tem importante função de convencer os infratores a colaborar com o desvendamento dos ilícitos penais, o que poderá acontecer neste caso, a exemplo de outros tantos"*** (grifou-se). Disponível em: <https://www.conjur.com.br/dl/lava-jato-parecer-mpf-prisao-forcar.pdf>. Também causou surpresa, mais pela honestidade e clareza do que propriamente pelo conteúdo, a declaração do Procurador Regional da República de que "em crime de colarinho branco, onde existem rastros mas as pegadas não ficam, são necessárias pessoas envolvidas com o esquema para colaborar. E o passarinho pra cantar precisa estar preso". Disponível em: <https://www.conjur.com.br/2014-nov-27/parecer-mpf-defende-prisoes-preventivas-forcar-confissoes>.

204. Disponível em: <https://gauchazh.clicrbs.com.br/politica/noticia/2017/09/mantega-propoe-acordo-ao-mpf-para-evitar-prisao-diz-site-9885953.html>. O acordo foi feito, ainda que depois não tenha sido homologado pelo Juiz da 10ª Vara Federal de Brasília, mas isso não impediu que, informalmente, fosse plenamente eficaz, na medida em que mesmo não tendo sido formalmente homologado, o MPF simplesmente não requereu a prisão diante da colaboração. Disponível em: <https://g1.globo.com/politica/noticia/juiz-do-df-nega-pela-2-vez-homologar-acordo-do-mpf-com-mantega-que-evitaria-prisao-de-ex-ministro.ghtml>.

de morte é real e concreto. Um dia de prisão cautelar no Brasil pode representar uma pena de morte, sem qualquer exagero, basta conhecer a nossa realidade carcerária.

É preciso considerar também que a discussão sobre a execução antecipada da pena está relacionada ao binômio coação-acordos. Os protagonistas da operação Lava Jato, entre eles o ex-Ministro Sérgio Moro, fizeram forte campanha a favor da prisão em segunda instância invocando também o argumento de eficiência para obtenção dos acordos de delação premiada. Como noticiado, "para a força-tarefa da Lava Jato, a possibilidade de prisão após segunda instância é importante para combater a impunidade e estimular criminosos a firmarem acordos de delação premiada"[205].

Então, o mutualismo criado pela prisão preventiva com a delação não pode ser ignorado.

1.8.4.6. Desconstruindo o *mito fundante* da negociação: ilusão de voluntariedade e consenso

O mito do "consenso" no campo penal para legitimar o acordo também não resiste a exame, pois se trata de uma ficção do ponto de vista prático, especialmente pela forte pressão do Estado. Como explica Schünemann[206], o consenso é um 'eufemismo' que oculta a sujeição do acusado ao poder do Estado (pena pretendida pelo acusador), enquanto resultado mínimo daquele cidadão subjulgado, através da justiça criminal.

O *plea bargaining* no processo penal pode se constituir em uma técnica que transforma a acusação em um instrumento de coação, capaz de gerar autoacusações falsas, testemunhos caluniosos por conveniência, obstrucionismo ou prevaricações sobre a defesa, desigualdade de tratamento e insegurança. O furor negociador da acusação pode levar à perversão burocrática, em que a parte passiva não disposta ao "acordo" vê o processo penal transformar-se em uma

---

205. Disponível em: <https://www.bbc.com/portuguese/brasil-46628764>.

206. SCHÜNEMANN, Bernd. Um olhar crítico ao modelo processual penal norte-americano. In: GRECO, Luís (org.). *Estudos de direito penal, direito processual penal e filosofia do direito*. São Paulo: Marcial Pons. 2013, p. 257.

complexa e burocrática guerra. Tudo é mais difícil para quem não está disposto ao "negócio", e o acusado que resiste vira um estorvo.

Quando estava à frente da Operação "Lava Jato", o ex-Ministro Moro fez exatamente isso: aplicou penas exemplares, muitas vezes desproporcionais, para quem não aceitou negociar. Não se pode desconectar ainda a "obra do autor" da análise do "autor da obra": Sérgio Moro protagonizou na Operação "Lava Jato" o maior número de acordos de delação premiada jamais visto e, principalmente, teve o 'mérito' de criar mais uma função para a pena privativa de liberdade: a prevenção negocial. Todos aqueles acusados que não 'negociaram' se prejudicaram imensamente. O recado foi claramente dado: quem não delatou foi condenado a penas altíssimas, exatamente para cumprir a função de prevenção negocial e sinalizar: negociem ou sofram penas duríssimas.

Agora imaginemos – na ambiência pós-"Lava Jato" – como serão conduzidas as negociações do *plea bargaining*? Nessa mesma perspectiva: quem não negociar vai pagar caro (com muitos anos) na sentença condenatória. O acusador público, disposto a constranger e obter o pacto a qualquer preço, utilizará (como demonstra a experiência americana) a acusação formal como um instrumento de pressão, solicitando altas penas e pleiteando o reconhecimento de figuras mais graves do delito, ainda que sem o menor fundamento.

Como explica Walsh[207], "se um réu decidir ir a julgamento, um promotor pode fazer uma acusação mais grave, pedindo a prisão perpétua. O acordo pode levar a uma pena de 8 ou 10 anos", "ou outro número", disse Matt Sotorosen, advogado sênior do Gabinete do Defensor Público de São Francisco. "Mesmo que você tenha um cliente inocente, a maioria não quer correr esse risco. Eles preferem o acordo de oito anos. O que pode acontecer se o julgamento for ruim?" Os resultados desse cálculo desequilibrado são evidentes nos dados do Projeto *National Registry of*

207. WALSH, Dylan. Why U.S. Criminal Courts are so dependent on plea bargaining? Side effects include inordinately powerful prosecutors and infrequent access to jury trials. In: Revista *The Atlantic*, publicado em 2-5-2017. Disponível em: <https://www.theatlantic.com/politics/archive/2017/05/plea-bargaining-courts-prosecutors/524112/>.

Exonerations[208]: "de 2.006 casos revisados desde que o projeto começou em 1989, 362 deles (ou seja, 18%) foram baseados em admissões de culpa (*guilty pleas*)".

Portanto, a negociação não pode ser justificada ou legitimada a partir da categoria "autonomia de vontade". Trata-se de uma base excessivamente porosa e frágil, como aponta Prado[209]:

> os desníveis socioeconômicos ainda vivos na sociedade brasileira interditam a pretensão de garantir ao sujeito, principalmente ao sujeito investigado/imputado, condições de exercer plenamente suas potencialidades e, pois, posicionar-se conscientemente diante da proposta de transação, compreendendo seu largo alcance como instrumento de política criminal.

Portanto, conforme explica Schünemann,[210] o sujeito que faz o acordo é recompensado com uma redução da pena; mas quem será punido de forma consideravelmente mais severa é o estorvo: aquele que faz uso legítimo de seu direito à realização do processo penal e luta por provar sua inocência. Trata-se de um estímulo lógico para efetividade da técnica: o reverso da diminuição da pena é o aumento da pena em caso de uma condenação após uma longa audiência de instrução e julgamento.

O panorama é mais grave quando, ao lado da acusação, está um juiz pouco disposto a levar o processo até o final, quiçá mais interessado que o próprio promotor em que ele acabe o mais rápido e com o menor trabalho possível. Quando as pautas estão cheias e o sistema passa a valorar mais o juiz pela sua produção quantitativa do que pela qualidade de suas decisões, o processo assume sua face mais nefasta e cruel. Sintoma disso é o fato e que, logo após o anún-

---

208. Este é um projeto da Faculdade de Direito da Universidade de Michigan e do Centro de Ciência e Sociedade da Universidade da Califórnia Irvine Newkirk, e dedica-se a revisar casos criminais para apurar condenações errôneas. Sobre o tema: <https://www.law.umich.edu/special/exoneration/Pages/mission.aspx>.

209. PRADO, Geraldo. *Elementos para uma análise crítica da transação penal*. Rio de Janeiro: Lumen Juris, 2003, p. 224.

210. SCHÜNEMANN, Bernd. Um olhar crítico ao modelo processual penal norte-americano. In: GRECO, Luís (org.). *Estudos de direito penal, direito processual penal e filosofia do direito*. São Paulo: Marcial Pons, 2013, p. 252.

cio do Projeto Anticrime, mesmo despido de qualquer justificativa ou fundamentação, uma pesquisa da AMB (Associação dos Magistrados Brasileiros)[211] apontou que 90% dos juízes[212] apoiam a "*plea bargaining* Moro". Como recorda Langbein[213], nesse tema existe um adágio popular muito adequado: **"se a necessidade é a mãe da invenção, a preguiça é o pai"**. (grifou-se)

Em síntese, tudo dependerá do 'espírito aventureiro', da aposta que o acusado aceita fazer e de seu poder de barganha. É um modelo que subverte a lógica do sistema penal, baseado na ideia utilitarista e do menor esforço, atropelando-se garantias em nome da eficiência punitiva. É disfuncional também porque prejudica o inocente e beneficia o culpado, gerando uma distribuição seletiva e formalizada de impunidade.

1.8.4.7. A desconstrução do argumento economicista: o custo de um superencarceramento

O *plea bargaining* também gerará um enorme custo financeiro ao sistema de administração da justiça. Estamos entrando – sem muito rumo ou prumo – em terreno minado e perigoso para o processo penal democrático e constitucional. Sem dúvida, a primeira impressão é de que o *plea bargaining* representa imensa economia e agilidade, e o pensamento econômico aplaude. Mas mesmo os economistas precisam reconhecer que existe um sobrecusto gigantesco que anula a economia feita ou mesmo gera um prejuízo maior: o custo do superencarceramento.

O *plea bargaining* vai transformar o processo em um luxo reservado a quem estiver disposto a enfrentar seus custos e riscos de sofrer a aplicação de penas duríssimas com caráter exemplar. Do

211. Disponível em: <https://politica.estadao.com.br/blogs/fausto-macedo/90-dos-juizes-apoiam-plea-bargain-de-moro>.

212. Disponível em: <https://painel.blogfolha.uol.com.br/2019/02/ 11/80-dos--juizes-apoiam-prisao-em-segunda-instancia-diz-pesquisa-da-amb>.

213. LANGBEIN, John H. Tortura e *plea bargaining*. In: GLOCKNER, Ricardo Jacobsen (org.). *Sistemas Processuais Penais*. Florianópolis: Empório do Direito, 2017, p. 146.

contrário, o sistema negocial perde força, pois seu poder está exatamente na gestão de riscos. A superioridade do acusador público, acrescida do poder de transigir, faz com que as pressões psicológicas e as coações sejam uma prática normal, para compelir o acusado a aceitar o acordo e também a "segurança" do mal menor de admitir uma culpa, ainda que inexistente. Quem não aceitar o acordo vai ser um estorvo para o sistema e pagará caro; enfim, o pacote "anticrime" como um todo quer prender mais pessoas, durante mais tempo, adicionando dificuldades para a soltura dos presos. Significa, portanto, um endurecimento penal que provocará um inchaço do sistema carcerário, devido à expansão da aplicação consensual da pena.

Contudo, um questionamento central: já foi elaborado um "estudo de impacto carcerário" da expansão do espaço negocial? Como o sistema carcerário sucateado e medieval que temos irá lidar com isso? E um número gigantesco de pessoas, que mesmo não estando presas, estão sob controle do Estado (usando tornozeleiras, em período de observação etc.)? Não há qualquer estudo publicado pelo proponente que ampare essa proposta do "Projeto Anticrime", parecendo mais um caso em que legislaremos primeiro para ver o que vai ocorrer depois, aguardando que o *plea bargaining* nos leve, tal como nos Estados Unidos, a ter a maior população carcerária do mundo.

Obviamente sem reduzir a questão, há vinculação entre o binômio "rigidez do sistema penal" e "negociação no processo penal", tal como nos Estados Unidos que possuem a maior população carcerária do mundo. Um sistema penal duro que quer prender mais e manter os presos mais tempos detidos, deságua no processo penal negocial, pois o júri não pode ser usado por todos, é uma garantia de poucos (2%). Qual a consequência: mais de 2 milhões de presos (fontes apontam entre 2.145.000 e 2.300.000 presos) [214]. São mais de 740 presos para cada 100 mil habitantes.

Um cálculo rápido (e desatualizado, pois os valores são superiores atualmente) com dados brasileiros do impacto financeiro é ilustrativo:

---

214. Disponível em: <https://noticias.uol.com.br/ultimas-noticias/deutschewelle/2017/12/08/brasil-e-terceiro-pais-com-maior-numero-de-presos.htm>.

– VAGAS FALTANTES: 359.058 vagas[215]

– CUSTO MÊS/PRESO SEGUNDO CNJ: R$ 2.400,00[216]

– CUSTO APROXIMADO DE CONSTRUÇÃO: 42.500,00 POR VAGA[217]

– GASTO APROXIMADO COM A CONSTRUÇÃO DE PRESÍDIOS APENAS PARA SUPRIR A FALTA DE VAGAS: R$ 15.261.024.793,00 (QUINZE BILHÕES DE REAIS)

– ACRÉSCIMO NO CUSTO MENSAL: R$ 861.739.200,00

Isso sem considerar o aumento (gigantesco e abrupto) de demanda por novas vagas, na medida em que os acordos forem sendo fechados e necessariamente executados. Portanto, vale a pena? Quanto custa o encarceramento em massa? Qual o custo de ter um superencarceramento como o americano e para o qual o Brasil caminhará a passos largos, se adotado? Agravado pela realidade do cliente preferencial do sistema brasileiro e também pela precariedade do nosso sistema carcerário, medieval, superlotado e dominado por facções? Será infinitamente maior, a médio prazo, do que o ganho imediato. Então, a alardeada eficiência do sistema e benefícios de redução e custos é ilusória.

Mas como disse o presidente da Suprema Corte Warren Burger em 1971: "Uma sociedade próspera não deve ser miserável no apoio à justiça, pois a economia não é um objetivo do sistema", escreveu ele. Deve-se "priorizar sua imensa responsabilidade de separar os culpados dos inocentes, pelo eficiente julgamento de réus criminais".[218]

---

215. Disponível em: <https://g1.globo.com/politica/noticia/2018/07/20/brasil-caminha-para-se-tornar-refem-do-sistema-prisional-diz-jungmann.ghtml>.

216. Disponível em: <http://www.cnj.jus.br/noticias/cnj/83819-carmen-lucia-diz-que-preso-custa-13-vezes-mais-do-que-um-estudante-no-brasil>.

217. Disponível em: <https://www.bbc.com/portuguese/brasil-42274201>.

218. WALSH, Dylan. Why U.S. Criminal Courts are so dependent on plea bargaining? Side effects include inordinately powerful prosecutors and infrequent access to jury trials. In: Revista *The Atlantic*, publicado em 2-5-2017. Disponível em: <https://www.theatlantic.com/politics/archive/2017/05/plea-bargaining-courts-prosecutors/524112/>.

1.8.4.8. Concluindo: a proposta substitutiva ao Projeto Anticrime está na retomada do PL n. 8.045 (Novo CPP) com ajustes

A proposta de *plea bargaining* amplo, sem limite de pena como se cogita, não serve para o devido processo legal, sendo frágil em termos de respeito aos direitos fundamentais.

Nessa perspectiva, pensamos que já houve um alargamento mais do que suficiente com a inserção do acordo de não persecução penal no art. 28-A, que representa, quando analisado junto com a transação penal e a suspensão condicional da pena, uma ampliação gigantesca no espaço negocial dentro do processo penal brasileiro.

Entendemos que não se pode conceber no sistema brasileiro a imposição de uma pena privativa de liberdade sem prévio processo. Portanto, o espaço de consenso (pensamos) deve ficar limitado a penas iguais ou inferiores a quatro anos.

Por fim, é preciso fazer uma reflexão: o principal argumento legitimador da negociação no processo penal é, em síntese, a absoluta impossibilidade de o sistema de administração da justiça dar conta de tamanha demanda. É um argumento eficientista. Mas será que é essa a melhor solução para o problema?

Pensamos que não.

O entulhamento do sistema é um problema real, mas a negociação não vai na verdadeira causa e, portanto, não dá a solução adequada. É uma pseudo-solução que ainda corre o risco de gerar mais injustiça. Não é preciso maior esforço (apenas honestidade intelectual) para ver que o problema nasce com a banalização do direito penal (panpenalização), que é o primeiro ponto a ser corrigido. A crise do bem jurídico, a banalização da intervenção penal, a criminalização da miséria e da pobreza, os gravíssimos equívocos na política nacional de drogas, enfim, uma série (histórica) de erros que precisam ser revisados para, em última análise, conduzir o direito penal ao seu lugar, de intervenção mínima e *ultima ratio* do sistema. Essa é a solução "material" que tanto precisamos.

Depois, é absolutamente imprescindível que o Ministério Público tenha mais responsabilidade no ato de acusar, que se abandone o denuncismo por crimes bagatelares e, noutra dimensão, as denúncias por crimes relevantes mas sem justa causa, sem elementos probatórios suficientes. Existe uma enxurrada de denúncias absolutamente infundadas, que geram processos "natimortos", mas que entulham as varas criminais e ocupam todo o sistema.

Por fim, os juízes precisam compreender o seu devido lugar na estrutura, superando a crise identitária anteriormente explicada e a cultura inquisitória e autoritária tão disseminada. Juízes que – conscientes do seu lugar – efetivamente façam o "filtro" de admissibilidade de acusações a partir da análise correta e adequada da "justa causa" e das demais condições de admissibilidade da acusação (temática a seguir explicada, para onde já remetemos o leitor para correta compreensão).

Assim, fechada a torneira da banalização da intervenção penal-processual, o entulhamento vai diminuir de forma muito significativa, o que, (então) aliado ao uso racional e comedido da negociação, poderão trazer os resultados pretendidos sem um absurdo sacrifício em termos de erro judiciário e injustiça.

Lembrando Carnelutti[219], a conclusão sobre os acordos é a mesma a que o mestre italiano chegou ao tratar da prisão cautelar: a negociação sobre a pena é como um remédio muito forte: se bem utilizado, pode salvar o paciente (o processo penal), mas, se houver abuso dela, vai matar o processo penal!

---

219. O maestro italiano se referia à prisão cautelar, mas a lição é perfeitamente aplicável à justiça negociada: CARNELUTTI, Francesco. *Lecciones sobre el proceso penal*, v. II. Buenos Aires: Bosch y Cia. Editores, 1950, p. 75.

Capítulo 2
Teorias da ação e das condições da ação. A necessidade de construção de uma teoria da acusação

2.1. Para introduzir o assunto...

Inicialmente, como advertem Emilio Gómez Orbaneja e Vicente Herce Quemada[1], é importante destacar que o conceito de *ação penal* é privativo do processo penal acusatório. Isso significa "no solo que la acción es una cosa y otra diferente el derecho de penar, sino que la acción es un concepto puramente formal".

Mas também se deve sublinhar que a polêmica em torno do conceito de *ação* foi desviada para um caráter extraprocessual, buscando explicar o fundamento do qual emana o poder, afastando-se do instrumento propriamente dito. Assim, hoje, podemos claramente compreender que esse desvio conduziu a que fossem gastas milhares e milhares de folhas para discutir uma questão periférica, principalmente para o processo penal, regido pelo princípio da necessidade e com uma situação jurídica complexa, completamente diversa daquela produzida no processo civil.

É sempre importante evitar longas citações literais, para não cansar o leitor e truncar a exposição. Mas a lição de Alcalá-Zamora[2] exige um tratamento diferenciado, dada sua importância:

1. ORBANEJA, Emilio Gómez; QUEMADA, Vicente Herce. *Derecho procesal penal,* p. 86.

2. ALCALÁ-ZAMORA Y CASTILLO, Niceto. *Estudios de teoría general e historia del proceso – 1945/1972,* p. 324-325.

Possivelmente a verdadeira índole da ação houvesse sido dilucidada, já há bastantes anos, se os processualistas tivessem se preocupado um pouco menos com o direito romano, para ocupar-se um pouco mais da realidade processual. Por quê? Simplesmente porque a ação não é mais uma figura pertencente a arqueologia jurídica, para cujo conhecimento deva-se remontar a sistemas pretéritos, nem tampouco uma instituição que atualmente surja em raríssimas ocasiões, senão que é um fenômeno diário, que se oferece em todos os países com um mínimo de organização de justiça, não em milhares, mas sim em milhões de processos dos mais variados gêneros e espécies. Então, ao não faltar material vivo, por assim dizer, para a observação direta, deveriam os processualistas prestar uma atenção muito maior do que aquela dedicada. Isto é, se não houvessem se involucrado no estudo histórico do que a ação foi, mas sim com o estudo do que a ação é, ou em outros termos, se a primeira indagação houvesse sido reservada a romanistas e historiadores do direito e sobre a segunda tivessem consagrado suas energias os processualistas, provavelmente o avanço teria sido mais profundo e mais firme em ambas as direções, não só por razões de especialização (ainda que sendo excelentes romanistas muitos dos processualistas que sobre a ação trabalharam), senão pelas incertezas que em torno de certos textos do direito romano suscitam suas lacunas ou a crítica interpolacionista e, sobretudo, porque, como antes dissemos a propósito das interpretações privatistas acerca da natureza do processo, a marcha do processo romano clássico era distinta do tipo normal de processo de nossos dias. A gravitação romanista em relação à ação deve ser advertida, ademais, em outros sentidos: por exemplo, na persistência com que se segue falando de ação, em hipóteses onde o termo correto a empregar seria o de pretensão, ou, ainda, na quase incomovível fidelidade com que legisladores e práticos – e até alguns docentes –, seguem estimando como classificação processual das ações aquela que as divide em pessoais, reais e mistas ou em mobiliárias e imobiliárias (tradução nossa).

Com acerto, Afrânio Jardim[3] afirma que, "modernamente, a teoria da ação deixou de ser o polo metodológico da ciência do pro-

3. *Direito processual penal,* p. 88 e ss.

cesso, estando os estudiosos mais preocupados com o objeto do processo e a demanda, como categorias centrais de todo o sistema processual". Destaca ainda, na esteira de Tornaghi, que tal perspectiva já vinha, de há muito, sendo utilizada pelos processualistas alemães.

Para Guasp, tais teorias buscam explicar *a essência jurídica do poder em virtude do qual as partes engendram objetivamente um processo, o direito que justifica a atuação dessas partes e o porquê jurídico que leva um particular a colocar em marcha, validamente, o órgão jurisdicional.*

A multiplicidade de acepções do vocábulo "ação" também foi um fator relevante na infindável discussão existente em torno do seu conceito. Chamando a atenção para tal fenômeno, Alcalá-Zamora[4] aponta que, a rigor, no processo penal, devemos falar em "ação processual penal", para não confundir com a ação punível ou delitiva, objeto do direito penal e não do processo penal.

Grave problema é o fato de que pouco se escreveu ou pensou sobre ação processual penal, ou seja, muitos autores preferem passar à margem da temática, limitando-se a explicar a ação penal pública (condicionada e incondicionada) e a ação penal privada na sistemática do CPP. Outros até enfrentam o problema, mas, incidindo no erro da teoria geral do processo, explicam toda a evolução da discussão em torno da ação (pública, abstrata, concreta etc.) utilizando todos os conceitos e construções do processo civil, ou seja, a velha historinha da Cinderela – *La Cenerentola,* de Carnelutti – e as roupas velhas da irmã...

Não se nega a importância das longas polêmicas travadas pelos processualistas civis, mas falta uma estruturação de conceitos desde as categorias jurídicas próprias do processo penal. Daí por que nossa tarefa, além de complexa, é extremamente perigosa, na medida em que, saindo da tranquilidade do lugar-comum já desenhado pelo processo civil, dispomo-nos a pensar a ação processual penal a partir

4. Como explica NICETO ALCALÁ-ZAMORA Y CASTILLO, na obra *Estudios de teoría general e historia del proceso – 1945/1972,* p. 325-326.

das concepções de *pretensão acusatória* e *processo como situação jurídica*. Elementar que a compreensão dessa matéria pressupõe a pré-compreensão do conceito de *pretensão acusatória* desenvolvido em capítulo anterior. Isso explica por que não faremos a tradicional evolução a partir da ação no processo civil. O ponto nuclear e determinante da diversidade de concepção já foi exposto e definido quando abordamos o conceito de *pretensão acusatória* ao qual remetemos o leitor.

2.2. Ação processual penal – *ius ut procedatur* – desde a concepção de pretensão acusatória. Por que não existe "trancamento da ação penal"?

Estamos de acordo com Guasp[5] quando afirma que a *declaração petitória*, contida no conceito de *pretensão acusatória*, poderia receber o nome técnico de *ação*, terminologia que devolveria a essa palavra o significado literal que lhe corresponde. Exige-se, contudo, cuidado, para ter presente que essa *concepção representa uma recusa à tradição secular* que se esforçou em averiguar a essência do poder jurídico a que dita ação está vinculada e não à sua verdadeira função.

A pretensão acusatória é uma declaração petitória[6] ou afirmação[7] de que o autor tem direito a que se atue a prestação pedida. É, no processo penal, *uma declaração petitória*.

Não é um direito subjetivo, mas um direito potestativo: o poder de proceder contra alguém diante da existência de *fumus commissi delicti*. A isso corresponde o conceito de *ação*, que não pode ser confundido com o de *acusação* (instrumento formal).

Recordemos que o objeto do processo penal é uma pretensão acusatória (e não punitiva), e sua função é a satisfação jurídica das pretensões ou resistências, conforme explicaremos no último capítulo.

---

5. "La pretensión procesal", p. 588.
6. Ibidem, p. 604.
7. ROSENBERG, Leo. *Tratado de derecho procesal civil*, p. 27 e ss.

Na estrutura da pretensão, encontramos elementos subjetivos, objetivos e de atividade (*declaração petitória*).

Como explicaremos, ao tratar do objeto, no processo penal o fenômeno é diverso do processo civil e não há que se falar em pretensão punitiva. O acusador detém um direito potestativo de acusar, que nasce com o delito e é dirigido ao tribunal. De outro lado, existe o poder de punir do tribunal (corresponde ao juiz e não ao acusador) que é condicionado ao exercício e admissão da pretensão acusatória.

Nessa linha, a declaração petitória corresponde ao que entendemos por *acusação*. É importante destacar que tal conceito vai ser empregado no sentido literal, de instrumento portador de uma manifestação de vontade, por meio do qual se narra um fato com aparência de delito e se solicita a atuação do órgão jurisdicional contra uma pessoa determinada. No sistema brasileiro, corresponderá à denúncia ou queixa.

Mediante a acusação se cumpre a jurisdição, se realiza efetivamente o direito. Ademais, principalmente no processo penal, a ação como invocação corporificada na acusação, leva à estrita observância do princípio *nemo iudex sine actore*, corolário do sistema acusatório.

Sobre o confusionismo que impera em torno do tema, Couture esclarece que a ambiguidade do vocábulo foi fator definitivo. Especificamente em sentido processual – o que já exclui uma diversidade de outras –, o mesmo autor[8] aponta para três acepções:

a) Como *sinônimo de direito:* é o sentido que tem o vocábulo quando se diz que o autor é carecedor de ação ou prospera a *exceptio sine actione agit*.

b) Como *sinônimo de pretensão*: este é o sentido mais usual do vocábulo, principalmente na doutrina e na legislação que utilizam ainda expressões como ação pessoal e real; ação civil e ação penal etc. Nesses casos, a ação é a pretensão de que se tem um direito válido e em nome do qual se promove a demanda respectiva. A excessiva valoração da ação também

8. COUTURE, Eduardo J. *Fundamentos del derecho procesal civil*, p. 60 e ss.

levou a que alguma doutrina a apontasse como o objeto do processo.

c) Como *sinônimo de faculdade de provocar a tutela jurisdicional*. Fala-se no poder jurídico que tem o indivíduo como tal e em nome do qual lhe é possibilitado acudir aos tribunais. É o poder jurídico de invocação da tutela jurisdicional. Nessa concepção – por nós utilizada até então –, o fato de ser essa pretensão fundada ou infundada não afeta a natureza do poder jurídico de acionar. É a mera faculdade de invocar a tutela jurisdicional por meio da acusação formalizada na denúncia ou queixa – *ius ut procedatur.*

Assim, retomando o desvio histórico, pensamos que o conceito de *ação processual penal*, na estrutura da pretensão acusatória, *circunscreve-se a um poder jurídico constitucional de invocação da tutela jurisdicional e que se exterioriza por meio de uma declaração petitória (acusação formalizada) de que existe o direito potestativo*[9] *de acusar e que procede a aplicação do poder punitivo estatal.*

Por fim, recordemos a pergunta feita no título desse tópico: *por que não existe "trancamento da ação penal"?*

Porque sendo a ação um poder político constitucional de invocação *não há que se falar em trancamento da ação*, um erro que decorre da constante confusão entre ação e pretensão. Inclusive há quem empregue o vocábulo "ação" como sinônimo de *pretensão*. Contudo, a rigor, *ação* é o poder jurídico de acudir aos tribunais para ver satisfeita uma pretensão. Logo, não há que se falar de "trancamento" do poder que já foi exercido.

Daí por que a boa técnica aconselha a que se fale em *trancamento do processo penal*, pois é o curso dele (processo) que se quer fazer parar. Ou seja, o trancamento (do processo, não da ação) corresponde a uma forma de extinção anormal, prematura, do processo. Ninguém jamais falou em extinção prematura da ação... pois o que impede o prosseguimento é o processo penal.

---

9. Será explicado o alcance dessa definição adiante.

Em suma, podemos resumir da seguinte forma a íntima relação dos conceitos de ação, pretensão e acusação (demanda), para facilitar a compreensão:

1. *Ação*: direito potestativo (poder de acusar e submeter ao processo) concedido pelo Estado (ao particular ou a um determinado órgão do Estado – Ministério Público) de acudir aos tribunais para formular a pretensão acusatória. É um direito (potestativo) constitucionalmente assegurado de invocar e postular a satisfação de pretensões. Vedada a autodefesa (estatal ou privada), o direito de ação encontra abrigo na nossa atual Constituição, em que o art. 5º, XXXV, assegura que "a lei não excluirá da apreciação do Poder Judiciário lesão ou ameaça a direito". Mais específico, o art. 129, I, da Constituição assegura o poder exclusivo do Ministério Público de exercer a ação penal (melhor, a acusação pública). É uma garantia constitucional que assegura o acesso ao Poder Judiciário. Alcalá-Zamora e Levene[10] definem como "el poder jurídico de promover la actuación jurisdiccional a fin de que el juzgador pronuncie acerca de la punibilidad de hechos que el titular de aquélla reputa constitutivos de delito... medio de provocar el ejercicio del derecho de penar".
2. *Pretensão acusatória*: é uma declaração petitória de que existe o direito potestativo de acusar e que procede a aplicação do poder punitivo estatal. Trata-se de um direito potestativo, por meio do qual se narra um fato com aparência de delito (*fumus commissi delicti*) e se solicita a atuação do órgão jurisdicional contra uma pessoa determinada. É composta de elementos subjetivo, objetivo (fato) e de atividade (declaração petitória), como explicamos em capítulos anteriores.

10. ALCALÁ-ZAMORA Y CASTILLO, Niceto; LEVENE, Ricardo. *Derecho procesal penal*, p. 62 e 63. Adverte o autor, com acerto, que a ação penal não se dirige "contra" o sujeito passivo, senão "ao" tribunal para que, como detentor do poder de punir, o exerça uma vez acolhida a pretensão acusatória.

3. *Acusação (declaração petitória)*: é o ato típico e ordinário de iniciação processual, que assume a forma de uma petição, através da qual a parte faz uma declaração petitória, solicitando que se dê vida a um processo e que comece sua tramitação[11]. No processo penal brasileiro, corresponde aos instrumentos "denúncia" (nos crimes de ação penal de iniciativa pública) e "queixa" (delitos de iniciativa privada). É, na verdade, o veículo que transportará a pretensão sem deixar de ser um dos seus elementos.

2.3. Natureza jurídica da ação processual penal. Caráter público, autônomo e abstrato (ou concreto)?

Sem esquecer-se das ressalvas anteriormente feitas, após seculares discussões, pensamos que foi fundamental para o desenvolvimento científico do processo o reconhecimento da *ação* e das relações de direito material e processual.

Constitui um marco na discussão a famosa polêmica travada entre os juristas alemães Bernhard Windscheid e Theodor Muther[12], ocorrida no final do século XIX (entre 1856 e 1857 são as publicações e amplia-se o debate nas décadas seguintes). Sublinhe-se que toda a discussão e construção teórica foi feita por civilistas e pensada para o processo civil. A transmissão dessas categorias para o processo penal se fez a um alto custo, que foi o de desconsiderar a especificidade do processo penal. De qualquer forma, é importante resgatar a evolução histórica.

Em uma revisão sumária (literalmente, uma cognição sumária do tema), até então vigorava a noção de *actio* do direito romano e a *fórmula de Celso* (mas também de Ulpiano), segundo a qual ação é (nada mais que) o direito de pedir em juízo aquilo que nos é devido.

11. GUASP, Jaime. *Derecho procesal civil*, p. 281.

12. O que segue é uma análise da obra *Polémica sobre la actio*, que reúne os vários trabalhos de Windscheid e Muther que constituíram e deram corpo à famosa "Polêmica". Importante ainda é a leitura atenta da "introducción" feita por Giovanni Pugliese, que utilizamos amplamente, e que bem sintetiza o debate.

A *actio* era dirigida à parte contrária, em uma perspectiva privada, de direito dirigido diretamente a outro particular, até porque a concepção reinante era de que o direito processual era apenas o direito material em movimento. Era absoluta a vinculação entre a *actio* e o direito material, inclusive, nem sequer se cogitava da separação entitativa do direito processual em relação ao direito material. Nesse ponto, justiça deve ser feita a Bülow (1868), cuja teoria da relação jurídica teve o grande mérito de pretender separar a relação jurídica de direito material da relação jurídica de direito processual, sendo muito importante para a construção do conceito de ação e da própria evolução científica do direito processual.

Era um momento de profunda influência das teorias civilistas de Savigny, que reforçavam a visão "privada" da *actio* romana e a primazia do direito material.

A tese de Windscheid abalou a estrutura de pensamento vigente, na medida em que "agitó las aguas estancadas"[13] e se debruça sobre o conceito de *anspruch* (palavra de difícil tradução, dada a polissemia de sentidos, mas processualmente concebido como "pretensão"), como um direito autônomo e diverso. Evidenciou a diferença entre a *actio* romana e o que modernamente se considerava *acción* (*klagerecht*), distinção até então pouco levada a sério. Tal perspectiva já se percebia nos escritos de Degenkolb e Plósz como um direito público subjetivo, independente do direito material. Também contribuiu, a continuação, o pensamento de Adolf Wach, com sua concepção de "ação como direito concreto", demonstrando ainda um enraizamento no direito material, mas já concebendo a ação processual como algo distinto do direito material e, principalmente, dirigido em face do Estado (e não contra o particular).

Como explica Chiovenda[14], Windscheid afirma que o que nasce da lesão a um direito, como o de propriedade por exemplo, não é um direito de acionar, senão um direito a restituição da coisa (no

13. Expressão de Pugliese na introdução à *Polémica sobre la actio*, p. XII.

14. CHIOVENDA, Giuseppe. *La acción en el sistema de los derechos*, p. 5 e ss.

exemplo dado), e esta obrigação – como outras – só configura um direito de acionar quando não seja satisfeita. É o nascimento da concepção de pretensão, lide, satisfação de pretensões, exercício da pretensão etc. Mas essa concepção não é acabada e deu origem a infindáveis discussões, o que se revela em um grande valor, por estabelecer a discussão e permitir a evolução científica dos conceitos.

Mas e a polêmica? A obra de Windscheid abalou o pensamento alemão vigorante, profundamente enraizado no direito romano Justiniano, inicialmente por recomendar o abandono desta matriz em favor dos estudos atuais e as dogmáticas modernas, demonstrando que o conceito romano de *actio* era estranho ao direito moderno e não coincidia com o de "ação", recomendando o abandono de tal confusão terminológica. Finca pé no estudo da "pretensão" – *anspruch* – como equivalente moderno do conceito de "ação".

Desenvolvendo o conceito de pretensão, Windscheid equipara ao conceito *actio* do direito romano, distinta da ação de direito processual que não se confundiria com o direito subjetivo, permitindo assim que aflorasse o conceito abstrato de ação. Mas o autor acaba por ceder a "uma espécie de variação semântica" do conceito de *actio,* ora operando-a como sinônimo de pretensão perseguível em juízo, ora entendendo-a como um direito à prestação jurisdicional, agravando a confusão entre a ação de direito material e a ação processual, como explica Ricardo Jacobsen Gloeckner[15].

O problema é que a *actio*, na visão pandectista alemã, equivale à ação de direito material e, portanto, ação para realização de direitos, acabando por, no processo penal, contribuir para a equivocada concepção de Binding de que o objeto do processo penal é uma "pretensão punitiva". Isso porque, nessa linha equivocada, haveria uma "exigência punitiva" que fundaria a "pretensão punitiva" como objeto do processo, esquecendo-se de que não existe no processo penal uma "ação de direito material". O erro desta concepção nós tratamos no Capítulo 4, dedicado ao estudo do "objeto do processo penal", para o qual remetemos o leitor.

---

15. "Inaplicabilidade do conceito de ação ao processo penal", p. 47-61.

Apressou-se o jovem professor Muther (que tinha pouco mais de 30 anos e recentemente – no ano anterior – havia sido nomeado Professor Extraordinário na Universidade de Königsberg, e com uma parca produção científica, ao contrário de Windscheid, nove anos maior e com sólida produção) a refutá-la, com alguma dureza até, reafirmando a posição tradicional. Ao longo da polêmica travada entre os dois autores, com direito a réplica e tréplica, muitos conceitos foram sendo ajustados, a ponto de, no final, Chiovenda afirmar que Muther não fez mais do que complementar o pensamento de Windscheid pelo estudo dos elementos por ele negados.

Em linhas (bem) gerais, Muther insistia na concepção tradicional de que acionar (*actio)* é um direito privado (pois a base é o direito material privado). Pode-se, como explica Pugliese, considerar que a parte "crítica" de Muther não logrou impedir os pontos de vista de Windscheid; mas a parte "construtiva", entretanto, foi muito mais fértil. Sustentou Muther que a *actio* era um direito exercido frente ao juiz (e não contra o particular), um direito frente ao Estado para a prestação da tutela jurídica. Neste ponto, obteve grande repercussão. Compartilhou desta posição Windscheid e mais concretamente Wach, que adotou e desenvolveu tal tese com grande propriedade e transcendência. As concepções processuais ou publicistas da ação foram favorecidas pela absorção do conteúdo substancial da *actio* na noção de pretensão de Windscheid, mas sempre buscando como fonte o escrito de Muther. Essa última concepção foi posteriormente trabalhada por Degenkolb e Plósz para afirmar que esse direito subjetivo público de acionar é independente da correspondência efetiva de um direito privado (caráter abstrato)[16].

A "polêmica" é extremamente complexa e envolve uma longa discussão sobre as "fórmulas", a *actio* romana, a "litiscontestatio" e uma série de categorias inerentes ao direito romano e que estavam sendo colocadas em dúvidas pelo pensamento "moderno" encampado por Windscheid. De tudo isso, interessa-nos agora um ponto-chave da mudança de concepções: até então, a estrutura românica

16. CHIOVENDA, *La acción en el sistema de los derechos,* p. 14.

entendia que a *actio* era um poder frente ao adversário e não um direito frente ao Estado, além de conter uma visão estritamente privatista. Com a polêmica há uma mudança de compreensão, vislumbrando a ação como um poder exercido frente ao Estado e com caráter público.

Em suma, como afirma Pugliese[17]: a publicação de Windscheid é a "ata de nascimento" da problemática moderna acerca da ação.

Feita essa sumária digressão histórica, vejamos o cenário atual no processo penal.

Discussão hoje superada é o caráter público ou privado da ação processual penal. Se no processo civil alguma razão existia, no processo penal, o caráter público é evidente. Couture[18] conceitua ação como "o poder jurídico que tem todo sujeito de direito de acudir aos órgãos jurisdicionais para reclamar-lhes a satisfação de uma pretensão". É um poder jurídico que compete ao indivíduo. É um atributo de sua personalidade. Esse é um *conceito rigorosamente privado* que não pode ser aplicado ao processo penal de forma automática, mas que coloca em relevo a *ação como poder jurídico* e, como tal, perfeitamente compatível com o conceito de Goldschmidt de *pretensão acusatória – ius ut procedatur* – anteriormente explicado.

Explica ainda Couture que a ação tem, ao mesmo tempo, na efetividade desse exercício, um interesse da comunidade, que lhe confere o *caráter público*. Por meio da pretensão acusatória, o Estado poderá atuar o poder de penar em relação ao que cometeu um injusto típico, instrumentalizando o próprio direito penal (direito público). Alcalá-Zamora e Levene[19] explicam que quando se aponta o caráter público da ação penal se quer dizer que ela serve para a realização de um direito público, qual seja, o de provocar a atuação do poder punitivo do Estado. Os autores, advirta-se, perfilam-se entre aqueles que, como Goldschmidt, negam a pretensão punitiva e atribuem ao acusador o poder de proceder contra alguém, poder diverso daquele de punir, que corresponde ao Estado-juiz.

---

17. *Introducción...*, p. XIII.

18. *Fundamentos del derecho procesal civil*, p. 57 e ss.

19. *Derecho procesal penal*, p. 67.

Por tudo isso, a rigor, constitui uma impropriedade falar em ação penal pública e privada, eis que *toda ação penal é pública*, posto que é uma declaração petitória, que provoca a atuação jurisdicional para instrumentalizar o direito penal e permitir a atuação da função punitiva estatal. Seu conteúdo é sempre de interesse geral.

O correto é classificar em acusação pública e acusação privada, ou, se preferirem seguir classificando a partir do crime, teremos *ação processual penal de iniciativa pública* e *ação processual penal de iniciativa privada.*

Contudo, no Brasil, o rigor técnico foi deixado de lado e já está consagrada a terminologia *delitos de ação penal pública* e *delitos de ação penal privada.* A justificativa está na adoção do critério de legitimidade de agir: será pública quando promovida pelo Ministério Público (por uma denúncia) e privada quando couber à vítima exercê-la através de queixa.

E o caráter de abstração ou concretude?

Defendendo o *caráter autônomo e abstrato da ação*, Degenkolb e depois Plósz foram os marcos teóricos dos quais se estruturaram outros estudos. Para os defensores dessa posição, a ação é autônoma e abstrata no sentido de que é independente do direito material em discussão, de modo que a ação poderá ser exercida e o processo nascer e se desenvolver, ainda que o autor não tenha razão.

Ou seja, mesmo que a sentença negue o postulado, a ação terá sido exercida, pois a existência dela não está vinculada a uma sentença favorável de mérito. Para essa corrente, a ação como direito abstrato tem sua existência prévia ao nascimento do processo. É um direito que existe e pode ser exercido ainda que a ação seja julgada improcedente. Têm ação aqueles que promovem a demanda ainda que sem direito válido a tutelar.

Explica Couture[20] – com deliberado exagero, como ele mesmo esclarece – que a *ação é um direito dos que têm razão e ainda dos que não têm razão.* Trata-se de um direito inerente à própria personalidade das pessoas.

---

20. *Fundamentos del derecho procesal civil*, p. 64.

Posteriormente, Wach, aperfeiçoando a concepção do processo como relação jurídica de Bülow, defende a tese de que a *ação é um direito autônomo* (até porque a relação jurídica de direito processual independe da relação jurídica de direito material), *mas concreto*, pois somente haverá ação quando o autor obtiver uma sentença favorável (daí por que é o direito a uma sentença favorável, na acepção do autor). Em oposição à abstração, a teoria do *direito concreto* sustenta – em suma – que a ação somente compete aos que têm razão. Na síntese de Couture[21], *a ação não é o direito; mas não há ação sem direito*. Mas a concepção de ação como direito concreto acabou não vingando, especialmente porque era incapaz de justificar toda a situação criada e a jurisdição movimentada, quando a sentença não fosse favorável. Significaria dizer, apontam os críticos, que, se a sentença fosse improcedente (absolutória), a ação não teria existido e o processo tampouco (como poderia haver processo sem ação?). Sendo assim, como explicar toda a atividade desenvolvida até então? Inclusive com manifestação e exercício da jurisdição?

No *processo penal, igualmente se afirma a autonomia da ação processual penal*, até porque, como explicamos ao abordar o objeto, o direito potestativo de acusar não se confunde com o poder de punir (direito material). Ou seja, o acusador não exerce nenhuma pretensão (material) punitiva, senão uma pretensão processual acusatória.

Não há como aceitar, integralmente, a ação como direito *concreto*, na medida em que o poder jurídico constitucional de proceder contra alguém (*ius ut procedatur*) existiu e foi realizado ainda que a sentença seja absolutória. Isto é, a pretensão acusatória pode ser exercida, originar um processo penal que se desenvolva de forma válida e, ao final, o réu ser absolvido porque sua conduta é atípica (ou lícita).

Com isso, a pretensão acusatória foi realizada, ainda que o Estado-juiz não tenha podido atuar o poder de penar. Esse caráter fica ainda mais evidente quando se compreende o objeto do processo penal, explicado anteriormente, no qual se vê que *não* tem o acusador uma pretensão punitiva, pois não lhe compete o poder de punir, mas

21. Idem.

sim uma pretensão acusatória, que é diversa do poder punitivo que é do Estado, que o exerce no processo como juiz.

Ainda, tendo em vista que adotamos como função do processo a satisfação jurídica de pretensões e/ou resistências, nenhuma dúvida existe de que o processo também terá cumprido sua função em caso de sentença absolutória.

No entanto, não se pode olvidar o princípio da necessidade, em que, se a pretensão acusatória é autônoma, não o é o poder de punir, que só existe no processo e somente pode se efetivar quando a acusação for integralmente levada a cabo e acolhida. Ou seja, o poder do juiz de penar está condicionado ao exercício integral da pretensão acusatória. Não é esse poder de punir autônomo, mas totalmente condicionado.

Mas *também não satisfaz, no processo penal, a plena abstração da ação penal acusatória* em relação ao fato criminoso. Isso porque, como explica Gómez Orbaneja[22],

> *puede afirmarse que a diferencia del proceso civil, que se constituye de una vez y definitivamente, con unos límites objetivos y subjetivos inalterables, mediante la presentación de la demanda, el proceso penal se desenvuelve escalonadamente. El fundamento de la prosecusión, o inversamente de su exclusión, puede depender tanto de razones substantivas como procesales.*

Está correto. No processo civil, o início e o desenvolvimento dependem exclusivamente de critérios formais, de natureza processual. O processo civil se desenvolve por meio de decisões interlocutórias, de conteúdo puramente processual (formal), sem entrar na questão de fundo, que deve ficar reservada para a sentença. Por isso, em geral, até a sentença, o juiz cível somente terá aplicado normas processuais[23].

Situação completamente diversa ocorre no processo penal, em que as condições de punibilidade podem confundir-se com os pressupostos processuais e, principalmente, *para que o processo penal*

---

22. *Comentarios a la Ley de Enjuiciamiento Criminal*, p. 37.

23. LÓPEZ, Miguel Pastor. *El proceso de persecución*, p. 149.

possa iniciar e desenvolver-se, é imprescindível que fique demonstrado o fumus commissi delicti.

Ou seja, no processo penal, desde o início, é imprescindível que o acusador público ou privado demonstre a justa causa, os elementos probatórios mínimos que demonstrem a fumaça da prática de um delito, não bastando cumprimento e critérios meramente formais. Não há, como no processo civil, a possibilidade de deixar a análise da questão de fundo (mérito) para a sentença, pois desde o início o juiz faz juízo provisório, de verossimilhança sobre a existência do delito.

É importante destacar que o processo penal adota um *sistema escalonado* que vai refletir o grau de sujeição do imputado e de diminuição do seu *status libertatis*. O processo penal é um sistema escalonado e como tal, para cada degrau, é necessário um juízo de valor. Essa *escada* é triangular, pois pode ser tanto progressiva como também regressiva de culpabilidade (no sentido de responsabilidade penal). A situação do sujeito passivo passa de uma situação mais ou menos difusa à definitiva com a sentença condenatória ou pode voltar a ser difusa e dar origem a uma absolvição. Inclusive, é possível chegar a um juízo definitivo de caráter negativo, em que se reconhece como certa a não participação do agente no delito.

Por tudo isso, define Miguel Pastor López[24] que a situação jurídica do sujeito passivo é contingente, provisional e de progressiva (ou regressiva) determinação. Com a sentença penal condenatória, inicia-se uma nova etapa, a execução da pena. A absolvição não cria uma situação nova, senão que restabelece com plenitude o estado de inocente. O sujeito passivo não perde o *status* de inocente no curso do processo, mas sem dúvida que ele vai se debilitando. Se com a condenação definitiva o estado de inocência acaba, com a absolvição é restabelecido com sua máxima plenitude.

Concordamos com Gómez Orbaneja[25] quando define a ação penal como o direito meramente formal de acusar (aqui está a semente da "teoria da acusação"), na qual não se faz valer uma exigência punitiva, senão que se criam os pressupostos necessários para que o

---

24. *El proceso de persecución*, cit., p. 90.

25. Na obra com Vicente Herce Quemada, *Derecho procesal penal*, p. 89.

órgão jurisdicional possa proceder à averiguação do delito e de seu autor. O acusador não exerce o poder de punir (nisso reside a autonomia que também constitui um recorte de abstração), senão que afirmando seu nascimento e postula a efetivação do poder de punir que é do Estado-juiz, que exercerá pela primeira vez na sentença.

Pensamos que no processo penal o conceito mais adequado está no entrelugar ou, melhor, no entreconceito.

Os conceitos tradicionais de "abstração", de um lado, e de direito concreto, de outro, não satisfazem a necessidade do processo penal. Há que se buscar o entreconceito, entre o abstrato e o concreto. É algo a ser construído à luz da especificidade do processo penal[26].

Nessa linha, Coutinho[27] – inspirado em Liebman – desenvolve a concepção de direito "conexo instrumentalmente ao caso penal". Adverte que o fato de ser um direito abstrato não significa que seja ilimitado e incondicionado. Deve ser dosado e condicionado, somente podendo exercê-lo aquele que preencher determinadas condições.

---

26. Partindo de uma preocupação diversa da nossa, mas igualmente atento às categorias jurídicas próprias do processo penal, Rogério Lauria Tucci (*Teoria do direito processual penal*, p. 74-76) propõe uma conciliação entre as teorias da ação como direito abstrato e em senso concreto, partindo para a distinção entre ação judiciária e ação da parte, sendo a primeira atinente aos atos praticados pelos órgãos jurisdicionais, e a segunda "conferida aos sujeitos parciais da relação jurídica cuja definição e concretização lhes são solicitadas, e que naquela naturalmente se subsomem". Importante, ainda, na estrutura teórica do autor, a seguinte distinção: "o direito subjetivo material em referência é o *direito à jurisdição*, correntemente denominado *direito de ação*; e o (direito) processual consubstancia-se na *ação*, propriamente dita, que se caracteriza pela *efetivação do exercício do direito à jurisdição*". Assim, para Tucci (*Teoria do direito processual penal*, p. 80), ação é "um direito abstrato (em linha e princípio, até porque, com ela, se concretiza), autônomo, público, genérico e subjetivo, qual seja, o direito à jurisdição". Quanto ao binômio concreto/abstrato – núcleo de nossa discussão aqui –, Tucci propõe a seguinte construção: "é abstrato porque independente de ser fundada, ou não, a postulação do titular do direito material (ao qual é, porém, conectado). E concreto, na medida em que ganha efetividade com o aforamento da ação". Nesse ponto (especialmente no que se refere ao "conectado ao direito material") pensamos haver uma coincidência entre nossa posição e a construção de Tucci.

27. *A lide e o conteúdo do processo penal*, p. 145 e ss.

Está vinculado a um caso concreto, determinado e exatamente individuado. Assim, a abstração é admitida (pois não há como negar que a ação existe e foi devidamente exercida ainda que a sentença seja absolutória), bem como a autonomia (pois o direito potestativo[28] de acusar não se confunde com poder [material] de punir), mas ambas são atenuadas – aproximando-se do conceito de *direito concreto* – na medida em que se exige que a ação processual penal demonstre uma conexão instrumental em relação ao caso penal (visto aqui como elemento objetivo da pretensão acusatória, conforme conceitos desenvolvidos anteriormente, quando do estudo do objeto do processo).

Também dessa concepção se aproxima Tucci[29], ao definir a ação processual penal como um *direito subjetivo de índole processual, instrumentalmente conexo a uma situação concreta*. A *conexão instrumental* é uma exigência do princípio da necessidade, em que o delito somente pode ser apurado no curso do processo, pois o direito penal não tem realidade concreta nem poder coercitivo fora do instrumento processo. Também se vincula à noção de instrumentalidade constitucional anteriormente desenvolvida, pois o processo é um instrumento para apuração do fato, mas estritamente condicionado pela observância do sistema de garantias constitucionais.

Na ação processual penal, o caráter abstrato coexiste com a vinculação a uma causa, que é o fato aparentemente delituoso. Logo,

---

28. Sublinhe-se que adotamos parte do conceito de Jacinto Coutinho, que diverge de nossa posição em outros aspectos referentes ao objeto do processo penal (ou objeto, como classificam alguns autores).

29. TUCCI, Rogério Lauria. *Teoria do direito processual penal*, p. 84. Pensamos que as condições da ação devem ser repensadas – efetivamente – à luz do processo penal, pois é frágil a construção de que, por exemplo, a atipicidade ou a licitude da conduta não envolveria uma incursão no mérito. Ademais, destaque-se que – na prática diária dos tribunais brasileiros –, uma vez recebida a denúncia ou queixa, alega-se que não se pode mais falar em rejeição, de modo que os juízes, ainda que manifesta a ilegitimidade passiva (não sendo o réu o autor do fato), culminam por proferir uma sentença absolutória com base no art. 386, IV ou V. Pensamos que nada impede o juiz de, uma vez recebida a denúncia, decretar a nulidade dessa decisão e rejeitar, ou seja, não existe preclusão para o juiz e ele pode, a qualquer tempo, reconhecer uma nulidade absoluta e refazer o ato.

uma causa concreta. Existe assim uma limitação e vinculação a uma causa concreta que deve ser demonstrada, ainda que em grau de verossimilhança, ou seja, de *fumus commissi delicti*.

Portanto, nesta linha de pensamento (que é a mais próxima da realidade do processo penal, sublinhe-se), *a ação processual penal é um direito potestativo de acusar, público, autônomo, abstrato, mas conexo instrumentalmente ao caso penal.*

2.4. Condições da ação processual penal (e não processual civil!)

2.4.1. Quando se pode falar em condições da ação?

Segundo o pensamento majoritário, as condições da ação não integram o mérito da causa, mas são condições para que exista uma manifestação sobre ele. Assim, questões como ilegitimidade de parte ativa ou passiva (negativa de autoria), não ser o fato criminoso ou estar ele prescrito circunscrevem-se às situações previstas no art. 395, II, do CPP, impedindo a manifestação sobre o caso penal (mérito) em julgamento. Também encontramos a ausência de condições da ação nas causas de absolvição sumária, no art. 397, demonstrando o quão próximo estão do mérito, ou seja, do caso penal (elemento objetivo da pretensão acusatória).

Antes de entrar nessas questões, é importante fazer um questionamento-advertência: é correto falar em condições da ação processual penal? Existem condições que efetivamente condicionem o exercício da ação processual?

Ora, se como afirmado anteriormente a ação é um poder político constitucional de invocar a tutela jurisdicional e encontra sua base no art. 5º, XXXV, da Constituição, como se pode falar em condições nas quais a Constituição não condiciona?

Para chegar-se à resposta, é necessário compreender que o direito de ação é um "direito de dois tempos"[30].

---

30. A expressão é de Jacinto Nelson de Miranda Coutinho.

No *primeiro momento*, estamos na dimensão constitucional do poder de invocar a tutela estatal. Esse poder – *ius ut procedatur* – é completamente incondicionado. Ou seja, não existem condições para que a parte o exerça e tampouco possibilidades de impedir seu exercício. Não há como proibir ou impedir alguém de ajuizar uma queixa-crime ou de o Ministério Público oferecer uma denúncia[31]. Essa é a dimensão constitucional, abstrata e incondicionada desse direito.

O mestre complutense Jaime Guasp[32], comentando o pensamento de Carnelutti na obra *Lezioni sul processo penale*, afirma que ação é um direito público subjetivo que "expulsa en realidad el concepto de acción del campo del derecho procesal para encajarlo en el campo del derecho público", ou seja, como poder político-constitucional de invocação.

Mas existe o *segundo momento*, de natureza não mais constitucional, mas sim processual penal. É no plano processual que se pode efetivar ou não a tutela postulada, obter ou não a resposta jurisdicional almejada, movimentar ou não a máquina estatal. Na síntese de Jardim[33], as condições da ação não são condições para a existência do direito de agir, mas sim para o seu regular exercício.

Considerando o custo que encerra o processo e o fato de não haver possibilidade de – a qualquer momento – ser extinto sem julgamento de mérito, a análise das condições da ação como requisitos a serem preenchidos para o nascimento do processo e obtenção da tutela pedida é fundamental.

Feita essa advertência, sublinhe-se, ainda, que não há dúvida de que o juiz fará uma sumária incursão pelo mérito da causa, e, ainda

---

31. No que tange à ação de iniciativa pública, o poder político constitucional nasce do art. 129, I, da Constituição e, considerando a obrigatoriedade – para o MP – da ação penal nesses crimes, estamos diante de um poder-dever. De qualquer forma, feita essa ressalva, é perfeitamente aplicável a teoria do "direito de dois tempos" exposta, pois no primeiro momento estamos na dimensão constitucional e, no segundo, na processual penal, onde então podemos falar em condições da ação.

32. Na *Revista de Derecho Procesal*, Madrid, 1949. Também publicado na obra *Jaime Guasp Delgado – Pensamiento y Figura*, da coleção "Maestros Complutenses de Derecho", organizada por Pedro Aragoneses Alonso.

33. JARDIM, Afrânio Silva. *Direito processual penal*, p. 95.

que teoricamente seja clara a separação entitativa entre a esfera regida pelo direito material e a situação processual, é evidente que no plano ontológico do processo existe uma profunda interação entre elas. Como aponta Tourinho Filho[34], "queiram ou não, as condições da ação servem de cordão umbilical entre a *causa petendi* e o exercício do direito de ação. Como poderá o juiz apreciar a *legitimatio ad causam* senão em face da *causa petendi*?" Vejamos agora as condições da ação no processo penal.

2.4.2. Condições da ação penal: equívocos da visão tradicional-civilista

Segundo o pensamento majoritário, as condições da ação não integram o mérito da causa, mas são condições para que exista uma manifestação sobre ele. Assim, questões como ilegitimidade de parte ativa ou passiva (negativa de autoria), não ser o fato criminoso ou estar ele prescrito circunscrevem-se às situações previstas no art. 395, II, do CPP, impedindo a manifestação sobre o caso penal (mérito) em julgamento. Também encontramos a ausência de condições da ação nas causas de absolvição sumária, no art. 397, demonstrando o quão próximo estão do mérito, ou seja, do caso penal (elemento objetivo da pretensão acusatória).

Quanto às condições da ação, a doutrina costuma dividi-las em: legitimidade, interesse e possibilidade jurídica do pedido. O problema está em que, na tentativa de adequar ao processo penal, é feita uma verdadeira ginástica de conceitos, estendendo-os para além de seus limites semânticos. O resultado é uma desnaturação completa, que violenta a matriz conceitual, sem dar uma resposta adequada ao processo penal. Vejamos por quê:

a) *Legitimidade*: esse é um conceito que pode ser aproveitado, pois se trata de exigir uma vinculação subjetiva, pertinência subjetiva, para o exercício da ação processual penal. Apenas, como explicaremos na continuação, não há que se falar em "substituição processual" no caso de ação penal de iniciativa

34. TOURINHO FILHO, Fernando da Costa. *Processo penal*, p. 494.

privada e tampouco é de boa técnica (em que pese a consagração legislativa e dogmática) a divisão em ação penal pública e privada. Como visto, toda ação é pública, por essência. Não existe ação processual penal (ou processual civil) privada. Trata-se de um direito público. O problema costuma ser contornado pela inserção "de iniciativa" pública ou privada.

b) *Interesse*: para ser aplicado no processo penal, o interesse precisa ser completamente desnaturado na sua matriz conceitual. Lá no processo civil, é visto como "utilidade e necessidade" do provimento. Trata-se de interesse processual de obtenção do que se pleiteia para satisfação do interesse material. É a tradicional concepção de Liebman, do binômio utilidade e necessidade do provimento. No processo penal, alguns autores identificam o interesse de agir com a justa causa, de modo que, não havendo um mínimo de provas suficientes para lastrear a acusação, deveria ela ser rejeitada (art. 395, III).

Crítica: Pensamos que se *trata de categoria do processo civil que resulta inaplicável ao processo penal.* Isso porque o processo penal vem marcado pelo princípio da necessidade, algo que o processo civil não exige e, portanto, desconhece. Se o interesse, civilisticamente pensado, corresponde à tradicional noção de utilidade e necessidade do provimento, não há nenhuma possibilidade de correspondência no processo penal.

O princípio da necessidade impõe, para chegar-se à pena, o processo como caminho necessário e imprescindível, até porque o direito penal somente se realiza no processo penal. A pena não só é efeito jurídico do delito[35], senão que é um efeito do processo; mas o processo não é efeito do delito, *senão da necessidade de impor a pena ao delito por meio do processo.* Então ele é inerente à ação processual penal, não cabendo a discussão em torno do interesse. Para o

35. Como explica ORBANEJA, Emilio Gómez. *Comentarios a la Ley de Enjuiciamiento Criminal*, p. 27 e ss.

Ministério Público, tanto nos crimes de ação penal de sua iniciativa (pública) como nos crimes de iniciativa privada, o interesse é inerente a quem tiver legitimidade para propor a ação, pois não há outra forma de obter e efetivar a punição.

Então, o que faz a doutrina processual penal para aproveitar essa condição da ação processual civil? *Entulhamento conceitual.* A intenção é boa, e isso não se coloca em dúvida, mas o resultado final se afasta muito do conceito primevo. Pegam um conceito e o entulham de definições que extrapolam em muito seus limites, culminando por gerar um conceito diverso, mas com o mesmo nome (que não mais lhe serve, por evidente). Nessa linha, costumam tratar como "interesse" questões que dizem respeito à "punibilidade concreta", tal como a inexistência de prescrição, ou mesmo de "justa causa", como o princípio da insignificância.

c) *Possibilidade jurídica do pedido*: quanto à possibilidade jurídica do pedido, cumpre, inicialmente, destacar que o próprio Liebman, na terceira edição do *Manuale di diritto processuale civile,* aglutina possibilidade jurídica do pedido com o interesse de agir, reconhecendo a fragilidade da separação. Como conceber que um pedido é juridicamente impossível de ser exercido e, ao mesmo tempo, proveniente de uma parte legítima e que tenha um interesse juridicamente tutelável? Ou, ainda, como poderá uma parte legítima ter um interesse juridicamente tutelável, mas que não possa ser postulado? São questões que só podem ser respondidas de forma positiva por meio de mirabolantes exemplos que jamais extrapolam o campo teórico onírico de alguns. Assim, frágil a categorização, mesmo no processo civil e, principalmente, no processo penal.

Superada essa advertência inicial, o pedido da ação, no processo penal de conhecimento, será sempre de condenação, exigindo um tratamento completamente diverso daquele dado pelo processo civil, pois não possui a mesma complexidade. Logo, não satisfaz o conceito civilista de que o pedido deve estar autorizado pelo ordenamento, até porque, no processo penal, não se pede usucapião do Pão de Açúcar... (típico exemplo dos manuais de processo civil).

A doutrina que adota essa estrutura civilista costuma dizer que para o pedido (de condenação, obviamente) ser juridicamente possível a conduta deve ser aparentemente criminosa (o que acaba se confundindo com a causa de absolvição sumária do art. 397, III, do CPP); não pode estar extinta a punibilidade (nova confusão, agora com o inciso IV do art. 397) ou ainda haver um mínimo de provas para amparar a imputação (o que, na verdade, é a justa causa).

Crítica: Na verdade, o que se verifica é uma *indevida expansão dos conceitos do processo civil para (ilusoriamente) atender à especificidade do processo penal.*

Em suma, o que se percebe claramente é a inadequação dessas categorias do processo civil, cabendo-nos, então, encontrar dentro do próprio processo penal suas condições da ação, como se fará na continuação.

2.4.3. Condições da ação penal segundo as categorias próprias do processo penal

Agora, diante da necessidade de respeitarem-se as categorias jurídicas próprias do processo penal, devemos *buscar as condições da ação dentro do próprio processo penal,* a partir da análise das causas de rejeição da acusação. Assim, do revogado art. 43 e do atual art. 395, sustentamos que são *condições da ação penal*[36]:

prática de fato aparentemente criminoso – *fumus commissi delicti*;

punibilidade concreta;

legitimidade de parte;

justa causa.

Vejamos agora, sucintamente, cada uma das condições da ação processual penal.

---

36. Os autores que trabalham com a (civilista e inadequada) categoria de possibilidade jurídica do pedido costumam empregar exemplos como esses para demonstrar situações em que o pedido de condenação seria "juridicamente impossível". Na verdade, a questão situa-se em outra esfera, qual seja, na exigência de que o fato seja aparentemente criminoso.

2.4.3.1. Prática de fato aparentemente criminoso – *fumus commissi delicti*

Tradicionalmente, entendeu-se que "evidentemente não constituir crime" significava, apenas, atipicidade manifesta. Contudo, este não é um critério adequado.

Inicialmente, deve-se considerar que o inciso III do art. 397 do CPP fala em "crime". Ainda que se possa discutir se crime é fato típico, ilícito e culpável ou um injusto típico, ninguém nunca defendeu que o conceito de *crime* se resumia à tipicidade. Logo, atendendo ao referencial semântico da expressão contida no CPP, deve-se trabalhar com o conceito de *crime* e depois de *evidentemente*. Quanto ao conceito de *crime*, nenhuma dúvida temos de que a acusação deve demonstrar a tipicidade aparente da conduta.

Para além disso, das duas uma: ou se aceita o conceito de *tipo de injusto*, na esteira de Cirino dos Santos, em que se exige que, além dos fundamentos positivos da tipicidade, também deve haver a ausência de causas de justificação (excludentes de ilicitude); ou se trabalha com os conceitos de *tipicidade* e *ilicitude* desmembrados.

Em qualquer caso, se houver elementos probatórios de que o acusado agiu – manifestamente – ao abrigo de uma causa de exclusão da ilicitude, deve a denúncia ou queixa ser rejeitada com base no art. 395, II (pois falta uma condição da ação). A problemática situa-se na demonstração manifesta da causa de exclusão da ilicitude. É uma questão de convencimento do juiz. Mas, uma vez superada essa exigência probatória, se convencido de que o acusado agiu ao abrigo de uma causa de exclusão da ilicitude, deve o juiz rejeitar a acusação.

Caso esse convencimento somente seja possível após a resposta do acusado, a decisão passará a ser de absolvição sumária, nos termos do art. 397.

Superada essa questão (tipicidade e ilicitude), surge o questionamento: e se o acusado agiu – manifestamente – ao abrigo de uma causa de exclusão da culpabilidade, pode o juiz rejeitar a acusação?

Pensamos que sim.

Assim, havendo prova da causa de exclusão da culpabilidade (como o erro de proibição, por exemplo), pré-constituída na investigação preliminar, está o juiz autorizado a rejeitar a acusação.

O que nos importa agora é que, *uma vez demonstrada a causa de exclusão e convencido o juiz, está ele plenamente autorizado a rejeitar a denúncia ou queixa. Ou ainda atender ao pedido de arquivamento feito pelo Ministério Público.*

A denúncia deverá ser rejeitada, nos termos do art. 395, II, do CPP, com plena produção dos efeitos da coisa julgada (formal e material).

Em suma, a questão deve ser analisada da seguinte forma:

a) se a causa de exclusão da ilicitude ou culpabilidade estiver demonstrada no momento em que é oferecida a denúncia ou queixa, poderá o juiz rejeitá-la, com base no art. 395, II (falta uma condição da ação penal, qual seja, a prática de um fato aparentemente criminoso);

b) se o convencimento do juiz (sobre a existência da causa e exclusão da ilicitude ou da culpabilidade) somente for atingido após a resposta do acusado, já tendo sido a denúncia ou queixa recebida portanto, a decisão será de absolvição sumária (art. 397).

2.4.3.2. Punibilidade concreta

Exigia o antigo (e já revogado) art. 43, II, do CPP que não se tenha operado uma causa de extinção da punibilidade, cujos casos estão previstos no art. 107 do Código Penal e em leis especiais, para que a ação processual penal possa ser admitida. Agora, essa condição da ação também figura como causa de "absolvição sumária", prevista no art. 397, IV, do CPP. Mas isso não significa que tenha deixado de ser uma condição da ação processual penal ou que somente possa ser reconhecida pela via da absolvição sumária. Nada disso. Deve o juiz rejeitar a denúncia ou queixa quando houver prova da extinção da punibilidade. A decisão de absolvição sumária fica reservada aos casos em que essa prova somente é produzida após o recebimento da denúncia (ou seja, após a resposta escrita do acusado).

Quando presente a causa de extinção da punibilidade, como prescrição, decadência e renúncia (nos casos de ação penal de iniciativa privada ou pública condicionada à representação), a denúncia ou queixa deverá ser rejeitada ou o réu absolvido sumariamente, conforme o momento em que seja reconhecida.

2.4.3.3. Legitimidade de parte

Dessa forma, nos processos que tenham por objeto a apuração de delitos perseguíveis por meio de denúncia (ou de ação penal de iniciativa pública), o polo ativo deverá ser ocupado pelo Ministério Público, eis que, nos termos do art. 129, I, da Constituição, é o *parquet* o titular dessa ação penal.

Nas ações penais de iniciativa privada, caberá à vítima ou seu representante legal (arts. 30 e 31 do CPP) assumir o polo ativo da situação processual. A doutrina brasileira, na sua maioria, entende que nessa situação ocorre uma *substituição processual*, verdadeira legitimação extraordinária, nos termos do art. 6º do CPC, na medida em que o querelante postularia em nome próprio um direito alheio (*ius puniendi* do Estado). É um erro bastante comum daqueles que, sem atentar para as categorias jurídicas próprias do processo penal, ainda pensam pelas distorcidas lentes da teoria geral do processo. Compreendido que o Estado exerce o poder de punir no processo penal não como acusador, mas como juiz, tanto o Ministério Público como o querelante exercitam um poder que lhes é próprio (*ius ut procedatur*, pretensão acusatória), ou seja, o poder de acusar. Logo, não corresponde o poder de punir ao acusador, seja ele público ou privado, na medida em que ele detém a mera pretensão acusatória. Assim, em hipótese alguma existe substituição processual no processo penal.

A legitimidade deve ser assim considerada:

a) *Legitimidade ativa*: está relacionada com a titularidade da ação penal, desde o ponto de vista subjetivo, de modo que será o Ministério Público, nos delitos perseguíveis mediante denúncia, e do ofendido ou seu representante legal, nos delitos perseguíveis por meio de queixa. É ocupada pelo titular da pretensão acusatória. Especificamente no processo penal, a legitimidade decorre da sistemática legal adotada pelo legislador brasileiro e não propriamente do interesse. Por imperativo legal, nos delitos de ação penal de iniciativa pública, o Ministério Público será sempre legitimado para agir. Já nos delitos de ação penal de iniciativa privada, somente o ofendido ou seu representante legal poderá exercer a pretensão acusatória por meio da queixa-crime.

b) *Legitimidade passiva*: decorre da autoria do injusto típico. O réu, pessoa contra a qual é exercida a pretensão acusatória, deve ter integrado a situação jurídica de direito material que se estabeleceu com o delito (autor-vítima). Em outras palavras, a legitimação passiva está relacionada com a autoria do delito. Também não se podem desconsiderar os limites impostos pela culpabilidade penal, especialmente no que se refere à inimputabilidade decorrente da menoridade, em que o menor de 18 anos (e de nada interessa eventual emancipação civil) é ilegítimo para figurar no polo passivo do processo penal.

A imputação deve ser dirigida contra quem praticou o injusto típico. Não se deve esquecer de que nesse momento não pode ser feito um juízo de certeza, mas sim de mera probabilidade, verossimilhança da autoria. A ilegitimidade ativa ou passiva leva à rejeição da denúncia ou queixa nos termos do art. 395, II, do CPP, ou, ainda, permite o trancamento do processo por meio de *habeas corpus*, eis que se trata de processo manifestamente nulo (art. 648, IV) por ilegitimidade de parte (art. 564, II).

A ilegitimidade da parte permite que seja promovida nova ação, eis que tal decisão faz apenas coisa julgada formal. Corrigida a falha, a ação pode ser novamente intentada. É o que acontece, *v.g.*, quando o ofendido ajuíza a queixa em delito de ação penal pública. A rejeição da queixa não impede que o Ministério Público ofereça a denúncia.

2.4.3.4. Justa causa

Prevista no art. 395, III, do CPP, a justa causa é uma importante condição da ação processual penal. Em profundo estudo sobre o tema, Maria Thereza Rocha Assis Moura[37] adverte sobre a indefinição que

---

37. ASSIS MOURA, Maria Thereza Rocha. *Justa causa para a ação penal*. p. 99.

paira em torno do conceito, na medida em que "*causa* possui significado vago e ambíguo, enquanto que *justo* constitui um valor". E prossegue[38] lecionando que a *justa causa* exerce uma função mediadora entre a realidade social e a realidade jurídica, avizinhando-se dos "conceitos-válvula", ou seja, de parâmetros variáveis que consistem em adequar concretamente a disciplina jurídica às múltiplas exigências que emergem da trama do tecido social. Mais do que isso, figura como um "antídoto, de proteção contra o abuso de Direito"[39].

Evidencia assim, a autora, que a justa causa é um verdadeiro ponto de apoio (*topos*) para toda a estrutura da ação processual penal, uma inegável condição da ação penal, que, para além disso, constitui um limite ao (ab)uso do *ius ut procedatur*, ao direito de ação. Considerando a instrumentalidade constitucional do processo penal, conforme explicamos anteriormente, o conceito de *justa causa* acaba por constituir uma *condição de garantia contra o uso abusivo do poder de acusar.*

A justa causa identifica-se com a existência de uma causa jurídica e fática que legitime e justifique a acusação (e a própria intervenção penal). Está relacionada, assim, com dois fatores: existência de indícios razoáveis de autoria e materialidade de um lado e, de outro, com o controle processual do caráter fragmentário da intervenção penal.

2.4.3.4.1. Justa causa: existência de indícios razoáveis de autoria e materialidade

Deve a acusação ser portadora de elementos – geralmente extraídos da investigação preliminar (inquérito policial) – probatórios que justifiquem a admissão da acusação e o custo que representa o processo penal em termos de estigmatização e penas processuais. Caso os elementos probatórios do inquérito sejam insuficientes para justificar a abertura do processo penal, deve o juiz rejeitar a acusação.

---

38. ASSIS MOURA, Maria Thereza Rocha. *Justa causa para a ação penal*. p. 119.
39. Ibidem, p. 173.

Não há que se confundir esse requisito com a primeira condição da ação (*fumus commissi delicti*). Lá, exigimos fumaça da prática do crime, no sentido de demonstração de que a conduta praticada é aparentemente típica, ilícita e culpável. Aqui, a análise deve recair sobre a existência de elementos probatórios de autoria e materialidade. Tal ponderação deverá recair na análise do caso penal à luz dos concretos elementos probatórios apresentados.

A acusação não pode, diante da inegável existência de penas processuais, ser leviana e despida de um suporte probatório suficiente para, à luz do princípio da proporcionalidade, justificar o imenso constrangimento que representa a assunção da condição de réu. É o "lastro probatório mínimo", a que alude Afrânio Silva Jardim[40], exigido ainda pelos arts. 12, 39, § 5º, 46, § 1º, e 648, I (a contrário senso), do Código de Processo Penal.

2.4.3.4.2. Justa causa: controle processual do caráter fragmentário da intervenção penal

Como bem sintetiza Cezar Bitencourt[41], "o caráter fragmentário do direito penal significa que o direito penal não deve sancionar todas as condutas lesivas a bens jurídicos, mas tão somente aquelas condutas mais graves e mais perigosas praticadas contra bens mais relevantes". É, ainda, um corolário do princípio da intervenção mínima e da reserva legal, como aponta o autor. A filtragem ou controle processual do caráter fragmentário encontra sua justificativa e necessidade na inegável banalização do direito penal.

Quando se fala em justa causa, está se tratando de exigir uma causa de natureza penal que possa justificar o imenso custo do processo e as diversas penas processuais que ele contém. Inclusive, se devidamente considerado, o princípio da proporcionalidade visto como proibição de excesso de intervenção pode ser considerado a base constitucional da justa causa. Deve existir, no momento em que o juiz decide se recebe ou rejeita a denúncia ou queixa, uma clara

40. *Direito processual penal*, p. 99.

41. *Tratado de direito penal*, p. 19.

proporcionalidade entre os elementos que justificam a intervenção penal e processual, de um lado, e o custo do processo penal, de outro.

Nessa dimensão, situamos as questões relativas à "insignificância" ou "bagatela". Considerando que toda "categorização" implica reducionismo e frágeis fronteiras à complexidade, não negamos que a insignificância possa ser analisada na primeira condição (fumaça de crime), na medida em que incide diretamente na tipicidade.

Contudo, para além das infindáveis discussões teóricas no campo da doutrina penal, nenhum impedimento existe de que o juiz analise isso, à luz da proporcionalidade, da ponderação dos bens em jogo, ou, ainda, da própria estrutura do bem jurídico e da missão do direito penal. E, quando fizer isso, estará atuando na justa causa para a ação processual penal.

2.4.4. Outras condições da ação processual penal

Para além das enumeradas e explicadas anteriormente, existem outras condições, que igualmente condicionam a propositura da ação processual penal. Alguns autores chamam de condições *específicas*, em contraste com as condições *genéricas*, anteriormente apontadas. Mais usual ainda é a classificação de "condições de procedibilidade", especificamente em relação à *representação* e à *requisição do Ministro da Justiça* nos crimes de ação penal pública condicionada.

Contudo, razão assiste a Tucci quando esclarece que tais classificações não possuem sentido de ser, na medida em que tanto a representação como a requisição do Ministro da Justiça nada mais são do que "outras condições para o exercício do direito à jurisdição penal"[42].

Mas, para além da representação e da requisição do Ministro da Justiça, existem outras condições da ação exigidas pela lei penal ou processual penal, como, por exemplo (enumeração não taxativa):

a) poderes especiais e menção ao fato criminoso na procuração que outorga poderes para ajuizar queixa-crime, nos termos do art. 44 do CPP;

42. TUCCI, Rogério Lauria. *Teoria do direito processual penal*, p. 97.

b) a entrada no agente no território nacional, nos casos de extraterritorialidade da lei penal, para atender à exigência contida no art. 7º do Código Penal;

c) o trânsito em julgado da sentença anulatória do casamento no crime do art. 236, parágrafo único, do CP;

d) prévia autorização da Câmara dos Deputados nos crimes praticados pelo Presidente ou Vice-Presidente da República, bem como pelos Ministros de Estado, nos termos do art. 51, I, da Constituição.

Em qualquer desses casos, a denúncia ou queixa deverá ser rejeitada com base no art. 395, II, do CPP. Caso não tenha sido percebida a falta de uma das condições da ação e o processo tenha sido instaurado, deve ser trancado (o processo) por meio de *habeas corpus*, ou extinto pelo juiz (decisão meramente terminativa). Quanto aos efeitos da decisão, não haverá julgamento de mérito, podendo a ação ser novamente proposta, desde que satisfeita a condição, enquanto não se operar a decadência (no caso da representação ou de procuração com poderes especiais para a queixa) ou a prescrição.

2.5. A proposta: teoria da acusação. Reflexos na Santa Trindade "acusação-jurisdição-processo"

2.5.1. A necessidade: inadequações decorrentes do conceito tradicional de "ação". O conceito de "acusação"

Não é preciso maior esforço para perceber que toda a discussão acerca da "ação" e seus demais caracteres foi feita desde a perspectiva, as categorias e as especificidades do processo civil.

Essa construção teórica foi transplantada, com muito sacrifício conceitual, para o processo penal, esbarrando, o tempo todo, nos limites de sua inadequação.

Basta, por exemplo, verificar que a concepção de ação penal pública e ação penal privada é um erro, pois toda ação é pública, por isso, temos de falar em ação penal de "iniciativa" pública ou "iniciativa" privada, para tentar salvar o transplante rejeitado.

Outro obstáculo epistemológico são as concepções de *ação como direito concreto e ação como direito abstrato*, na medida em que – no processo penal – não nos serve nem uma nem outra concepção.

Isso fez com que, para tentar salvar a categoria "ação", fosse criada a "teoria eclética", pois não raras vezes, quando o direito não dá conta da complexidade fenomenológica de algo, recorre a vagueza conceitual de teorias "ecléticas", "mistas" e coisas do gênero. É, para superar esse arremedo conceitual, que proporemos a seguir a construção de uma "teoria da acusação", que possa superar essas transmissões inadequadas.

As *condições da ação do processo civil* (legitimidade, interesse e possibilidade jurídica do pedido) seguem sendo repetidas de forma absolutamente inadequada no processo penal e ainda esbarram em outro problema: o escalonamento do processo penal. Ao contrário do processo civil, em que o autor somente tem de demonstrar "condições" formais para que a demanda seja recebida, no processo penal a situação é completamente distinta.

No processo civil, todas as questões de mérito ficam reservadas para análise na sentença (como regra, é claro). Já no processo penal, desde o início, para que a acusação seja recebida, deve o acusador demonstrar a fumaça do mérito, ou seja, a viabilidade em sede de verossimilhança (*fumus commissi delicti*). Isso porque o processo penal tem um elevado custo, estigmatiza e, principalmente, já é uma pena em si mesmo. Na lendária frase de Carnelutti, a maior miséria do processo penal é que punimos para saber se devemos punir.

É uma distinção tão relevante que faz com que não se possam importar as condições da ação, nem sequer "adaptando-as", pois o problema é outro, é na base epistemológica do instituto. O processo penal tem um escalonamento progressivo ou regressivo de culpabilidade, de modo que a acusação somente pode ser admitida se houver fumaça da prática de um crime (logo indícios razoáveis do próprio mérito) e, se essa fumaça desaparecer com os elementos trazidos pela defesa, deve o juiz absolver sumariamente o réu, sem precisar haver o desenvolvimento completo do procedimento. Ou seja, é possível uma decisão sobre o mérito – absolvição sumária – antes da sentença final. Tudo isso é completamente contrário à base conceitual desde sempre pensada para as condições da ação pelo processo civil.

Por tudo isso, nossa proposta parte da assunção das categorias jurídicas próprias do processo penal e da necessidade de superação da inadequada estrutura teórica existente. Pensamos ser *necessário construir uma teoria da acusação*, que liberta dos dogmas e polêmicas (processuais civis) do passado, contribua para a elaboração de uma teoria de base e que melhor atenda às necessidades específicas do processo penal.

Concordamos com Gómez Orbaneja[43] quando define a ação penal como o direito meramente formal de acusar (aqui está a semente da "teoria da acusação"), na qual não se faz valer uma exigência punitiva, senão que se criam os pressupostos necessários para que o órgão jurisdicional possa proceder à averiguação do delito e de seu autor. O acusador não exerce o poder de punir (nisso reside a autonomia que também constitui um recorte de abstração), senão que afirmando seu nascimento e postula a efetivação do poder de punir que é do Estado-juiz, que exercerá pela primeira vez na sentença.

Precisamos sepultar a equivocada concepção de que haveria uma exigência punitiva (ação de direito material) a ser exercida no processo penal sob a roupagem de "pretensão punitiva". Como explicamos anteriormente no estudo do "objeto do processo penal", o direito penal é despido de poder coercitivo direto, necessitando sempre do processo penal para se realizar e efetivar (Princípio da Necessidade = *nulla poena sine iudicio*). *No processo penal, o acusador exerce um poder próprio de acusar (*ius ut procedatur = *pretensão acusatória), e o juiz exerce ao final (preenchidos os requisitos para tanto) outro poder, qual seja, o poder de punir (ou de penar).*

O poder de punir é do juiz e não do acusador. Ao Ministério Público não compete o poder de punir, mas a pena de promover a punição (Carnelutti). O acusador no processo penal não está na posição de "credor" do direito civil, a exigir a adjudicação de um direito próprio. Não é disso que se trata e, portanto, erro primevo da concepção de "pretensão punitiva" tradicionalmente utilizada.

---

43. Na obra com Vicente Herce Quemada, *Derecho procesal penal*, p. 89.

O acusador exerce um direito próprio de acusar, que não se confunde com o poder condicionado de punir, do juiz. Uma vez exercido o poder de acusar e demonstrada a existência de um caso penal no devido processo penal (especialmente na dimensão de decisão construída pelo procedimento em contraditório [Fazzalari]), criam-se as condições de possibilidade para o exercício do poder (condicionado, portanto) de punir, que é do juiz.

A *acusação* – vista como instrumento portador do direito potestativo de proceder contra alguém – gera uma obrigação do órgão jurisdicional de manifestar-se (até por consequência do princípio da necessidade). Sem dúvida, há uma *situação de sujeição do acusado* à situação jurídico-processual estabelecida, na concepção dinâmica de Goldschmidt. Por meio da acusação invoca-se a atuação da jurisdição, dando início ao processo (situação jurídica), que culminará com a decisão.

O simples exercício da acusação – *ius ut procedatur* – coloca o sujeito passivo numa nova posição jurídica, a de submetido a um processo penal. Com isso, estará sujeito à incidência das normas e institutos processuais penais, como prisão preventiva, liberdade provisória com fiança, dever de comparecimento aos atos do processo etc. Adotamos, assim, a posição de Giovanni Leone[44], em relação ao binômio direito subjetivo/potestativo. Para o autor, a posição mista decorre da necessidade de adotar um novo caminho que represente a confluência das concepções distintas – mas não opostas – de ação como direito subjetivo e ação como direito potestativo.

Em definitivo, o nascimento do processo penal estabelece uma nova *situazione giuridica subjettiva* que acarreta e reflete um maior grau de diminuição do *status libertatis* do sujeito passivo. *A acusação é ao mesmo tempo um direito subjetivo – em relação ao Estado-Jurisdição – e um direito potestativo em relação ao imputado*[45].

No *primeiro caso*, corresponde à obrigação da prestação da tutela jurisdicional e de emitir uma decisão; no *segundo*, há uma sujeição do imputado às consequências processuais produzidas pela ação.

44. Na obra *Tratado de derecho procesal penal*, p. 130 e ss.

45. Advirta-se que parte da doutrina concebe como direito público subjetivo e não potestativo.

Aqui, destaque-se, para evitar críticas fundadas na incompreensão dessa construção, que não existe sujeição do imputado em relação ao acusador (sob pena de voltarmos à equivocada concepção de exigência punitiva), mas sim em relação à situação jurídica processual nascida da admissão da acusação. *Não se sujeita o réu ao acusador, mas ao processo e ao conjunto de atos nele desenvolvido.*

Concebida a acusação como poder de proceder (*ius ut procedatur*), portadora do caso penal (*fumus commissi delicti*), pela qual se invoca a atuação do poder jurisdicional, não necessitamos mais utilizar o conceito de "pretensão acusatória". Uma vez abandonados – por inadequados – os conceitos tradicionais de ação, o também tradicional conceito de pretensão perde sentido, principalmente o errado conceito de pretensão punitiva.

Sustentamos a concepção de pretensão acusatória, usando como referencial teórico as construções de Guasp, Gómez Orbaneja e Goldschmidt, demonstrando inicialmente o erro de pensar-se a existência de "pretensão acusatória" na medida em que o acusador não é titular de nenhuma exigência punitiva, tampouco existe a possibilidade de realização dela fora do processo penal (princípio da necessidade) e, principalmente, por representar uma transmissão mecânica de categorias do processo civil. O acusador, seja público ou privado, não é detentor de uma pretensão "punitiva", na medida em que não são detentores de uma exigência punitiva e tampouco do poder de punir. O poder de punir é de atribuição do juiz. Ao acusador compete apenas um poder de acusar, logo, pretensão acusatória.

Contudo, *pensamos que se pode prescindir do conceito de "pretensão acusatória" no momento em que se romper com a visão tradicional.* É preciso assumir, ainda que seja um conceito muito mais acertado que o de "pretensão punitiva", que tal construção é – na sua essência – fruto das construções civilistas. Não deixa de ser uma "roupa da irmã mais velha", na fábula carneluttiana. Rompendo-se com a visão tradicional de ação, esvazia-se a concepção de pretensão.

Assim, trabalhamos com a acusação como "poder de proceder contra alguém em juízo", *ius ut procedatur*, o instrumento capaz de provocar a manifestação jurisdicional, que deve ser portador do "caso penal". Feita essa ressalva, uma vez admitida a acusação e iniciado o processo, o "objeto" passa a ser a imputação, o caso penal trazido, obrigando a uma reformulação de nossa concepção.

Essa acusação, portanto, será o instrumento portador do *ius ut procedatur*, isto é, do poder de acusar e no processo penal brasileiro se concretizará na denúncia ou queixa, conforme o delito seja de acusação pública ou privada (quanto à iniciativa).

Liberto das categorias e polêmicas seculares, podemos considerar que a acusação será pública quando levada a cabo pelo órgão oficial do Estado, Ministério Público. Poderá ser ainda uma acusação pública condicionada, quando a lei impuser a necessidade de uma prévia autorização da vítima para que o Estado possa proceder contra alguém (representação).

Já a acusação será privada nos delitos em que a lei outorga ao particular o poder de acusar, concretizando essa acusação na queixa-crime. Superadas as concepções públicas e privadas do passado, pode-se trabalhar a partir da legitimidade ativa para definição. Considerando que tanto a iniciativa pública como a privada estão previstas na Constituição, podemos perfeitamente conceituar como um poder constitucional, de iniciativa pública ou privada, de acusar alguém frente ao órgão jurisdicional. É, portanto, neste momento, um poder de agir incondicionado.

Deve ser completamente abandonado o civilismo de pensar ser o querelante um "substituto processual", figura do processo civil, trazida à força por alguma doutrina para o processo penal. Não existe substituição processual no processo penal, na medida em que o particular exerce um poder próprio (de acusar) em nome próprio. A figura do "substituto" foi uma necessidade decorrente da errônea concepção de "pretensão punitiva", de modo que um erro levou a outro para justificar a premissa inicial (errada). O particular não exerce o poder de punir e, por isso, não exerce em nome próprio um direito alheio... Ele é titular do poder de acusar, da mesma forma que o Ministério Público, havendo uma única diferença, que é a legitimidade para exercê-lo, fruto de opção de política processual. Nada além disso.

2.5.2. Requisitos de admissibilidade da acusação

Uma vez recebida a acusação, caberá ao juiz a análise dos *requisitos de admissibilidade da acusação. Não há sentido em seguir utilizando a categoria das "condições da ação"*, com o peso histórico que tem, na medida em que hoje elas constituem, na verdade, requisitos de admissibilidade da acusação (denúncia ou queixa).

As condições da ação sempre foram definidas como condições para o exercício do direito de ação, seu regular exercício. Mas atualmente, mesmo a ação é vista como um poder político-constitucional de invocação, absolutamente "incondicionado" na sua essência, surgindo a necessidade de se pensar em ação como direito "de dois tempos", como anteriormente explicado, para salvar o conceito.

Considerando que o poder de invocação da tutela jurisdicional é essencialmente "incondicionado" e que eventual controle se dará no segundo estágio, quando o juiz decide se admite ou não a acusação (ou a ação no cível). Por isso, tampouco é de todo correto seguir operando com a categoria "condições" de algo que constitui um poder incondicionado...

Por isso, pensamos que na reestruturação teórica do instituto, mais um inconveniente a ser solucionado é esse: abandono da categoria "condições" para situar na dimensão de "requisitos de admissibilidade", pois é disso que se trata. Uma vez exercida a acusação pública ou privada, verificará o juiz se a admite ou não, analisando os requisitos já conhecidos de fumaça da prática de um crime, punibilidade concreta, justa causa e legitimidade ativa/passiva. Preenchidos, poderá o juiz receber a acusação.

Portanto, esses são os "requisitos de admissibilidade da acusação":

a) *Legitimidade ativa e passiva*: em que se verificará, à luz da tipicidade aparente, quem é o acusador atribuído por lei, se público ou privado. Quanto ao polo passivo, trata-se de análise sumária da figura do acusado, não admitindo a acusação que se dirija contra alguém que manifestamente não é o autor/partícipe do fato aparentemente criminoso, ou seja inimputável.

b) *Prática de fato aparentemente criminoso*: é o conhecido *fumus commissi delicti*, cabendo ao acusador demonstrar a tipicidade aparente (verossimilhança acusatória), mas também a aparência de ilicitude. Havendo elementos probatórios de que o imputado agiu, manifestamente, ao abrigo de uma causa de exclusão da ilicitude, deve a acusação ser rejeitada (não admitida).

c) *Punibilidade concreta*: superada a visão civilista de que isso seria uma discussão acerca do "interesse", a exigência de demonstração da punibilidade concreta também pode ser pensada como um elemento negativo, ou seja, não pode ter ocorrido uma causa de extinção da punibilidade (prescrição, decadência etc.), prevista no art. 107 do CP ou em leis especiais.

d) *Justa causa*: pensada como um limite contra o uso abusivo do poder de acusar, é a exigência de que se demonstre jurídica e faticamente uma "causa penal" que justifique a acusação. Pensamos, como explicado anteriormente, que a justa causa diz respeito à *existência de indícios razoáveis de autoria e materialidade* de um lado e, de outro, com o *controle processual do caráter fragmentário da intervenção penal.*

Para evitar repetições, remetemos o leitor para a explicação feita, quando tratamos das "condições da ação".

Esses são verdadeiros requisitos para que uma acusação – pública ou privada – seja admitida, dando início ao processo. Não preenchidos, deverá o juiz "rejeitar a acusação".

2.5.3. Reflexos nos conceitos de jurisdição e processo

Definida a acusação como o substitutivo conceitual adequado para aquilo que tradicionalmente se denominou "ação processual penal", vejamos agora as demais categorias de *jurisdição* e *processo*.

A *jurisdição* tradicionalmente vista como "poder-dever dizer o direito" precisa ser repensada à luz das especificidades do processo penal. Sem dúvida é um poder, o poder de punir, mas é um poder condicionado e, principalmente, é uma *atividade protetiva de direitos fundamentais.*

Portanto, algumas distorções precisam ser corrigidas, como, por exemplo:

a) *Regras da competência*: considerando que a jurisdição no processo penal tem uma função diferente daquela realizada no processo civil, o direito fundamental ao juiz natural, com uma competência previamente estabelecida por lei, adquire uma relevância muito maior. Ainda que a competência seja vista como limite ao poder, é também uma garantia fundamental que não pode ser manipulada. No processo penal, podemos seguir trabalhando com a competência em razão da matéria, pessoa e lugar, desde que não se importe inadequadamente a ideia de que a competência em razão do lugar é relativa. Isso é um civilismo inadequado. O CPP nunca disse – e nem poderia, à luz da Constituição – que a competência em razão do lugar era relativa e que somente poderia ser arguida pela parte interessada (passiva) no primeiro momento que falasse no processo sob pena de preclusão. Isso não está recepcionado pelo processo penal e constitui mais um erro de não perceber a dimensão da jurisdição no processo penal.

b) *Regras da competência II*: compreendido o tópico anterior, não há como admitir que a competência possa ser modificada a partir de uma "resolução" ou qualquer outro ato legislativo inferior a "lei". É o caso típico das varas especializadas instituídas no âmbito da justiça federal, a partir de "resoluções" dos respectivos TRFs, violando a garantia da reserva de lei e também do juiz natural.

c) *Imparcialidade*: quando se supera a visão de jurisdição como mero poder-dever, para encará-la como garantia do indivíduo submetido ao processo, a imparcialidade adquire novos contornos e maior relevância. Deve-se maximizar a preocupação em evitar os pré-juízos, que geram um imenso prejuízo. Somente a adoção de um sistema efetivamente acusatório, que não apenas respeite o *ne procedat iudex ex officio* (durante todo o procedimento, não apenas no início!), mas, principalmente, que mantenha o juiz afastado da iniciativa/gestão da prova, é capaz de criar as condições de possibilidade para a imparcialidade. A exigência da imparcialidade deve ser pensada para além da questão subjetiva (dos prejulgamentos) mas também objetiva e estética. Objetivamente se deve mirar para a estrutura processual, não permitindo que o juiz "desça" para a arena das partes, praticando atos que não lhe competem. Na dimensão da "estética" de imparcialidade, como já denominou o Tribunal Europeu de Direitos Humanos (TEDH), é importante que o jurisdicionado tenha essa percepção da separação de funções e papéis, com um acusador e um julgador com lugares e falas bem demarcadas. É essa estética que dá a necessária confiança ao jurisdicionado de que haverá um julgamento justo.

d) *Imparcialidade II:* para além dos prejulgamentos anteriormente tratados, precisamos entender a necessidade de conceber a prevenção como causa de exclusão da competência. Como já decidiu inúmeras vezes o TEDH, juiz prevento é juiz contaminado, que não pode julgar. Grave erro do sistema brasileiro foi considerar a prevenção como causa de fixação da competência, quando deveria ser o oposto. Já tratamos dessa questão diversas vezes, sendo desnecessário repetir. Mas é crucial que exista um juiz na fase pré-processual, encarregado de decidir sobre as medidas que exijam autorização judicial e também de receber a denúncia, e outro juiz na fase processual (sistema *doble juez*). Nessa linha, é absolutamente fundamental que o "juiz das garantias", previsto no art. 3º-B e ss. do CPP, inserido pela Lei n. 13.964/2019, tenha plena vigência (neste momento em que atualizamos esta obra, tais dispositivos legais estão suspensos por conta da **liminar concedida pelo Min. Fux, já explicada no início do livro**).

e) *Pode o juiz condenar quando o MP pede absolvição?* Evidente que não. O poder de punir titularizado pelo juiz é um poder condicionado ao prévio e integral exercício do poder de acusar. Logo, se o acusador desistir de acusar, pedindo a absolvição do imputado, não se criam as condições de possibilidade e suficiência para o juiz condenar. É a acusação não apenas o *starter* do processo, mas também o motor que o movimenta, não podendo o juiz, de ofício, condenar. Ademais, também viola a estrutura acusatória, a imparcialidade ao princípio da correlação, exatamente porque o espaço decisório vem demarcado pela acusação. Condenar sem pedido – ou seja, sem acusação – é absolutamente inaceitável.

f) *Princípio da correlação*: importante compreender que o espaço decisório vem demarcado pela acusação, que inclui não apenas um fato aparentemente criminoso, mas também sua tipificação legal. Está completamente superada a reducionista visão do *narra mihi factum dabo tibi ius*, pois a acusação deve conter a descrição fática e a imputação jurídica (fato processual = fato natural + fato penal), havendo a defesa nessa dupla dimensão (fato e direito). Portanto, deve-se levar muito mais a sério a *mutatio libelli* e, principalmente, extinguir (ou reduzir a situações extremas de evidente erro) a *emendatio libelli*. O que se tem visto no Brasil é o uso indiscriminado (e errado) do art. 383 em situações que o correto era seguir o procedimento do art. 384 com aditamento e contraditório (como *v.g.* na desclassificação de crime doloso para culposo, consumado para tentado etc.)[46]. Deve-se atentar para os requisitos da acusação e sua função definidora dos limites decisórios, respeitando assim o princípio da correlação, que também se vincula à estrutura acusatória e à garantia da imparcialidade.

g) *Revisão da teoria da nulidades*: considerando que o papel do juiz é o de garantidor do sistema de garantias constitucionais, é preciso partir da premissa de que “forma é garantia e limite de poder” e incumbe ao juiz zelar pela observância da forma enquanto regras do devido processo. Como já explicado em outra oportunidade[47], precisamos revisar a inadequada importação das categorias do processo civil, especialmente o famigerado “prejuízo”, nunca demonstrável, pois depende do decisionismo ilegítimo do julgador (eis que se trata de uma categoria aberta, que vai encontrar referencial semântico naquilo que quiser o julgador). A jurisdição, enquanto garantia fundamental, deve zelar pela contenção da ilegalidade.

---

46. Sobre esse e demais temas, consulte-se nossa obra *Direito processual penal*.

47. Conforme nosso *Direito processual penal*.

Enfim, diversas são as consequências na reestruturação de uma teoria geral do processo penal que vão exigir, da jurisdição, a assunção de um lugar diferenciado do atual.

Quanto ao *processo*, e sua natureza jurídica, o caminho vem dado por *Goldschmidt* e complementado por *Fazzalari*, ambos anteriormente estudados, de modo que o processo penal iniciado pela acusação frente ao juiz penal deverá se desenvolver dentro da complexa dinâmica de riscos, chances, carga do acusador, liberação de cargas etc., na realidade, bem exposta pela teoria do processo como situação jurídica.

Mas é imprescindível o fortalecimento ao contraditório, bem desenhado por Fazzalari, para que se pense *na jurisdição como garantidora do contraditório*, em que o juiz não é o "contraditor", mas o responsável pela eficácia do contraditório. O processo deve ser visto como um procedimento em contraditório, com todos os atos mirando o provimento final que, em última análise, é construído em contraditório.

A perspectiva de Goldschmidt, ao desvelar a dinâmica e o risco, coloca de relevo a falácia de segurança do modelo de Bülow, sublinhando como decorrência a importância da máxima eficácia das regras do jogo (devido processo) como instrumentos redutores de danos (de uma sentença injusta). *É desvelar o risco para fortalecer o sistema de garantias, sem – por elementar – pactuar com o decisionismo.*

Compreender que no processo penal não há "distribuição de cargas probatórias", senão exclusivamente a "atribuição" da carga ao acusador é fundamental para eficácia da presunção de inocência (regra de tratamento e de julgamento) e correto tratamento da questão probatória e do ato decisório.

A perspectiva de Fazzalari não constitui um "novo", senão uma continuidade do pensamento goldschmidtiano, fortalecendo a dinâmica e a importância do contraditório. Ademais, o autor italiano leciona com muita propriedade que os atos do procedimento estão geneticamente ligados, de modo que a validade do posterior depende e pressupõe a validade do anterior. Isso é muito relevante quando se trata de provas ilícitas ou mesmo das nulidades processuais, pois há uma perigosa tendência atualmente de ver o procedimento como uma aglutinação de atos "estanques", independentes, de forma completamente equivocada e utilitarista.

Enfim, nesta breve introdução sobre os Fundamentos do Processo Penal, pretendemos demonstrar que a construção de uma Teoria (Geral) do Processo Penal inicia pelo abandono de categorias inadequadas (do processo civil) e a correta redefinição de outras cruciais, tais como as de acusação-jurisdição-processo, livrando-se do peso da tradição e das amarras do passado para, liberto, efetivamente se construir um processo penal constitucional e democrático. É a proposta para reflexão.

Capítulo 3
Jurisdição penal. A posição do juiz como fundante do sistema processual

Quando se pensa a jurisdição penal, normalmente conceituada como o "poder-dever de dizer o direito no caso concreto" (*juris dictio*), é preciso atentar para o fato de que a jurisdição ocupa uma posição e função distinta daquela concebida pelo processo civil. Aqui, jurisdição é garantia e, sem negar o tradicional poder-dever, a ele é preciso acrescentar uma função ainda mais relevante: garantidor. O juiz é o garantidor da eficácia do sistema de garantias da Constituição.

Não sem razão, o primeiro princípio/garantia que estudamos no processo penal é exatamente a "garantia da jurisdicionalidade", ou seja, de ser julgado por um juiz imparcial, devidamente investido, com competência previamente estabelecida por lei (juiz natural) que terá a missão de zelar pela máxima eficácia do sistema de garantias da Constituição.

Diante da acusação, vista como exercício de poder, incumbe ao juiz o papel de guardião da eficácia do sistema de garantias, logo, *como limitador e controlador desse poder exercido pelo Ministério Público ou o particular*. A jurisdição aqui, neste primeiro momento, tem de realizar *a filtragem para evitar acusações infundadas ou excessivas*. É um papel de limitador e controlador da legalidade da acusação que está sendo exercida. Nesta dimensão, potencializa-se a importância da "filtragem jurisdicional", por meio da exigência de preenchimento dos requisitos de admissibilidade da acusação anteriormente tratados.

Tampouco se pode falar em "atividade substitutiva", como costumeiramente é adjetivada a jurisdição, na medida em que não existe – no processo penal – uma efetiva substituição. O juiz não substitui as partes na atividade tendente à resolução do litígio. E não existe isso, não só porque não existe lide, mas principalmente porque a pena é pública. Quando se fala que a jurisdição substitui a "vingança privada", olvida-se de que o processo penal nasce com a pena pública e que as demais formas de agir privado que a antecederam não eram "penas", mas formas de vingança privada. Por isso, o juiz não substitui ninguém. O processo surge com a pena exatamente por ser ele o caminho necessário para chegar a ela – *nulla poena sine iudicio*.

Pretendemos, neste breve ensaio, demonstrar ainda que a **posição do juiz no processo penal é fundante do sistema processual**. Significa compreender que o processo penal – enquanto um sistema de reparto de justiça por um terceiro imparcial (já que a Imparcialidade é o Princípio Supremo do Processo [Werner Goldschmidt]) – está estruturado a partir da posição ocupada pelo juiz. Nesta estrutura dialética (*actum trium personarum*, Búlgaro), a posição do juiz é crucial para o (des)equilíbrio de todo o sistema de administração da justiça (e do processo, por elementar). Se a imparcialidade é o Princípio Supremo, deve ser compreendido que somente um processo penal acusatório, que mantenha o juiz afastado da iniciativa e gestão da prova, cria as condições de possibilidade para termos um juiz imparcial. Impossível a imparcialidade do juiz em uma estrutura inquisitória.

Neste contexto, propomos pensar a Jurisdição a partir da posição do juiz no sistema processual, tendo como pano de fundo para essa compreensão o estudo dos Sistemas Processuais Penais Inquisitório, Acusatório e o desvelamento da insuficiência conceitual do chamado "sistema misto".

Iniciemos por uma constatação básica: na história do direito se alternaram as mais duras opressões com as mais amplas liberdades. É natural que, nas épocas em que o Estado se viu seriamente ameaçado pela criminalidade, o direito penal tenha estabelecido penas severas e o processo tivesse de ser também inflexível[1]. Para tanto, a

1. BELING, Ernst. *Derecho procesal penal*, p. 21.

posição e o papel do juiz no processo penal constituem o busílis da questão. Os sistemas processuais inquisitório e acusatório são reflexos da resposta do processo penal frente às exigências do direito penal e do Estado da época. Atualmente, o *law and order* é mais uma ilusão de reduzir a ameaça da criminalidade endurecendo o direito penal e o processo.

Na lição de J. Goldschmidt[2],

> *los principios de la política procesal de una nación no son otra cosa que segmentos de su política estatal en general. Se puede decir que la estructura del proceso penal de una nación no es sino el termómetro de los elementos corporativos o autoritarios de su Constitución. Partiendo de esta experiencia, la ciencia procesal ha desarrollado un número de principios opuestos constitutivos del proceso. [...] El predominio de uno u otro de estos principios opuestos en el derecho vigente, no es tampoco más que un tránsito del derecho pasado al derecho del futuro.*

Nessa linha, Maier[3] explica que no direito penal "a influência da ideologia vigente ou imposta pelo efetivo exercício do poder se percebe mais *à flor da pele* que nos demais ramos jurídicos". E esse fenômeno é ainda mais notório no processo penal, na medida em que é ele, e não o direito penal, que toca no homem real, de carne e osso. Como afirmamos anteriormente, o direito penal não tem realidade concreta fora do processo penal, sendo as regras do processo que realizam diretamente o poder penal do Estado. Por isso, conclui Maier, é no direito processual penal que as manipulações do poder político são mais frequentes e destacadas, até pela natureza da tensão existente (poder de penar *versus* direito de liberdade).

No processo, o endurecimento manifesta-se no utilitarismo judicial, em atos dominados pelo segredo, forma escrita, aumento das penas processuais (prisões cautelares, crimes inafiançáveis etc.), algumas absurdas inversões da carga probatória e, principalmente, mais poderes para os juízes "investigarem".

---

2. *Problemas jurídicos y políticos del proceso penal*, p. 67.
3. MAIER, Julio B. J. *Derecho procesal penal – fundamentos*, p. 260.

Pode-se constatar que predomina o sistema acusatório nos países que respeitam mais a liberdade individual e que possuem uma sólida base democrática. Em sentido oposto, o sistema inquisitório predomina historicamente em países de maior repressão, caracterizados pelo autoritarismo ou totalitarismo, em que se fortalece a hegemonia estatal em detrimento dos direitos individuais.

Sem nenhuma pretensão de esgotamento temático[4], precisamos considerar que o processo romano teve várias fases e perdurou por séculos (mais de 1.300 anos), tendo diferentes morfologias, tanto de aproximação como de afastamento do núcleo acusatório. Ademais, os sistemas não desaparecem de um dia para o outro, pois um paradigma não sofre um corte cirúrgico, uma ruptura total do dia para noite, senão que existem longos períodos de transição – interstícios paradigmáticos. Mesmo no processo romano, encontramos momentos em que a estrutura inquisitória dominou amplamente.

Na síntese de Zanoide de Moraes[5], se analisarmos do período régio em direção ao período do Baixo Império, podemos pensar o processo romano em três fases: a) inicialmente com o procedimento claramente inquisitivo da *cognitio,* baseado na *inquisitio* e na noção de *imperium,* sendo sucedido pela *anquisitio;* b) no período republicano surge a segunda espécie de procedimento penal, chamado de *iudicium publicum,* com traços acusatórios e baseado na participação popular, substituindo a estrutura inquisitória vigente até então; c) como terceira espécie de procedimento penal romano, no final da República e início

---

4. Nosso objeto de estudo está circunscrito à estrutura dos sistemas, buscando definir suas notas processuais características. Por esse motivo, o aspecto histórico (ainda que extremamente relevante) será tratado com bastante superficialidade. Recomendamos, para aprofundar o estudo, a leitura (entre outras) das seguintes obras: Julio Maier, *Derecho procesal penal: fundamentos* (especialmente o Capítulo II, § 5º); Vicenzo Manzini, *Derecho procesal penal,* t. I; Alfredo Vélez Mariconde, *Derecho procesal penal,* t. I; Ernst Beling, *Derecho procesal penal*; Franco Cordero, *Procedimiento penal* (ou a obra *Guida alla procedura penale*); José Henrique Pierangeli, *Processo penal*: evolução histórica e fontes legislativas; e Geraldo Prado, *Sistema acusatório*: a conformidade constitucional das leis processuais penais.

5. ZANOIDE DE MORAES, Mauricio. *Presunção de inocência no processo penal brasileiro,* p.4 e ss.

do Império, surge a *cognitio extra ordinem,* decorrência do novo regime político autoritário e centralizador dos Imperadores, que resgata a matriz inquisitória da *inquisitio* e de *imperium.*

Isso bem demonstra como a concepção de sistema processual penal é diretamente influenciada pela estrutura e concepção de poder estatal.

Dando um proposital salto histórico, um novo marco importante é o século XII, quando efetivamente se toma o rumo do processo inquisitório, marca que prevalece – com maior ou menor intensidade, conforme o país – até o final do século XVIII (em alguns países, até parte do século XIX), momento em que os movimentos sociais e políticos levaram a uma nova mudança de rumos. A doutrina nacional, majoritariamente, aponta que o sistema brasileiro contemporâneo é misto (predomina o inquisitório na fase pré-processual e o acusatório, na processual).

Ora, afirmar que o "sistema é misto" é absolutamente insuficiente, é um reducionismo ilusório, até porque não existem mais sistemas puros (são tipos históricos), todos são mistos. A questão é, a partir do reconhecimento de que não existem mais sistemas puros, identificar o princípio informador de cada sistema, para então classificá-lo como inquisitório ou acusatório, pois essa classificação feita a partir do seu núcleo é de extrema relevância.

Antes de analisar a situação do processo penal brasileiro contemporâneo, vejamos – sumariamente – algumas das características dos sistemas acusatório e inquisitório.

3.1. Sistema acusatório

A origem do sistema acusatório remonta ao direito grego, o qual se desenvolve referendado pela participação direta do povo no exercício da acusação e como julgador. Vigorava o sistema de ação popular para os delitos graves (qualquer pessoa podia acusar) e acusação privada para os delitos menos graves, em harmonia com os princípios do direito civil.

No direito romano da Alta República[6] surgem as duas formas do processo penal: *cognitio* e *accusatio*. A *cognitio* era encomendada aos

6. SENDRA, Vicente Gimeno. *Fundamentos del derecho procesal*, p. 190.

órgãos do Estado – magistrados. Outorgava os maiores poderes ao magistrado, podendo este esclarecer os fatos na forma que entendesse melhor. Era possível um recurso de anulação (*provocatio*) ao povo, sempre que o condenado fosse cidadão e varão. Nesse caso, o magistrado deveria apresentar ao povo os elementos necessários para a nova decisão. Nos últimos séculos da República, esse procedimento começou a ser considerado insuficiente, escasso de garantias, especialmente para as mulheres e para os que não eram cidadãos (pois não podiam utilizar o recurso de anulação) e acabou sendo uma poderosa arma política nas mãos dos magistrados.

Na *accusatio*, a acusação (polo ativo) era assumida, de quando em quando, espontaneamente por um cidadão do povo. Surgiu no último século da República e marcou uma profunda inovação no direito processual romano. Tratando-se de *delicta publica*, a persecução e o exercício da ação penal eram encomendados a um órgão distinto do juiz, não pertencente ao Estado, senão a um representante voluntário da coletividade (*accusator*). Esse método também proporcionava aos cidadãos com ambições políticas uma oportunidade de aperfeiçoar a arte de declamar em público, podendo exibir para os eleitores sua aptidão para os cargos públicos.

Como notas características, destacamos:

a) a atuação dos juízes era passiva, no sentido de que eles se mantinham afastados da iniciativa e gestão da prova, atividades a cargo das partes;

b) as atividades de acusar e julgar estão encarregadas a pessoas distintas;

c) a adoção do princípio *ne procedat iudex ex officio*, não se admitindo a denúncia anônima nem processo sem acusador legítimo e idôneo;

d) estava apenado o delito de denunciação caluniosa, como forma de punir acusações falsas e não se podia proceder contra réu ausente (até porque as penas são corporais);

e) a acusação era por escrito e indicava as provas;

f) havia contraditório e direito de defesa;

g) o procedimento era oral;

h) os julgamentos eram públicos, com os magistrados votando ao final sem deliberar[7].

Mas, na época do Império, o sistema acusatório foi se mostrando insuficiente para as novas necessidades de repressão dos delitos, ademais de possibilitar com frequência os inconvenientes de uma perseguição inspirada por ânimos e intenções de vingança. Por meio dos oficiais públicos que exerciam a função de investigação (os denominados *curiosi*, *nunciatores*, *stationarii* etc.), eram transmitidos aos juízes os resultados obtidos.

A insatisfação com o sistema acusatório vigente foi causa de que os juízes invadissem cada vez mais as atribuições dos acusadores privados, originando a reunião, em um mesmo órgão do Estado, das funções de acusar e julgar.

A partir daí, os juízes começaram a proceder de ofício, sem acusação formal, realizando eles mesmos a investigação e posteriormente dando a sentença. Isso caracterizava o *procedimento extraordinário*, que, ademais, introduziu a tortura no processo penal romano. O novo regime político autoritário e centralizador dos Imperadores conduz a uma repristinação da concepção inquisitória, mais acorde com o projeto de poder.

E se no início predominava a publicidade dos atos processuais, isso foi sendo gradativamente substituído pelos processos à porta fechada. As sentenças, que na época Republicana eram lidas oralmente desde o alto do tribunal, no Império assumem a forma escrita e passam a ser lidas na audiência. Nesse momento, resgatam-se as características de um sistema: o inquisitório.

Mas é, sem dúvida, séculos depois, que a inquisição da Igreja Católica (especialmente espanhola) constrói um processo com o núcleo inquisitório mais característico. O processo penal canônico (antes marcado pelo acusatório) contribuiu definitivamente para

7. ALONSO, Pedro Aragoneses. *Instituciones de derecho procesal penal,* p. 39 e ss.

delinear o modelo inquisitório, mostrando na Inquisição Espanhola sua face mais dura e cruel, a partir do final do século XII.

Finalmente, no século XVIII, a Revolução Francesa e suas novas ideologias e postulados de valorização do homem levam a um gradual abandono dos traços mais cruéis do sistema inquisitório.

Na *atualidade*, a forma acusatória caracteriza-se pela:

a) clara distinção entre as atividades de acusar e julgar;

b) a iniciativa probatória deve ser das partes (decorrência lógica da distinção entre as atividades);

c) mantém-se o juiz como um terceiro imparcial, alheio a labor de investigação e passivo no que se refere à coleta da prova, tanto de imputação como de descargo;

d) tratamento igualitário das partes (igualdade de oportunidades no processo);

e) procedimento é em regra oral (ou predominantemente);

f) plena publicidade de todo o procedimento (ou de sua maior parte);

g) contraditório e possibilidade de resistência (defesa);

h) ausência de uma tarifa probatória, sustentando-se a sentença pelo livre convencimento motivado do órgão jurisdicional;

i) instituição, atendendo a critérios de segurança jurídica (e social) da coisa julgada;

j) possibilidade de impugnar as decisões e o duplo grau de jurisdição.

É importante destacar que a *principal crítica* que se fez (e se faz até hoje) ao modelo acusatório é exatamente com relação à inércia do juiz (imposição da imparcialidade), pois este deve resignar-se com as consequências de uma atividade incompleta das partes, tendo de decidir com base em um material defeituoso que lhe foi proporcionado. Esse sempre foi o fundamento histórico que conduziu à atribuição de poderes instrutórios ao juiz e revelou-se (por meio da inquisição) um gravíssimo erro.

O mais interessante é que não aprendemos com os erros, nem mesmo com os mais graves, como foi a inquisição. Basta constatar que o atual CPP atribui poderes instrutórios para o juiz, a maioria dos tribunais e doutrinadores defende essa "postura ativa" por parte do juiz (muitas vezes invocando a tal "verdade real", esquecendo a origem desse mito e não percebendo o absurdo do conceito), proliferam projetos de lei criando juízes inquisidores e "juizados de instrução" etc.

Não podemos reincidir em erros históricos dessa forma, pois, como diria Tocqueville, *uma vez que o passado já não ilumina o futuro, o espírito caminha nas trevas*.

O sistema acusatório é um imperativo do moderno processo penal, frente à atual estrutura social e política do Estado. Assegura a imparcialidade e a tranquilidade psicológica do juiz que sentenciará, garantindo o trato digno e respeitoso com o acusado, que deixa de ser um mero *objeto* para assumir sua posição de autêntica parte passiva do processo penal.

Também conduz a uma maior tranquilidade social, pois se evitam eventuais abusos da prepotência estatal que se pode manifestar na figura do juiz "apaixonado" pelo resultado de seu labor investigador e que, ao sentenciar, olvida-se dos princípios básicos de justiça, pois tratou o suspeito como condenado desde o início da investigação.

Em decorrência dos postulados do sistema, em proporção inversa à inatividade do juiz no processo está a atividade das partes. Frente à imposta inércia do julgador, produz-se um significativo aumento da responsabilidade das partes, já que têm o dever de investigar e proporcionar as provas necessárias para demonstrar os fatos. Isso exige uma maior responsabilidade e grau técnico dos profissionais do Direito que atuam no processo penal.

Também impõem ao Estado a obrigação de criar e manter uma estrutura capaz de proporcionar o mesmo grau de representação processual às pessoas que não têm condições de suportar os elevados honorários de um bom profissional. Somente assim se poderá falar de processo acusatório com um nível de eficácia que possibilite a obtenção da justiça.

Diante do inconveniente de ter de suportar uma atividade incompleta das partes (preço a ser pago pelo sistema acusatório), o que se deve fazer é fortalecer a estrutura dialética e não destruí-la, com a atribuição de poderes instrutórios ao juiz. O Estado já possui um serviço público de acusação (Ministério Público), devendo agora ocupar-

-se de criar e manter um serviço público de defesa, tão bem estruturado como o é o Ministério Público. É um dever correlato do Estado para assegurar um mínimo de paridade de armas e dialeticidade.

Trata-se de (re)pensar a questão, a partir de Dussel[8], da necessidade de criar um terreno fértil para que o réu tenha "condições de fala" e possa realmente ter "fala". Ou seja, adotar uma ética libertatória no processo penal e não voltar à era da escuridão, com um juiz-inquisidor.

Em última análise, é a separação de funções (e, por decorrência, a gestão da prova na mão das partes e não do juiz) que cria as condições de possibilidade para que a imparcialidade se efetive. Somente no processo acusatório-democrático, em que o juiz se mantém afastado da esfera de atividade das partes, é que podemos ter a figura do juiz imparcial, fundante da própria estrutura processual.

Não podemos esquecer, ainda, a importância do contraditório para o processo penal e que somente uma estrutura acusatória o proporciona. Como sintetiza Cunha Martins[9], no processo inquisitório há um "desamor" pelo contraditório, somente possível no sistema acusatório.

3.2. Sistema inquisitório

O sistema inquisitório, na sua pureza, é um modelo histórico[10]. Ainda que tenhamos processos de matriz inquisitória no período da as-

---

8. DUSSEL, Enrique, especialmente na obra *Filosofia da libertação. Crítica à ideologia da exclusão*.

9. MARTINS, Rui Cunha. *O ponto cego do direito. The Brazilian lessons*.

10. É importante destacar que o sistema inquisitório permanece em sua mais radical constituição no direito canônico, com todo vigor em pleno século XXI. Como questiona o teólogo Hans Küng ("Preguntas sobre la Inquisición", publicado no jornal espanhol *El País* em 16-2-1998), de que serve abrir-se os arquivos da Inquisição dos séculos XVI ao XIX se mantêm-se fechados e inacessíveis os arquivos da Inquisição do século XX, que já não culmina com a queima física senão psíquica e moral? Para continuar exercendo-a diariamente em escala global no século XXI? O próprio autor relata que leva mais de 40 anos tentando conseguir o que em uma sociedade democrática se concede sem o menor esforço a qualquer acusado: direito à vista dos autos. No mesmo sentido, outro exemplo vivo dessa "queima psíquica e moral" nos dá Leonardo Boff, que relata no Prefácio que faz à tradução brasileira

censão dos Imperadores romanos, no final da República e início do Império, com a *cognitio extra ordinem*, é sem dúvida a Inquisição surgida ao longo dos séculos XI e XII, no seio da Igreja Católica espanhola, que nos dá o principal modelo processual inquisitório para estudo.

As transformações ocorrem ao longo do século XII até o XIV, quando o sistema inquisitório vai se desenhando e instalando.

Essa substituição foi fruto, basicamente, dos defeitos da inatividade das partes, levando à conclusão de que a persecução criminal não poderia ser deixada nas mãos dos particulares, pois isso comprometia seriamente a eficácia do combate à delinquência. Era uma função que deveria assumir o Estado e que deveria ser exercida conforme os limites da legalidade. Também representou uma ruptura definitiva entre o processo civil e penal[11].

A mudança em direção ao sistema inquisitório começou com a possibilidade de, junto ao acusatório, existir um processo judicial de ofício para os casos de flagrante delito. Os poderes do magistrado foram posteriormente invadindo cada vez mais a esfera de atribuições reservadas ao acusador privado, até o extremo de se reunir no mesmo órgão do Estado as funções que hoje competem ao Ministério Público e ao juiz.

---

do *Manual dos inquisidores* (p. 24 e ss.) que "ainda perduram o processo de delação, a negação ao acesso às atas dos processos, a inexistência de um advogado e a impossibilidade de apelação. A mesma instância acusa, julga e pune. Isso é uma perversidade jurídica em qualquer Estado de Direito, pagão, ateu ou cristão. Não há a salvaguarda suficiente do direito de defesa". Punido pela moderna Inquisição com – entre outras penas – a imposição de um "silêncio obsequioso", Boff relata como se leva a cabo a "morte psicológica" do condenado: "Pressiona os acusados até o limite da suportabilidade psicológica. São desmoralizados, faz-se perder a confiança em sua pessoa e palavra; por isso proíbe-se que sejam convidados para conferências, assessorias e retiros espirituais; muitos são transferidos para outros países, são forçados a tomar anos sabáticos eufemisticamente, quer dizer, devem deixar as cátedras; pressionam-se as editoras a não publicar seus escritos e proíbem-se as livrarias religiosas de expor e de vender seus escritos". Em definitivo, quando se afirma que o modelo inquisitório pleno não existe mais, deve-se ressalvar: exceto no direito canônico em que permanece em seu estado puro.

11. Cf. MONTERO AROCA, na obra coletiva *Derecho jurisdiccional*, v. III, p. 15.

As vantagens desse novo sistema, adotado inicialmente pela Igreja, impuseram-se de tal modo que foi sendo incorporado por todos os legisladores da época, não só para os delitos em flagrante, mas para toda classe de delito[12].

O sistema inquisitório muda a fisionomia do processo de forma radical. O que era um duelo leal e franco entre acusador e acusado, com igualdade de poderes e oportunidades, se transforma em uma disputa desigual entre o juiz-inquisidor e o acusado. O primeiro abandona sua posição de árbitro imparcial e assume a atividade de inquisidor, atuando desde o início também como acusador. Confundem-se as atividades do juiz e acusador, e o acusado perde a condição de sujeito processual e se converte em mero objeto da investigação.

Frente a um fato típico, o julgador atua de ofício, sem necessidade de prévia invocação, e recolhe (também de ofício) o material que vai constituir seu convencimento. O processado é a melhor fonte de conhecimento e, como se fosse uma testemunha, é chamado a declarar a verdade sob pena de coação. O juiz é livre para intervir, recolher e selecionar o material necessário para julgar, de modo que não existem mais defeitos pela inatividade das partes e tampouco existe uma vinculação legal do juiz[13].

O juiz atua como parte, investiga, dirige, acusa e julga. Com relação ao procedimento, sói ser escrito, secreto e não contraditório.

É da essência do sistema inquisitório um "desamor" total pelo contraditório.

Originariamente, com relação à prova, imperava o sistema legal de valoração (a chamada tarifa probatória). A sentença não produzia coisa julgada, e o estado de prisão do acusado no transcurso do processo era uma regra geral[14].

---

12. FENECH, Miguel. *Derecho procesal penal*, p. 83.

13. GOLDSCHMIDT, James. *Problemas jurídicos y políticos del proceso penal*, p. 67 e ss.

14. Cf. ALONSO, Pedro Aragoneses. *Instituciones de derecho procesal penal*, cit., p. 42.

O processo inquisitório se dividia em duas fases[15]: *inquisição geral* e *inquisição especial*.

A primeira fase (geral) estava destinada à comprovação da autoria e da materialidade, e tinha um caráter de investigação preliminar e preparatória com relação à segunda (especial), que se ocupava do processamento (condenação e castigo).

No transcurso do século XIII foi instituído o *Tribunal da Inquisição* ou *Santo Ofício*, para reprimir a heresia e tudo que fosse contrário ou que pudesse criar dúvidas acerca dos Mandamentos da Igreja Católica. Inicialmente, eram recrutados os fiéis mais íntegros para que, sob juramento, se comprometessem a comunicar as desordens e manifestações contrárias aos ditames eclesiásticos que tivessem conhecimento. Posteriormente, foram estabelecidas as comissões mistas, encarregadas de investigar e seguir o procedimento.

Na definição de Jacinto Coutinho[16]: "trata-se, sem dúvida, do maior engenho jurídico que o mundo conheceu; e conhece. Sem embargo de sua fonte, a Igreja, é diabólico na sua estrutura (o que demonstra estar ela, por vezes e ironicamente, povoada por agentes do inferno!), persistindo por mais de 700 anos. Não seria assim em vão: veio com uma finalidade específica e, porque serve – e continuará servindo, se não acordarmos –, mantém-se hígido".

Para compreender a inquisição, é necessário situá-la num espaço-tempo, considerando o comportamento da Igreja. Trata-se de um sistema fundado na intolerância, derivada da "verdade absoluta" de que "a humanidade foi criada na graça de Deus". Explica Leonardo Boff[17] que a humanidade – com Adão e Eva – perdeu os dons sobrenaturais (graça) e mutilou os dons naturais (obscureceu a inteligência e enfraqueceu a vontade). À medida que a humanidade se afasta e não consegue mais ler a "vontade de Deus", surgem as escrituras

---

15. MANZINI, Vicenzo. *Tratado de derecho procesal penal*, p. 52 e ss.

16. COUTINHO, Jacinto Nelson de Miranda. "O papel do novo juiz no processo penal", p. 18.

17. BOFF, Leonardo. "Prefácio. Inquisição: um espírito que continua a existir". *Directorium Inquisitorum – Manual dos inquisidores*, p. 9 e ss.

sagradas, que contêm um alfabeto sobrenatural que permite ter acesso às verdades divinas. Contudo, nasce um novo problema: o livro pode ser lido de diferentes maneiras. Surgem então os Bispos e o Papa, máximos intérpretes e representantes da vontade de Deus. Mas isso não é suficiente, pois eles são humanos e podem errar. Era necessário resolver essa questão, e Deus então se apiedou da fragilidade humana e concedeu a seus representantes um privilégio único: a infalibilidade.

Nesse momento, reforça-se o mito da segurança, oriundo da verdade absoluta, que não é construída, senão dada pelos concílios, encíclicas e outros instrumentos nascidos sob a assistência divina. Recordemos que a intolerância vai fundar a inquisição. A verdade absoluta é sempre intolerante, sob pena de perder seu caráter "absoluto". A lógica inquisitorial está centrada na verdade absoluta e, nessa estrutura, a heresia era o maior perigo, pois atacava o núcleo fundante do sistema. Fora dele não havia salvação. Isso autoriza o "combate a qualquer custo" da heresia e do herege, legitimando até mesmo a tortura e a crueldade nela empregada. A maior crueldade não era a tortura em si, mas o afastamento *do caminho para a eternidade*[18].

Como explica Boff[19], "qualquer experiência ou dado que conflita com as verdades reveladas só pode significar um equívoco ou um erro", um obstáculo ou desvio no caminho da eternidade.

O crime não é problema nesse trilhar para a eternidade, pois para o arrependido sempre há o perdão divino. O problema está na heresia, na oposição ao dogma, pois isso sim fecha o caminho para a eternidade; esse é o maior perigo de todos. Como tal, exige o máximo rigor na repressão.

O *Manual dos inquisidores*, escrito pelo catalão Nicolau Eymerich em 1376, posteriormente revisto e ampliado por Francisco de la Peña em 1578, deve ser lido nesse contexto, pois somente assim podemos compreender sua perfeição lógica. Boff[20] explica que igual raciocínio deve ser empregado para a compreensão da tortura e repressão dos

18. BOFF, Leonardo. "Prefácio. Inquisição: um espírito que continua a existir", p. 9 e ss.

19. Ibidem, p. 10.

20. Ibidem, p. 11.

regimes militares latino-americanos, pois perfeitamente encaixados na *ideologia da segurança nacional*, assimilada na plenitude pelos torturadores e mandantes; ou, ainda, na limpeza genética levada a cabo pelo nazifascismo.

O herege, explica Boff[21], não apenas se recusa a aceitar o discurso oficial, senão que cria novos discursos a partir de novas visões; por isso, *está mais voltado para a criatividade e o futuro do que para a reprodução e o passado*. É o que Boff define como *congelamento da história*.

O "buscar a verdade" significa dinâmica, movimento. O movimento de buscar a verdade evidencia a inércia de quem presume havê-la encontrado. Como admitir que alguém busque enquanto fico inerte? Então estou em erro e, portanto, correndo o risco de afastar-me da salvação? Isso conduz aos processos de exclusão. Explica Boff que nos primeiros séculos o *divergente* era excomungado, uma questão intraeclesial. Sem embargo, quando o Cristianismo assume o *status* de religião oficial do Império, a questão vira política e a divergência afeta a coesão e a união política. Nesse contexto, a punição sai da esfera eclesial e legitima uma severa repressão, pois se insere na mesma linha das ideologias de segurança nacional (o metafísico interesse público, legitimador das maiores barbáries)[22].

O primeiro passo foi o abandono do princípio *ne procedat iudex ex officio*, inclusive para permitir a denúncia anônima, pois o nome

---

21. BOFF, Leonardo. "Prefácio. Inquisição: um espírito que continua a existir", p. 12.

22. A lógica da inquisição era irretocável, e com certeza serviu de inspiração para muitos ditadores. Aponta Boff (ob. cit., p. 20) que quem "pensasse" a fé já era suspeito de heresia e sujeito à repressão, pois pensar significa discutir e, por consequência, questionar. Pergunta, com acerto o autor: *não pensavam assim os agentes da repressão militar em regime de segurança nacional: quem discutir publicamente política é já suspeito de subversão e, logo, de sequestro, de tortura e de cárcere? Mudem os sinais, mas não a lógica de um sistema totalitário e por isso repressivo de toda e qualquer diferença.* A intolerância e o discurso do interesse público também vão conduzir ao conhecido e atual "tolerância zero", legitimando as maiores barbáries em relação aos direitos e garantias fundamentais sob a mesma lógica.

do acusador era mantido em segredo. Surgiram em determinados lugares, especialmente nas igrejas, gavetas ou caixas[23], destinadas a receber as denúncias anônimas de heresia. O que se buscava era exclusivamente punir o pecado e a heresia, em uma concepção unilateral do processo. O *actus trium personarum* já não se sustenta e, como destaca Jacinto Coutinho[24], "ao inquisidor cabe o mister de acusar e julgar, transformando-se o imputado em mero objeto de verificação, razão pela qual a noção de parte não tem nenhum sentido".

Com a Inquisição, são abolidas a acusação e a publicidade. O juiz-inquisidor atua de ofício e em segredo, assentando por escrito as declarações das testemunhas (cujos nomes são mantidos em sigilo, para que o réu não os descubra).

O *Directorium Inquisitorum* (*Manual dos inquisidores*), do catalão Nicolau Eymerich, relata o modelo inquisitório do direito canônico, que influenciou definitivamente o processo penal: o processo poderia começar mediante uma acusação informal, denúncia (de um particular) ou por meio da investigação geral ou especial levada a cabo pelo inquisidor. Era suficiente um rumor para que a investigação tivesse lugar e com ela seus particulares métodos de averiguação. A prisão era uma regra porque assim o inquisidor tinha à sua disposição o acusado para torturá-lo[25] até obter a confissão. Bastavam dois testemunhos para comprovar o rumor e originar o processo e sustentar a posterior condenação. As divergências entre duas pessoas levavam ao rumor e autorizava a investigação. Uma única testemunha já autorizava a tortura.

A estrutura do processo inquisitório foi habilmente construída a partir de um conjunto de instrumentos e conceitos (falaciosos, é claro), especialmente o de "verdade real ou absoluta". Na busca

---

23. As chamadas "bocas de leão" ou "bocas da verdade" que até hoje podem ser encontradas nas antigas igrejas espanholas.

24. COUTINHO, Jacinto Nelson de Miranda. "O papel do novo juiz no processo penal", cit., p. 23.

25. Como explica Manzini (ob. cit., p. 8), foi o procedimento extraordinário que introduziu a tortura entre os institutos processuais romanos. Por longo tempo, a tortura foi estranha ao processo penal romano, enquanto estava em uso por todas as partes, inclusive na Grécia. Posteriormente, foi transformada em um poderoso instrumento nas mãos dos inquisidores.

dessa tal "verdade real", transforma-se a prisão cautelar em regra geral, pois o inquisidor precisa dispor do corpo do herege. De posse dele, para buscar a verdade real, pode lançar mão da tortura, que se for "bem" utilizada conduzirá à confissão. Uma vez obtida a confissão, o inquisidor não necessita de mais nada, pois a confissão é a rainha das provas (sistema de hierarquia de provas). Sem dúvida, tudo se encaixa para bem servir ao sistema.

A confissão era a prova máxima, suficiente para a condenação e, no sistema de prova tarifada, nenhuma prova valia mais que a confissão. O inquisidor Eymerich fala da total inutilidade da defesa, pois, se o acusado confirmava a acusação, não havia necessidade de advogado. Ademais, a função do advogado era fazer com que o acusado confessasse logo e se arrependesse do erro, para que a pena fosse imediatamente aplicada e iniciada a execução.

Tendo em vista a importância da confissão, o interrogatório era visto como um ato essencial, que exigia uma técnica especial. Existiam cinco tipos progressivos de tortura, e o suspeito tinha o "direito" a que somente se praticasse um tipo por dia. Se em 15 dias o acusado não confessasse, era considerado "suficientemente" torturado e era liberado. Sem embargo, os métodos utilizados eram eficazes e quiçá alguns poucos tenham conseguido resistir aos 15 dias. O pior é que em alguns casos a pena era de menor gravidade que as torturas sofridas.

A inexistência da coisa julgada era característica do sistema inquisitório. Eymerich alertava que o bom inquisidor deveria ter muita cautela para não declarar na sentença de absolvição que o acusado era inocente, mas apenas esclarecer que nada foi legitimamente provado contra ele. Dessa forma, mantinha-se o absolvido ao alcance da Inquisição e o caso poderia ser reaberto mais tarde pelo tribunal, para punir o acusado sem o entrave do trânsito em julgado.

Esse sistema inquisitório predominou até finais do século XVIII, início do XIX, momento em que a Revolução Francesa[26], os novos

---

26. Na realidade, alguns câmbios iniciaram antes mesmo da Revolução Francesa, impelidos pelo clima reformista e os ideais que predominavam na época, e que posteriormente foram tomando força até culminar com a efetiva luta armada.

postulados de valorização do homem e os movimentos filosóficos que surgiram com ela repercutiam no processo penal, removendo paulatinamente as notas características do modelo inquisitivo. Coincide com a adoção dos Júris Populares, e se inicia a lenta transição para o sistema misto, que se estende até os dias de hoje.

Como explica Heinz Goessel[27], o antigo processo inquisitório deve ser visto como uma "expressão lógica da teoria do Estado de sua época"[28], como manifestação do absolutismo que concentrava o poder estatal de maneira indivisível nas mãos do soberano, quem *legibus absolutus* não estava submetido a restrições legais. No sistema inquisitório, os indivíduos são reduzidos a mero objeto do poder soberano. Não existe dúvida de que a ideia do Estado de Direito influi de forma imediata e direta no processo penal. Por isso, pode-se afirmar que *quando se inicia o Estado de Direito é quando principia a organização do procedimento penal*[29].

Em definitivo, o sistema inquisitório foi desacreditado – principalmente – por incidir em um erro psicológico[30]: crer que uma mesma pessoa possa exercer funções tão antagônicas como investigar, acusar, defender e julgar.

3.3. O reducionismo ilusório (e insuficiente) do conceito de "sistema misto": a gestão da prova e os poderes instrutórios do juiz

Com o fracasso da inquisição e a gradual adoção do modelo acusatório, o Estado seguia mantendo a titularidade absoluta do poder de penar e não podia abandonar em mãos de particulares esse poder e

---

27. GOESSEL, Karl Heinz. *El defensor en el proceso penal*, p. 15 e ss.

28. Convém recordar que a inquisição é fruto de sua época, marcada pela intolerância, crueldade e pela própria ignorância que dominava. Não deve ser lida (ou julgada) a partir dos parâmetros atuais, pois impregnada de toda uma historicidade que não pode ser afastada.

29. Segundo Rissel, na tese doutoral *Die Verfassungsrechtliche Stellung des Rechtsanwalts*, p. 48, apud GOESSEL, Karl Heinz. Ob. cit., p. 17.

30. GOLDSCHMIDT, James. *Problemas jurídicos y políticos del proceso penal*, p. 29.

a função de persecução. Logo, era imprescindível dividir o processo em fases e encomendar as atividades de acusar e julgar a órgãos e pessoas distintas. Nesse novo modelo, a acusação continua como monopólio estatal, mas realizada por meio de um terceiro distinto do juiz.

Aqui nasce o Ministério Público. Por isso, existe um nexo entre sistema inquisitivo e Ministério Público, como aponta Carnelutti[31], pois essa necessidade de dividir a atividade estatal exige, naturalmente, duas partes. Quando não existem, devem ser fabricadas, e o Ministério Público *é uma parte fabricada*. Surge da necessidade do sistema acusatório e garante a imparcialidade do juiz. Eis aqui outro erro histórico: a pretendida imparcialidade[32] do MP.

É lugar-comum na doutrina processual penal a classificação de "sistema misto", com a afirmação de que os sistemas puros seriam modelos históricos sem correspondência com os atuais. Ademais, a divisão do processo penal em duas fases (pré-processual e processual propriamente dita) possibilitaria o predomínio, em geral, da forma inquisitiva na fase preparatória e acusatória na fase processual, desenhando assim o caráter "misto".

Outros preferem afirmar que o processo penal brasileiro é "acusatório formal", incorrendo no mesmo erro dos defensores do sistema

---

31. "Mettere il Publico Ministerio al suo Posto", p. 18 e ss. Também em espanhol: "Poner en su puesto al Ministerio Público", p. 209 e ss.

32. São múltiplas as críticas à artificial construção jurídica da imparcialidade do promotor no processo penal. O crítico mais incansável foi, sem dúvida, o mestre Carnelutti, que em diversas oportunidades pôs em relevo a impossibilidade de "la cuadratura del círculo: ¿No es como reducir un círculo a un cuadrado, construir una parte imparcial? El ministerio público es un juez que se hace parte. Por eso, en vez de ser una parte que sube, es un juez que baja". Em outra passagem, Carnelutti (*Lecciones sobre el proceso penal*, p. 99) explica que não se pode ocultar que, se o promotor exerce verdadeiramente a função de acusador, querer que ele seja um órgão imparcial não representa no processo mais que uma *inútil e hasta molesta duplicidad*. Para J. Goldschmidt (*Problemas jurídicos y políticos del proceso penal*, p. 29), o problema de exigir imparcialidade de uma parte acusadora significa cair "en el mismo error psicológico que ha desacreditado al proceso inquisitivo", qual seja, o de crer que uma mesma pessoa possa exercitar funções tão antagônicas como acusar e defender. Não há que confundir imparcialidade com estrita observância da legalidade e da objetividade.

misto. Binder[33], corretamente, afirma que "o acusatório formal é o novo nome do sistema inquisitivo que chega até nossos dias".

Nós preferimos fugir da maquiagem conceitual, para afirmar que o modelo brasileiro era (neo)inquisitório, para não induzir ninguém a erro.

Finalmente, com a Lei n. 13.964/2019, foi inserido o art. 3º-A, que consagra, expressamente, a adoção do modelo acusatório. Infelizmente, a cultura inquisitória é fortíssima e se manifesta por meio de movimentos contrarreformistas, a exemplo da medida liminar concedida pelo Min. Fux, que suspende a eficácia do dispositivo citado. Voltaremos a essa questão.

Historicamente, o primeiro ordenamento jurídico que adotou esse sistema misto foi o francês, no *Code d'Instruction Criminalle* de 1808, pois foi pioneiro na cisão das fases de investigação e juízo. Posteriormente, difundiu-se por todo o mundo e, na atualidade, é o mais utilizado.

Nessa linha, o critério definidor de um sistema ou outro seria a "separação das funções de acusar e julgar", presente apenas no modelo acusatório.

Para Sendra[34], o simples fato de estar o processo dividido em duas fases (pré-processual e processual em sentido próprio ou estrito) e que se encomende cada uma a um juiz distinto (juiz que instrui não julga) bastaria para afirmar que o processo está regido pelo sistema acusatório. No mesmo sentido, Armenta Deu[35] entende que em determinado sentido bastaria afirmar que o processo acusatório se caracteriza pelo fato de ser imprescindível uma acusação levada a cabo por um órgão ou agente distinto do julgador (*ne procedat iudex ex officio*).

A classificação de sistema misto peca por *insuficiência em dois aspectos:*

---

33. BINDER, Alberto M. *Descumprimento das formas processuais*, p. 51.

34. SENDRA, Vicente Gimeno; CATENA, Victor Moreno; DOMINGUEZ, Valentín Cortes. *Derecho procesal penal*, p. 83. Mas, em sua obra anterior *Fundamentos del derecho procesal*, p. 189, Sendra considera insuficiente essa afirmação, que imputa a um grupo de autores alemães (Schmidt e Roxin).

35. "Principio acusatorio: realidad y utilización". *RDP*, p. 272.

Considerando que os sistemas realmente puros são tipos históricos, sem correspondência com os atuais, a classificação de "sistema misto" não enfrenta o ponto nevrálgico da questão: a identificação do núcleo fundante.

A separação (inicial) das atividades de acusar e julgar não é o núcleo fundante dos sistemas e, por si só, é insuficiente para sua caracterização.

Não se pode desconsiderar a complexa fenomenologia do processo, de modo que a separação das funções impõe, como decorrência lógica, que a gestão/iniciativa probatória seja atribuída às partes (e não ao juiz, por elementar, pois isso romperia com a separação de funções). Mais do que isso, somente com essa separação de papéis, mantém-se o juiz afastado da arena das partes e, portanto, é a clara delimitação das esferas de atuação que cria as condições de possibilidade para termos um juiz imparcial.

Portanto, é reducionismo pensar que basta ter uma acusação (separação inicial das funções) para constituir-se um processo acusatório. É necessário que se mantenha a separação para que a estrutura não se rompa e, portanto, é decorrência lógica e inafastável, que a iniciativa probatória esteja (sempre) nas mãos das partes. Somente isso permite a imparcialidade do juiz.

E, por fim, ninguém nega a imprescindibilidade do contraditório, ainda mais em democracia, e ele somente é possível numa estrutura acusatória na qual o juiz mantenha-se em alheamento e, como decorrência, possa assegurar a igualdade de tratamento e oportunidade às partes. Retomamos a lição de Cunha Martins: *no processo inquisitório há um "desamor" pelo contraditório; já o modelo acusatório constitui uma declaração de amor pelo contraditório.*

3.3.1. A falácia do sistema bifásico

Sobre a falácia do sistema bifásico do Código Napoleônico de 1808, com a fase pré-processual inquisitória e a fase processual (supostamente) acusatória, ensina Jacinto Coutinho[36]:

36. Correspondência eletrônica particular de maio/2003, cujos ensinamentos de Jacinto Coutinho foram por nós utilizados na Palestra *Reformas Penais: Juizado de*

É isso que Jean-Jacques-Régis de Cambacérés faz passar no Código napoleônico, de 17-11-1808. Segundo Hélie (Traité, I, 178, § 539), é "*la loi procédure criminelle la moins imperfaite*" *du mond*. Enfim, monstro de duas cabeças; acabando por valer mais a prova secreta que a do contraditório, numa verdadeira fraude. Afinal, o que poderia restar de segurança é o livre convencimento, ou seja, retórica e contra-ataques; basta imunizar a decisão com um belo discurso. Em suma: serviu a Napoleão um tirano; serve a qualquer senhor; não serve à democracia.

É necessário ler com muita atenção para compreender o alcance desse fenômeno, pois ele reflete exatamente o que temos no sistema brasileiro. O monstro de duas cabeças (inquérito policial totalmente inquisitório e fase processual com "ares" de acusatório [outro engodo, ensinará Jacinto na continuação]) é a nossa realidade diária, nos foros e tribunais do País inteiro.

No mesmo sentido, Ferrajoli[37] diz que o Código Napoleônico de 1808 deu vida a um "monstruo, nacido de la unión del proceso acusatorio con el inquisitivo, que fue el llamado proceso mixto".

A fraude reside no fato de que a prova é colhida na inquisição do inquérito, sendo trazida integralmente para dentro do processo e, ao final, basta o belo discurso do julgador para imunizar a decisão. Esse discurso vem mascarado com as mais variadas fórmulas, do estilo: a prova do inquérito é corroborada pela prova judicializada; cotejando a prova policial com a judicializada; e assim todo um exercício imunizatório (ou, melhor, uma fraude de etiquetas) para justificar uma condenação, que, na verdade, está calcada nos elementos colhidos no segredo da inquisição. O processo acaba por converter-se em uma mera repetição ou encenação da primeira fase.

Ademais, mesmo que não faça menção expressa a algum elemento do inquérito, quem garante que a decisão não foi tomada com base nele? A eleição (culpado ou inocente) é o ponto nevrálgico do

---

Instrução Criminal, proferida no dia 30 de maio de 2003, no Auditório Externo do Superior Tribunal de Justiça, em Brasília.

37. FERRAJOLI, Luigi. *Derecho y razón – teoría del garantismo penal*, p. 566.

ato decisório e pode ser feita com base nos elementos do inquérito policial e disfarçada com um bom discurso.

Ora, ou alguém imagina que Napoleão aceitaria o tal sistema bifásico se não tivesse certeza de que era apenas um "mudar para continuar tudo igual"?

Como "bom" tirano, jamais concordaria com uma mudança dessa natureza se não tivesse certeza de que continuaria com o controle total, por meio da fase inquisitória, de todo o processo.

Enquanto não tivermos um processo verdadeiramente acusatório, do início ao fim, ou, ao menos, adotarmos o paliativo da exclusão[38] física dos autos do inquérito policial de dentro do processo, as pessoas continuarão sendo condenadas com base na "prova" inquisitorial, disfarçada no discurso do "cotejando", "corrobora"... e outras fórmulas que mascaram a realidade: a condenação está calcada nos atos de investigação, naquilo feito na pura inquisição.

Isso porque, como concluiu Jacinto Coutinho[39]: "il sistema inquisitorio non può convivere con il sistema accusatorio, non solo perché la 'contaminatio' è irragionevole sul piano logico, ma anche perché la pratica sconsiglia una commistione del genere". Ou seja, uma mistura de tal natureza (inquisitório e acusatório) é irracional, e a prática desaconselha tal mescla.

Cumpre, por fim, refletir sobre a última frase de Jacinto: [se tal sistema] serviu a Napoleão, um tirano; serve a qualquer senhor; [obviamente] não serve à democracia.

---

38. Explicamos isso no livro *Investigação preliminar no processo penal* a partir do sistema italiano. Contudo, recorda-nos Jacinto Coutinho o antigo Código de Processo Penal do Distrito Federal (Decreto n. 16.751, de 31 de dezembro de 1924), art. 243: "Os autos de inquirição apensos aos de investigação, nos termos dos arts. 241 e 242, servirão, apenas, de esclarecimento ao Ministério Público, não se juntarão ao processo, quer em original, quer por certidão, e serão entregues, após a denúncia, pelo representante do Ministério Público ao cartório do juízo, em invólucro lacrado e rubricado, a fim de serem arquivados à sua disposição".

39. Conclusão n. 3 de sua Tese Doutoral.

É por isso que precisamos da máxima eficácia das inovações trazidas pela Lei n. 13.964/2019, que não só expressamente adotou o sistema acusatório no art. 3º-A, como também consagrou a exclusão física dos autos do inquérito. Nesse sentido dispõe o art. 3º-C, § 3º:

> § 3º Os autos que compõem as matérias de competência do juiz das garantias ficarão acautelados na secretaria desse juízo, à disposição do Ministério Público e da defesa, e não serão apensados aos autos do processo enviados ao juiz da instrução e julgamento, ressalvados os documentos relativos às provas irrepetíveis, medidas de obtenção de provas ou de antecipação de provas, que deverão ser remetidos para apensamento em apartado.

Trata-se de uma das maiores (r)evoluções na estrutura do processo penal brasileiro com vistas ao abandono do modelo inquisitório e à máxima eficácia da imparcialidade e da originalidade cognitiva do julgador, que não mais terá contato com os atos do inquérito (ou de qualquer investigação preliminar).

Infelizmente, como já mencionado no início desta obra, o juiz das garantias e o sistema de exclusão física (ou não inclusão) foram suspensos pela medida liminar concedida pelo Min. Fux.

3.3.2. A insuficiência da separação (inicial) das atividades de acusar e julgar

Apontada pela doutrina como fator crucial na distinção dos sistemas, a divisão entre as funções de investigar-acusar-julgar é uma importante característica do sistema acusatório, mas não é a única e tampouco pode, por si só, ser um critério determinante, quando não vier aliada a outras (como iniciativa probatória, publicidade, contraditório, oralidade, igualdade de oportunidades etc.).

Dada a sua complexidade, como conjunto de atos concatenados, o processo é formado por toda uma cadeia de circunstâncias que se inter-relacionam e influem no resultado final. Basta analisar o sistema inquisitório, para ver que ao lado da acumulação de funções (investigar, acusar e julgar) existe toda uma gama de princípios que juntos compõem e dão conteúdo ao todo. Especial atenção merece o contraditório, pois existe uma acertada tendência de considerá-lo fundamental para a própria existência do processo enquanto estrutura dialética.

Com relação à separação das atividades de acusar e julgar, trata-se realmente de uma nota importante na formação do sistema. Contudo, não basta termos uma separação inicial, com o Ministério Público formulando a acusação e, depois, ao longo do procedimento, permitir que o juiz assuma um papel ativo na busca da prova ou mesmo na prática de atos tipicamente da parte acusadora, como, por exemplo, permitir que o juiz de ofício converta a prisão em flagrante em preventiva, pois isso equivale a "prisão decretada de ofício"; ou mesmo decrete a prisão preventiva de ofício no curso do processo (algo incompatível com a matriz acusatória e também com a nova redação dos arts. 282, § 2º, e 311), a busca e apreensão (art. 242), o sequestro (art. 127); ouça testemunhas além das indicadas (art. 209); proceda ao reinterrogatório do réu a qualquer tempo (art. 196); determine diligências de ofício durante a fase processual e até mesmo no curso da investigação preliminar (art. 156, I e II); reconheça agravantes ainda que não tenham sido alegados (art. 385); condene, ainda que o Ministério Público tenha postulado a absolvição (art. 385); altere a classificação jurídica do fato (art. 383) etc.

Cumpre advertir nosso entendimento de que todas essas medidas são inconstitucionais, por violarem a matriz acusatória constitucional, e estão ainda tacitamente revogadas pelo art. 3º-A do CPP.

Fica evidente a insuficiência de uma separação inicial de atividades se, depois, o juiz assume um papel claramente inquisitorial. O juiz deve manter uma posição de alheamento, afastamento da arena das partes, ao longo de todo o processo.

Daí por que é *reducionista alguma doutrina que focada exclusivamente no aspecto histórico da separação de funções (ne procedat iudex ex officio)* aí ancora, passando a criticar aqueles que propõem a superação de tais reducionismos e posturas mitológicas. Pensamos que, se originariamente o sistema acusatório teve por núcleo a separação de funções, o nível atual de desenvolvimento e complexidade do processo penal *não admite mais tais simplificações.*

Não há mais espaço, compreendida a complexidade do processo penal, voltamos a repetir, para que alguém se esconda atrás de categorias estéreis e de arqueologia histórica, desconectando institutos dentro do processo, compartimentalizando-os. A concepção de sistema acusatório está íntima e indissoluvelmente relacionada, na atualidade, à eficácia do contraditório e, principalmente, da imparcialidade (princípio supremo do processo penal, recordemos).

Portanto, *pensar sistema acusatório desconectado do princípio da imparcialidade e do contraditório é incorrer em grave reducionismo.*

É necessário que *se mantenha a separação para que a estrutura não se rompa e, portanto, é decorrência lógica e inafastável, que a iniciativa probatória esteja (sempre) nas mãos das partes.* Somente isso permite a imparcialidade do juiz.

A separação de funções do sistema acusatório está a serviço do quê? Por que existe? Por que o Tribunal Europeu de Direitos Humanos em diversas oportunidades tem decidido que o juiz que atua como investigador na fase pré-processual não pode ser o mesmo que, no processo, julgue?

Todas essas questões giram em torno do binômio sistema acusatório e imparcialidade, porque *a imparcialidade é garantida pelo modelo acusatório e sacrificada no sistema inquisitório, de modo que somente haverá condições de possibilidade da imparcialidade quando existir, além da separação inicial das funções de acusar e julgar, um afastamento do juiz da atividade investigatória/instrutória.*

É isso que precisa ser compreendido por aqueles que pensam ser suficiente a separação entre acusação-julgador para constituição do sistema acusatório no modelo constitucional contemporâneo. É um erro separar em conceitos estanques a imensa complexidade do processo penal, fechando os olhos para o fato de que a posição do juiz define o nível de eficácia do contraditório e, principalmente, da imparcialidade.

Como explica J. Goldschmidt[40], no modelo acusatório, o juiz se limita a decidir, deixando a interposição de solicitações e o re-

---

40. *Problemas jurídicos y políticos del proceso penal*, cit., p. 69 e ss.

colhimento do material àqueles que perseguem interesses opostos, isto é, às partes. O procedimento penal se converte desse modo em um litígio, e o exame do processado não tem outro significado que o de outorgar audiência. Parte do enfoque de que a melhor forma de averiguar a verdade e realizar-se a justiça é deixar a invocação jurisdicional e a coleta do material probatório àqueles que perseguem interesses opostos e sustem opiniões divergentes. Deve-se descarregar o juiz de atividades inerentes às partes, para assegurar sua imparcialidade. Com isso, também se manifesta respeito pela integridade do processado como cidadão.

Para além disso, recordemos que o processo tem por finalidade (além do explicado no Capítulo 1) buscar a reconstituição de um fato histórico (o crime sempre é passado, logo, fato histórico), de modo que a "gestão da prova, na forma pela qual ela é realizada, identifica o princípio unificador"[41], como explicaremos adiante.

3.3.3. Identificação do núcleo fundante: a gestão da prova

Ainda que todos os sistemas sejam mistos, *não* existe um princípio fundante misto. O misto deve ser visto como algo que, ainda que mesclado, na essência é inquisitório ou acusatório, a partir do princípio que informa o núcleo.

Então, no que se refere aos sistemas, o ponto nevrálgico é a identificação de seu *núcleo*, ou seja, do princípio informador, pois é ele quem vai definir se o sistema é inquisitório ou acusatório, e não os elementos acessórios (oralidade, publicidade, separação de atividades etc.).

Como afirmamos anteriormente, o processo tem por finalidade (além do explicado no Capítulo 1) buscar a reconstituição de um fato histórico (o crime sempre é passado, logo, fato histórico), de modo que a gestão da prova é erigida à espinha dorsal do processo penal, estruturando e fundando o sistema a partir de dois princípios informadores, conforme ensina Jacinto Coutinho:

41. COUTINHO, Jacinto Nelson de Miranda. "Introdução aos princípios gerais do processo penal brasileiro". *Separata do Instituto Transdisciplinar de Estudos Criminais*, p. 28.

a) Princípio dispositivo[42]: funda o sistema acusatório; a gestão da prova está nas mãos das partes (juiz-espectador).

b) Princípio inquisitivo: a gestão da prova está nas mãos do julgador (juiz-ator [inquisidor]); por isso, ele funda um sistema inquisitório.

Daí estar com plena razão Jacinto Coutinho[43] quando explica que *não há – nem pode haver – um princípio misto, o que, por evidente, desconfigura o dito sistema.* Para o autor, os sistemas, assim como os paradigmas e os tipos ideais, não podem ser mistos; eles são informados por um princípio unificador. Logo, na essência, o sistema é sempre puro. E explica, na continuação, que *o fato de ser misto significa ser, na essência, inquisitório ou acusatório, recebendo a referida adjetivação por conta dos elementos (todos secundários), que de um sistema são emprestados ao outro.*

---

42. Sempre recordando que o processo penal tem suas *categorias jurídicas próprias*, para evitar perigosas e muitas vezes errôneas analogias com o processo civil, que foram e são feitas até hoje. Com uma justificada preocupação, J. Goldschmidt (*Problemas jurídicos y políticos del proceso penal*, p. 28 e ss.) destaca que a construção do modelo acusatório no processo penal deve ser distinta daquela aplicável ao processo civil (uma concepção distinta do princípio dispositivo), pois a situação jurídica da parte ativa é completamente diferente que a do autor (processo civil). O Ministério Público não faz valer no processo penal um direito próprio e pede a sua adjudicação (como o autor no processo civil), senão que afirma o nascimento de um direito judicial de penar e exige o exercício desse direito, que ao mesmo tempo representa um dever para o Estado (titular do direito de penar e que realiza seu direito no processo não como parte, mas como juiz). Para compreender esse pensamento, é imprescindível partir da premissa de que o objeto do processo penal é uma pretensão acusatória (*ius ut procedatur*). A título de ilustração, uma má interpretação do que seja o modelo acusatório, e uma errada analogia com o processo civil, leva alguns sistemas (como o espanhol) a permitir que a acusação peça uma determinada quantidade de pena – "x" anos – e mais errado ainda é pensar que esse pedido vincule o juiz. Outro erro que diariamente vem sendo cometido é afirmar que a chamada "justiça negociada" (*plea negotiation*) é uma manifestação do modelo acusatório, quando, na verdade, se trata de uma degeneração completa do processo penal e uma distorcida visão do que seja um processo de partes, o sistema acusatório ou mesmo o verdadeiro objeto do processo penal. Para compreensão, leia-se, na continuação, nossa abordagem sobre "(Re)construção dogmática do objeto do processo penal".

43. Em diversos trabalhos, mas especialmente no artigo: "Introdução aos princípios gerais do processo penal brasileiro".

J. Goldschmidt[44], ao tratar dos princípios fundamentais do procedimento, explica que "el principio contrario al dispositivo lo forma el de la investigación, que domina el procedimiento penal, y que recibe también los nombres de principio inquisitivo, de instrucción, ou principio del conocimiento de oficio (principio de la verdad material)".

Compreenda-se: o sistema inquisitório é fundado pelo princípio inquisitivo, ou seja, de instrução e conhecimento de ofício pelo juiz na busca da verdade material.

É tudo o que não se quer no atual nível de evolução civilizatória do processo penal.

Isso não significa que, ao lado desse núcleo inquisitivo (derivado do princípio inquisitivo, em que a gestão da prova está nas mãos do juiz), não possam orbitar características que geralmente circundam o núcleo dispositivo, que informa o sistema acusatório. Em outras palavras, o fato de um determinado processo consagrar a separação (inicial) de atividades, oralidade, publicidade, coisa julgada, livre convencimento motivado etc., não lhe isenta de ser inquisitório. É o caso do sistema brasileiro, de núcleo inquisitório, ainda que com alguns "acessórios" que normalmente ajudam a vestir o sistema acusatório (mas que por si sós não o transformam em acusatório).

A seleção dos elementos teoricamente essenciais para cada sistema, explica Ferrajoli[45], está inevitavelmente condicionada por juízos de valor, por conta do nexo que, sem dúvida, cumpre estabelecer entre sistema acusatório e modelo garantista e, no entanto, entre sistema inquisitório, modelo autoritário e eficácia repressiva.

Nesse contexto, dispositivos que atribuam ao juiz poderes instrutórios, como o famigerado *art. 156, I e II, do CPP* (que entendemos estar tacitamente revogado pelo art. 3º-A), externam a adoção do princípio inquisitivo, que *funda um sistema inquisitório*, pois representam uma quebra da igualdade, do contraditório, da própria estru-

---

44. *Derecho procesal civil*, p. 82.

45. *Derecho y razón,* p. 563.

tura dialética do processo. Como decorrência, fulminam a principal garantia da jurisdição, que é a imparcialidade do julgador. Está desenhado um processo inquisitório.

A posição do juiz é o ponto nevrálgico da questão, na medida em que

> ao sistema acusatório lhe corresponde um juiz-espectador, dedicado, sobretudo, à objetiva e imparcial valoração dos fatos e, por isso, mais sábio que experto; o rito inquisitório exige, sem embargo, um juiz-ator, representante do interesse punitivo e, por isso, um enxerido[46], versado no procedimento e dotado de capacidade de investigação[47].

O tema também está intimamente relacionado com a questão da *verdade* no processo penal. No sistema inquisitório, nasce a (inalcançável e mitológica) verdade real, em que o imputado nada mais é do que um mero objeto de investigação, "detentor da verdade de um crime"[48], e, portanto, submetido a um inquisidor que está autorizado a extraí-la a qualquer custo. Recordemos que a intolerância vai fundar a inquisição. A verdade absoluta é sempre intolerante, sob pena de perder seu caráter "absoluto".

A lógica inquisitorial está centrada na verdade absoluta e, nessa estrutura, a heresia era o maior perigo, pois atacava o núcleo fundante do sistema. Fora dele não havia salvação. Isso autoriza o "combate a qualquer custo" da heresia e do herege, legitimando até mesmo a tor-

---

46. Toda tradução encerra imensos perigos, por isso, para evitar equívocos, destacamos que a palavra empregada pelo autor foi "leguleyo", que em espanhol possui um sentido *despectivo*, de "persona que se ocupa de cuestiones legales sin tener el conocimiento o la especialización suficientes" (de acordo com *Clave – Diccionario de uso del español actual).* O texto original de Luigi Ferrajoli, na obra *Derecho y razón*, p. 575, é: "al sistema acusatorio le corresponde un juez espectador dedicado sobre todo a la objetiva e imparcial valoración de los hechos y, por ello, más sabio que experto, el rito inquisitivo exige sin embargo un juez actor, representante del interes punitivo y, por ello, leguleyo, versado en el procedimiento y dotado de capacidad de investigación".

47. FERRAJOLI, Luigi. *Derecho y razón*, p. 575.

48. COUTINHO, Jacinto Nelson de Miranda. "Introdução aos princípios gerais do processo penal brasileiro", cit., p. 28.

tura e a crueldade nela empregadas. A maior crueldade não era a tortura em si, mas o afastamento *do caminho para a eternidade*[49].

Dessarte, fica fácil perceber que o processo penal brasileiro tem uma clara matriz inquisitória, e *que isso deve ser severamente combatido, na medida em que não resiste à necessária filtragem constitucional*.

Ou seja, a estrutura do Código de Processo Penal de 1941 deve ser adequada e, portanto, deve ser conformada à nova ordem constitucional vigente, cujos alicerces demarcam a adoção do sistema acusatório. É uma imposição de conformidade das leis processuais penais à Constituição, e, portanto, ao sistema acusatório, como tão bem definiu Geraldo Prado[50].

Sempre se reconheceu o caráter inquisitório da investigação preliminar e da execução penal, encobrindo o problema da inquisição na fase processual. Mas, compreendidos os sistemas e os princípios que os estruturam, a conclusão só pode ser uma, como claramente aponta Jacinto Coutinho[51]: "O sistema processual-penal brasileiro é, na sua essência, inquisitório, porque regido pelo princípio inquisitivo, já que a gestão da prova está, primordialmente, nas mãos do juiz".

Compreendida a questão e respeitada a opção "acusatória" feita pela Constituição, são substancialmente inconstitucionais todos os artigos do CPP que atribuam poderes instrutórios e/ou investigatórios ao juiz, além de estarem tacitamente revogados pelo art. 3º-A do CPP.

3.3.4. O problema dos poderes instrutórios: juízes-inquisidores e os quadros mentais paranoicos

Compreendida a necessidade de buscar o núcleo fundante de um sistema a partir da gestão da prova, resta verificar a problemática (e inquisitiva) atribuição de poderes instrutórios/investigatórios ao juiz.

49. BOFF, Leonardo. Ob. cit., p. 9 e ss.

50. PRADO, Geraldo, na excelente obra *Sistema acusatório. A conformidade constitucional das leis processuais penais*.

51. COUTINHO, Jacinto Nelson de Miranda. "Introdução aos princípios gerais do processo penal brasileiro", p. 29.

Atribuir poderes instrutórios a um juiz – em qualquer fase[52] – é um grave erro, que acarreta a destruição completa do processo penal democrático. Ensina Cordero[53] que tal atribuição (de poderes instrutórios) conduz ao *primato dell'ipotesi sui fatti*, gerador de *quadri mentali paranoidi*. Isso significa que se opera um primado (prevalência) das hipóteses sobre os fatos, porque o juiz que vai atrás da prova primeiro decide (definição da hipótese) e depois vai atrás dos fatos (prova) que justificam a decisão (que na verdade já foi tomada). O juiz, nesse cenário, passa a fazer quadros mentais paranoicos.

Na mesma linha, Jacinto Coutinho[54] afirma que

> abre-se ao juiz a possibilidade de decidir antes e, depois, sair em busca do material probatório suficiente para confirmar a sua versão, isto é, o sistema legitima a possibilidade da crença no imaginário, ao qual toma como verdadeiro.

É evidente que o recolhimento da prova por parte do juiz antecipa a formação do juízo. Como explica Geraldo Prado[55], "a ação voltada à introdução do material probatório é precedida da consideração psicológica pertinente aos rumos que o citado material, se efetivamente incorporado ao feito, possa determinar". O juiz, ao ter iniciativa probatória, está ciente (prognóstico mais ou menos seguro) de que consequências essa prova trará para a definição do fato discutido, pois "quem procura sabe ao certo o que pretende encontrar e

---

52. A crítica serve tanto para a atribuição de poderes instrutórios na fase processual (como ocorre no art. 156) como também quando ela é feita na fase pré-processual, admitindo que o juiz pratique atos de investigação. Com mais razão, somos completamente contrários aos chamados Juizados de Instrução (sistema de Juiz-Instrutor), conforme exaustivamente explicado na nossa obra *Investigação preliminar no processo penal*, e cujas tentativas de inserção no Brasil nos causam profunda preocupação. Cumpre sublinhar que a figura do juiz das garantias, por nós defendido, não tem nenhuma proximidade com o juiz de instrução (modelo arcaico e superado, que deve ser rechaçado).

53. CORDERO, Franco. *Guida alla procedura penale,* p. 51.

54. COUTINHO, Jacinto Nelson de Miranda. "Introdução aos princípios gerais do processo penal brasileiro", p. 37.

55. PRADO, Geraldo. *Sistema acusatório,* p. 158.

isso, em termos de processo penal condenatório, representa uma inclinação ou tendência perigosamente comprometedora da imparcialidade do julgador"[56]. Mais do que uma "inclinação ou tendência perigosamente comprometedora", trata-se de sepultar definitivamente a imparcialidade do julgador. Nessa matéria, não existe investigador imparcial, seja ele juiz ou promotor.

O modelo acusatório (constitucional) traz na sua essência a necessidade de um amplo debate sobre a hipótese acusatória. Para tanto, Ferrajoli[57] define as seguintes garantias secundárias: publicidade, oralidade, legalidade do processo e motivação da decisão judicial. Tais garantias são condições necessárias para que o debate transcorra com transparência e igualdade de oportunidades, ou seja, no ambiente que se espera da estrutura dialética do processo.

Sempre que se atribuem poderes instrutórios ao juiz[58], destrói-se a estrutura dialética do processo, o contraditório, funda-se um sistema inquisitório e sepulta-se de vez qualquer esperança de imparcialidade (enquanto *terzietà* = alheamento). É um imenso prejuízo gerado pelos diversos "pré-juízos" que o julgador faz.

Não só diversos modelos contemporâneos demonstram isso (basta estudar as reformas da Alemanha em 1974, Itália e Portugal em 1987/88 e também as mudanças levadas a cabo na Espanha pela LO 7/88, feita às pressas para adequar-se à Sentença do Tribunal Constitucional n. 145/88), mas também a história do direito processual, especialmente o erro iniciado no sistema acusatório romano de atribuir poderes instrutórios ao juiz, que acabou levando ao sistema inquisitório.

Como explicamos anteriormente, a imparcialidade do juiz fica evidentemente comprometida quando estamos diante de um juiz-instrutor ou quando lhe atribuímos poderes de gestão/iniciativa

56. Idem.

57. *Derecho y razón*, p. 606.

58. Sobre o tema, veja-se nosso artigo: "Juízes inquisidores? E paranoicos. Uma crítica à prevenção a partir da jurisprudência do Tribunal Europeu de Direitos Humanos". *Boletim do IBCCrim*, p. 11-12.

probatória. É um contraste que se estabelece entre a posição totalmente ativa e atuante do instrutor, com a inércia que caracteriza o julgador. Um é sinônimo de *atividade,* e o outro, de *inércia.*

O Tribunal Europeu de Direitos Humanos, há muito tempo e em diversas oportunidades, tem apontado a violação da garantia do juiz imparcial em situações assim, destacando, ainda, uma especial preocupação com a aparência de imparcialidade, a estética de imparcialidade, que o julgador deve transmitir para os submetidos à Administração da Justiça, pois, ainda que não se produza o pré-juízo, é difícil evitar a impressão de que o juiz (instrutor) não julga com pleno alheamento. Isso afeta negativamente a confiança que os tribunais de uma sociedade democrática devem inspirar nos jurisdicionados, especialmente na esfera penal.

Contudo, a interiorização dos postulados constitucionais é realmente sempre lenta e, não raras vezes, nunca se efetiva. Exemplo disso é a imensa resistência de alguns setores às importantes inovações trazidas pela Lei n. 13.964/2019, entre elas a adoção expressa do sistema acusatório, a consagração do juiz das garantias e da exclusão física do autos do inquérito.

Como sintetiza a Exposição de Motivos do Código-Modelo para Ibero-América, e nunca é demais recordar, "o bom inquisidor mata o bom juiz, ou ao contrário, o bom juiz desterra o inquisidor".

Por fim, *pergunta que pode surgir* é: que instrumento processual penal pode ser utilizado quando nos deparamos com um juiz inquisidor na condução do processo?

Elementar que cada situação apresentará suas peculiaridades e complexidades. Em linhas gerais, pensamos que, se o processo está em desenvolvimento, poderá ser arguida a "exceção de suspeição", demonstrando, a partir da análise do discurso ou atos praticados, que houve uma quebra da garantia da imparcialidade (recorde-se sempre que ela é o princípio supremo do processo). Quando tratarmos da exceção de suspeição, a seu tempo, voltaremos ao tema. Contudo, já existindo uma sentença condenatória, a situação fica mais difícil, mas em tese deve ser arguida a violação da imparcialidade e consequente nulidade dos atos, em preliminar de apelação.

3.3.5. A estrutura acusatória consagrada no art. 3º-A do CPP e a resistência inquisitória

Até o advento da reforma trazida pela Lei n. 13.964, de 24 de dezembro de 2019, sempre afirmamos que o processo penal brasileiro era inquisitório (ou neoinquisitório), e que não concordávamos com grande parte da doutrina que classificava nosso sistema como misto, ou seja, inquisitório na primeira fase (inquérito) e acusatório na fase processual. E não concordávamos (e seguimos divergindo se insistirem) com tal afirmação porque dizer que um sistema é "misto" é não dizer quase nada sobre ele, pois misto todos são. O ponto crucial é verificar o núcleo, o princípio fundante, e aqui está o problema, como acabamos de explicar.

Finalmente o cenário mudou e nossas críticas (junto com Jacinto Nelson de Miranda Coutinho, Geraldo Prado, Alexandre Morais da Rosa e tantos outros excelentes processualistas que criticavam a estrutura inquisitória brasileira) foram ouvidas.

Compreenderam que a **Constituição de 1988 define um processo penal acusatório**, fundado no contraditório, na ampla defesa, na imparcialidade do juiz e nas demais regras do devido processo penal. Diante dos inúmeros traços inquisitórios do processo penal brasileiro, era necessário fazer uma "filtragem constitucional" dos dispositivos incompatíveis com o princípio acusatório (como os arts. 156, 385 etc.), pois são "substancialmente inconstitucionais" (e, agora, estão tacitamente revogados pelo art. 3º-A do CPP, com a redação da Lei n. 13.964).

Assumido o problema estrutural do CPP, a luta passa a ser pela acoplagem constitucional e pela filtragem constitucional, expurgando de eficácia todos aqueles dispositivos que, alinhados ao núcleo inquisitório, são incompatíveis com a matriz constitucional acusatória e, principalmente, **pela mudança de cultura, pelo abandono da cultura inquisitória e pela assunção de uma postura acusatória por parte do juiz e de todos os atores judiciários**.

Agora, a estrutura acusatória está expressamente consagrada no CPP e não há mais espaço para o juiz-ator-inquisidor que atue de ofício violando o *ne procedat iudex ex officio* ou que produza prova de ofício, pilares do modelo acusatório. Vejamos a redação do art. 3º-A do CPP[59]:

> Art. 3º-A. O processo penal terá estrutura acusatória, vedadas a iniciativa do juiz na fase de investigação e a substituição da atuação probatória do órgão de acusação.

A redação, mesmo que façamos algumas críticas pontuais, representa uma evolução para o nosso atrasado processo penal inquisitório e repete aquela que estava no PLS n. 156/2009 (Projeto do CPP do Senado). Naquela época, foi foco de intensa discussão na Comissão, chegando-se nessa redação intermediária. É preciso recordar que um processo penal verdadeiramente acusatório assegura a radical separação das funções de acusar e julgar, mantendo a gestão e a iniciativa probatória nas mãos das partes (e não do juiz). A observância do *ne procedat iudex ex officio* é marca indelével de um processo acusatório que mantenha um juiz-espectador e não juiz-ator, e que, assim, crie as condições de possibilidade para termos um "juiz imparcial".

É preciso que cada um ocupe o seu "lugar constitucionalmente demarcado" (clássica lição de Jacinto Nelson de Miranda Coutinho), com o MP acusando e provando (a carga da prova é dele), a defesa trazendo seus argumentos (sem carga probatória) e o juiz, julgando. Simples? Nem tanto, basta ver que a estrutura inquisitória e a cultura inquisitória (fortíssima) fazem com que se resista a essa estrutura dialética por vários motivos históricos, entre eles o mito da "busca da verdade real" e o anseio mítico pelo juiz justiceiro, que faça justiça mesmo que o acusador não produza prova suficiente.

A redação do artigo expressamente adota o sistema acusatório e prevê duas situações:

1ª Veda a atuação do juiz na fase de investigação, o que é um acerto, proibindo, portanto, que o juiz atue de ofício para decretar prisões cautelares, medidas cautelares reais, busca e apreensão, quebra de sigilo bancário etc.

2ª Veda – na fase processual – a substituição pelo juiz da atuação probatória do órgão acusador.

---

59. Recordando que o referido artigo está suspenso por conta da decisão liminar do Min. Fux anteriormente referida.

No primeiro caso não há críticas à redação, está coerente com o que se espera do agir de um juiz no marco do sistema acusatório. Consagra o juiz das garantias e afasta o juiz inquisidor.

Nessa perspectiva, só faltou o legislador revogar expressamente o art. 156 do CPP, pois não mais pode subsistir (está tacitamente revogado), até para evitar a resistência inquisitória. E mantemos essa afirmação mesmo com a decisão do Min. Fux de suspender a eficácia do art. 3º-A, na medida em que a Constituição estabelece uma estrutura acusatória. Dessa forma, o dispositivo é ainda substancialmente inconstitucional.

Dessarte, **não cabe mais esse agir de ofício, na busca de provas, por parte do juiz, seja na investigação, seja na fase processual de instrução e julgamento**.

Obviamente que não basta mudar a lei, é preciso mudar a cultura, e esse sempre será o maior desafio. Não tardarão em aparecer vozes no sentido de que o art. 156, I, deve permanecer, cabendo o agir de ofício do juiz quando a prova for urgente e relevante. Tal postura constitui uma burla à mudança, mantendo hígida a estrutura inquisitória antiga. Afinal, basta questionar: o que é uma prova urgente e relevante? Aquela que o juiz quiser que seja. E a necessidade, a adequação e a proporcionalidade, quem afere? O mesmo juiz que determina sua produção. Essa é a circularidade inquisitória clássica, que se quer abandonar. Fica a advertência para o movimento contrarreformista – ou o movimento da sabotagem inquisitória, como define Alexandre Morais da Rosa –, pois virá.

Mas o maior problema está na segunda parte do artigo e nas interpretações conservadoras e restritivas a que dará margem, afinal, **o que significa "substituição da atuação probatória do órgão de acusação"?**

A nosso juízo, toda e qualquer iniciativa probatória do juiz, que determinar a produção de provas de ofício, já representa uma "substituição" da atuação probatória do julgador.

Considerando que no processo penal a atribuição da carga probatória é inteiramente do acusador (pois – como já ensinava James Goldschmidt – não existe distribuição de carga probatória, mas, sim, a "atribuição" ao acusador, pois a defesa não tem qualquer carga probatória, pois marcada pela presunção de inocência), qualquer invasão nesse terreno por parte do juiz representa uma "substituição da atuação probatória do acusador".

Ademais, esse raciocínio decorre do próprio conceito de sistema acusatório: radical separação de funções e iniciativa/gestão da prova nas mãos das partes (ainda que a defesa não tenha "carga", obviamente pode ter iniciativa probatória), mantendo o juiz como espectador (e não um juiz-ator, figura típica da estrutura inquisitória abandonada). Nada impede, por elementar, que o juiz questione testemunhas, após a inquirição das partes, para esclarecer algum ponto relevante que não tenha ficado claro (na linha do que preconiza o art. 212 do CPP, que se espera agora seja respeitado), ou os peritos arrolados pelas partes.

Portanto, o juiz pode "esclarecer" algo na mesma linha de indagação aberto pelas partes, não podendo inovar/ampliar com novas perguntas, nem, muito menos, indicar provas de ofício[60].

Por fim, <u>a interpretação prevalecente do art. 212 do CPP também não poderá mais subsistir</u>, porque juiz não pergunta: a) quem pergunta são as partes; b) se o juiz pergunta, substitui as partes; e c) o art. 3º-A proíbe que o juiz substitua a atividade probatória das partes. Como dito, poderá, excepcionalmente, perguntar para esclarecer algo que não compreendeu. Não mais do que isso.

Nessa perspectiva, entre outros, entendemos revogados tacitamente o art. 209 (que permite ao juiz ouvir outras testemunhas além das arroladas pelas partes) e o art. 385, pois é absolutamente incompatível com a matriz acusatória termos um juiz condenando sem pedido (ou seja, diante do pedido expresso de absolvição do MP). Essa é uma posição que sustentamos há muitos anos. Voltaremos a falar sobre o art. 385 no último capítulo desta obra, quando analisamos o "objeto do processo penal".

---

60. Como adverte Alexandre Morais da Rosa em artigo que publicamos em coautoria no dia 3-1-2020. Disponível em: <https://www.conjur.com.br/2020-jan-03/limite-penal-estrutura-acusatoria-atacada-msi-movimento-sabotagem-inquisitoria>.

Contudo, é importante combater outra fraude: juiz produzindo prova de ofício a título de "ajudar a defesa". Em um processo acusatório existe um preço a ser pago: o juiz deve conformar-se com a atividade probatória incompleta das partes.

Não se lhe autoriza descer para a arena das partes e produzir (de ofício) provas nem para colaborar com a acusação nem para auxiliar a defesa. Ele não pode é "descer" na estrutura dialética, nem para um lado nem para o outro. Mais grave ainda, como adverte Morais da Rosa, é quando o juiz, "fingindo que age em prol da defesa, passará a produzir provas para condenação".

Que fique bem claro: juiz com dúvida absolve (art. 386, VII, do CPP), porque não é preciso dúvida qualificada, bastando dúvida razoável. Temos visto magistrados, "em nome da defesa", decretarem de ofício a quebra de sigilo telefônico, dados, de todos os acusados com *smartphones* apreendidos, para o fim de ajudar a defesa. É um sintoma da perversão acusatória"[61].

Entretanto, infelizmente existe o risco de incompreensão do que seja um sistema acusatório, ou sua reducionista compreensão. Esse problema, quando somado com a vagueza conceitual adotada pelo dispositivo legal (na expressão "substituição da atuação probatória"), pode conduzir ao esvaziamento dessa cláusula. Ademais, agrava o cenário a adoção (equivocada) da teoria da relativização das nulidades e seu princípio (curinga) do prejuízo, pois deixa completamente a critério dos tribunais anular ou não. É a nossa crítica ao decisionismo e ao sistema de nulidades *à la carte*, gerador de imensa insegurança jurídica. Isso já aconteceu, por exemplo, quando o STJ decretou a pena de morte do art. 212 do CPP, e tomara que não se repita. O correto e adequado é reconhecer a revogação tácita do art. 156 (e do art. 385 e tantos outros na mesma linha) e a absoluta incompatibilidade com a matriz acusatória constitucional e a nova redação do art. 3º-A.

---

61. Em artigo que publicamos em coautoria no dia 3-1-2020. Disponível em: <https://www.conjur.com.br/2020-jan-03/limite-penal-estrutura-acusatoria-atacada-msi-movimento-sabotagem-inquisitoria>.

É preciso compreender, ainda, a complexidade da discussão acerca dos sistemas, pois todas essas questões giram em torno do tripé **sistema acusatório, contraditório e imparcialidade**. Porque a imparcialidade é garantida pelo modelo acusatório e sacrificada no sistema inquisitório, de modo que somente haverá condições de possibilidade da imparcialidade quando existir, além da separação inicial das funções de acusar e julgar, um afastamento do juiz da atividade investigatória/instrutória. Portanto, pensar no sistema acusatório desconectado do princípio da imparcialidade e do contraditório é incorrer em grave reducionismo.

Em suma, agora podemos afirmar que o processo penal brasileiro é legal (art. 3º-A do CPP) e constitucionalmente acusatório, mas, para efetivação dessa mudança, é imprescindível afastar a vigência de vários artigos do CPP e mudar radicalmente as práticas judiciárias. É preciso, acima de tudo, que os juízes e tribunais brasileiros interiorizem e efetivem tamanha mudança.

E esperamos que o art. 3º-A finalmente tenha plena vigência, quando do julgamento do mérito das ADIn's já mencionadas e da relatoria do Min. Fux.

3.3.6. É a justiça negocial uma manifestação do sistema acusatório? Uma análise crítica

Antes de analisarmos especificamente a justiça negocial à luz dos sistemas processuais, gostaríamos de fazer uma importante advertência: esse tema já foi tratado de forma mais ampla no final do Capitulo I, para onde o remetemos. Lá tratamos da crise do processo penal e, no final, travamos a discussão acerca do *plea bargaining*, enquanto remédio ou veneno para essa problemática. Portanto, agora, faremos apenas uma síntese dessa análise.

Para além das vantagens aparentes, o Juizado Especial Criminal possui graves defeitos que não podem ser desconsiderados, até para que futuros ajustes venham a ser feitos. É importante que se compreenda que a negociação no processo penal é sempre sensível, pois representa um afastamento do Estado-juiz das relações sociais, não atuando mais como interventor necessário, mas apenas assistindo de camarote ao conflito. Portanto, é uma opção sempre perigosa.

Ademais, significa uma inequívoca incursão do Ministério Público em uma área que deveria ser dominada pelo tribunal, que erroneamente se limita a homologar o resultado do acordo entre o acusado e o promotor. Não sem razão, a doutrina afirma que o promotor é o juiz às portas do tribunal. A lógica negocial, se banalizada, transforma o processo penal num mercado persa, no seu sentido mais depreciativo. Constitui, também, verdadeira expressão do movimento da lei e ordem, na medida em que contribui para a banalização do Direito Penal, fomentando a penalização e o simbolismo repressor. A justiça negociada está atrelada à ideia de eficiência (viés economicista), de modo que as ações desenvolvidas devem ser eficientes, para com isso chegarmos ao "melhor" resultado. O resultado deve ser visto no contexto de exclusão (social e penal). O indivíduo já excluído socialmente (por isso desviante) deve ser objeto de uma ação efetiva para obter-se o (máximo e certo) apenamento, que corresponde à declaração de exclusão jurídica. Se acrescentarmos a esse quadro o fator tempo – tão importante no controle da produção, até porque o deus-mercado não pode esperar –, a eficiência passa a ser mais uma manifestação (senão sinônimo) de exclusão.

A tendência generalizada a implantar no processo penal amplas "zonas de consenso" também está sustentada, em síntese, por três argumentos básicos (que também analisamos no Capítulo I):

a) estar conforme os princípios do modelo acusatório;

b) resultar da adoção de um "processo penal de partes";

c) proporcionar celeridade na administração de justiça.

A tese de que as formas de acordo são um resultado lógico do "modelo acusatório" e do "processo de partes" é totalmente ideológica e mistificadora, como qualificou Ferrajoli[62], para quem esse sistema é fruto de uma confusão entre o modelo teórico acusatório – que consiste unicamente na separação entre juiz e acusação, na igualdade entre acusação e defesa, na oralidade e publicidade do juízo – e as características concretas do sistema acusatório america-

62. FERRAJOLI, Luigi. *Derecho y razón – teoría del garantismo penal.* Trad. Perfecto Andrés Ibáñez; Alfonso Ruiz Miguel; Juan Carlos Bayón Mohino; Juan Terradillos Basoco e Rocío Cantarero Bandrés. 2. ed. Madrid, Trotta, 1997. p. 747.

no, algumas das quais, como a discricionariedade da ação penal e o acordo, não têm relação alguma com o modelo teórico.

O modelo acusatório exige – principalmente – que o juiz se mantenha alheio ao trabalho de investigação e passivo no recolhimento das provas, tanto de imputação como de descargo. A gestão/iniciativa probatória, no modelo acusatório, está nas mãos das partes; esse é o princípio fundante do sistema. Ademais, há a radical separação entre as funções de acusar/julgar; o processo deve ser (predominantemente) oral, público, com um procedimento contraditório e de trato igualitário das partes (e não meros sujeitos). Com relação à prova, vigora o sistema do livre convencimento motivado, e a sentença produz a eficácia de coisa julgada. A liberdade da parte passiva é a regra, sendo a prisão cautelar uma exceção. Assim é o sistema acusatório, não derivando dele a justiça negociada.

O pacto no processo penal é um perverso intercâmbio, que transforma a acusação em um instrumento de pressão, capaz de gerar autoacusações falsas, testemunhos caluniosos por conveniência, obstrucionismo ou prevaricações sobre a defesa, desigualdade de tratamento e insegurança. O furor negociador da acusação pode levar à perversão burocrática, em que a parte passiva não disposta ao "acordo" vê o processo penal transformar-se em uma complexa e burocrática guerra. Tudo é mais difícil para quem não está disposto a "negociar". O panorama é ainda mais assustador quando, ao lado da acusação, está um juiz pouco disposto a levar o processo até o final, quiçá mais interessado que o próprio promotor em que aquilo acabe o mais rápido e com o menor trabalho possível. Quando as pautas estão cheias e o sistema passa a valorar mais o juiz pela sua produção quantitativa do que pela qualidade de suas decisões, o processo assume sua face mais nefasta e cruel. É a lógica do tempo curto atropelando as garantias fundamentais em nome de uma maior eficiência.

Em síntese, a justiça negociada não faz parte do modelo acusatório e tampouco pode ser considerada uma exigência do processo penal de partes. Se não atentarmos para essas questões, ela pode se transformar em uma perigosa medida alternativa ao processo, sepultando as diversas garantias obtidas ao longo de séculos de injustiças[63].

---

63. Para aprofundar essa análise crítica, sugerimos a leitura de nossa obra

Inobstante todas as críticas e os perigos que encerra, a ampliação dos espaços de consenso e a implementação da negociação no processo penal são uma tendência imparável e para a qual devemos estar preparados.

Não podemos pactuar com uma ampliação utilitarista do espaço de consenso, que encontra seu exemplo maior de distorção no modelo de *plea bargaining* americano, em que cerca de 90% dos casos penais são resolvidos através de acordo entre acusação e defesa. Significa dizer que 9 de cada 10 casos penais são resolvidos através de acordo, sem julgamento pleno e jurisdição efetiva. Não sem razão, os Estados Unidos são o país com a maior população carcerária do mundo, fruto da banalização de acordos conjugada com uma política punitivista. Esse é um extremo que precisa ser recusado. Por outro lado, atualmente, há um consenso de que nenhum sistema de administração de justiça penal consegue dar conta da demanda sem "algum" espaço negocial para desafogá-lo.

Explica Figueiredo Dias[64], deve-se dar passos decisivos na incrementação da justiça negocial e das "estruturas de consenso em detrimento de estruturas de conflito entre os sujeitos processuais; como forma de oferecer futuro a um processo penal dotado de 'eficiência funcionalmente orientada' indispensável à passagem da atual sobrecarga da justiça penal, sem menoscabo dos princípios constitucionais adequados ao Estado de Direito".

A questão a saber é: qual o espaço negocial que estamos dispostos a implantar no Brasil, diante da nossa realidade processual e, principalmente, do nosso sistema carcerário, e qual será o impacto? Que rumo será tomado? Caminharemos em direção ao modelo norte-americano da *plea bargaining?* Iremos na linha do sistema italiano do *patteggiamento*? Do prático-forense alemão (cuja implantação evidenciou o conflito do *law in action* com o *law in books*)?

Fundamentos do Processo Penal – Uma Introdução Crítica, publicada pela Saraiva Educação.

64. FIGUEIREDO DIAS, Jorge de. *Acordos sobre a sentença em processo penal.* Conselho Distrital do Porto, Portugal, 2011. p. 16.

Ampliaremos o modelo brasileiro introduzido pela Lei n. 9.099/95 (transação penal e suspensão condicional) até chegar à Lei n. 12.850/2013 e à colaboração premiada? Qual será o espaço negocial que iremos adotar e com quais limites? Qual o papel do juiz nesse sistema: mero homologador (norte-americano) ou mais intervencionista, como no *patteggiamento* italiano?

Sem esquecer que a Lei n. 13.964/2019 recepcionou no art. 28-A o acordo de não persecução penal, ampliando ainda mais o espaço de negociação do modelo brasileiro. Precisamos de mais negociação? Pensamos que não, até porque – como explicamos no Capítulo 1, ao tratar do "*plea bargaining*" – o verdadeiro problema do entulhamento da justiça criminal demanda uma anamnese mais séria e profunda, que remete à crise do direito penal, banalização do poder de acusar e falta de critérios na admissibilidade das acusações. Para evitar repetições, remetemos o leitor para a parte final do Capítulo 1.

3.4. A imparcialidade do juiz como princípio supremo do processo penal: dissonância cognitiva, efeito primazia e originalidade cognitiva

A imparcialidade do juiz é, definitivamente, "o princípio supremo do processo penal" (Aragoneses Alonso e Werner Goldschmidt). Não há processo sem juiz e não há juiz se não houver imparcialidade. Daí porque é a estrutura do sistema que cria ou não cria, as condições de possibilidade de um juiz imparcial, e, portanto, somente no marco do sistema acusatório é que podemos ter as condições necessárias para a imparcialidade do julgador. A essa altura, pouco importa eventuais divergências sobre o que foi ou não foi o processo penal romano... Importa, em pleno século XXI, que tenhamos uma estrutura dialética, com juiz completamente afastado da arena das partes e da iniciativa probatória, com máxima originalidade cognitiva e estrita observância do contraditório e das demais regras do devido processo.

Desde 2001 na obra "Investigação Preliminar" (e antes, em nossa tese doutoral que originou o livro) sustentamos a necessidade de exclusão física dos autos do inquérito e a separação do juiz "da investigação" em relação ao juiz "do processo" (prevenção como causa de exclusão da competência), como forma de assegurar a máxima eficácia do contraditório judicial e a "originalidade" do julgamento (expressão italiana para externar a importância de que o juiz forme sua convicção "originariamente" a partir da prova produzida no contraditório processual)[65].

Essa é a base do fundamento do juiz das garantias, finalmente consagrado no art. 3º-B e ss. do CPP, mas ainda não implantado, dada a liminar concedida pelo Min. Fux já mencionada.

Então, por que precisamos do juiz das garantias e da separação entre o juiz que atua na investigação preliminar em relação ao juiz que vai instruir e julgar na fase processual?

Para termos um processo penal acusatório e um juiz imparcial. Para finalmente termos um processo penal com qualidade, com respeito às regras do devido processo.

Recordemos, introdutoriamente, que a imparcialidade não se confunde com neutralidade, um mito da modernidade superada por toda base teórica anticartesianista. O juiz-no-mundo não é neutro, mas pode e deve ser imparcial, principalmente se compreendermos que a imparcialidade é uma construção técnica artificial do direito processual, para estabelecer a existência de um terceiro, com estranhamento e em posição de alheamento em relação ao caso penal (*terzietà*), que estruturalmente é afastado.

É, acima de tudo, uma concepção objetiva de afastamento estrutural do processo e estruturante da posição do juiz. É por isso que insistimos tanto na concepção do sistema acusatório a partir do núcleo fundante "gestão da prova" (Jacinto Coutinho), pois não basta a mera separação inicial das funções de acusar e julgar, precisamos manter o juiz afastado da arena das partes e, essencialmente, atribuir a ini-

65. Esse tópico foi publicado originariamente na Coluna Limite Penal: <https://www.conjur.com.br/2014-jul-11/limite-penal-dissonancia-cognitiva-imparcialidade-juiz>.

ciativa e gestão da prova às partes, nunca ao juiz, até o final do processo. Um juiz-ator funda um processo inquisitório; ao passo que o processo acusatório exige um juiz-espectador, como já explicamos anteriormente.

Outro reducionismo bastante frequente é o de desconectar a discussão acerca dos sistemas processuais da imparcialidade. É elementar que ao se atribuir poderes instrutórios ao juiz, fere-se de morte a imparcialidade, pois "quem procura, procura algo" (Geraldo Prado). Transforma-se o processo em uma encenação simbólica, pois o juiz– desde o momento em que decide ir atrás da prova de ofício – já tem definida a hipótese acusatória como verdadeira.

Logo, como ensina Franco Cordero, esse juiz não decide a partir dos fatos apresentados no processo, senão da hipótese acusatória inicialmente eleita (pois se fosse a defensiva ele não precisaria ir atrás da prova). Quando o juiz, em dúvida, afasta o *in dubio pro reo* e opta por ir atrás da prova (juiz-ator = inquisidor), ele decide primeiro e depois vai atrás dos elementos que justificam a decisão que já tomou. Portanto, "ele é a prova" e, depois, decide a partir da prova por ele mesmo produzida.

Sem falar que a dúvida deve dar lugar a absolvição (o *in dubio pro reo* é fruto de evolução civilizatória!) e, quando um juiz afasta essa regra de julgamento e decide "ir atrás da prova", não é preciso maior esforço para compreender que está buscando prova para condenar, pois se fosse para absolver, ele parava no momento anterior... É óbvio que, ao assim agir, ele transforma o *in dubio pro reo* em *in dubio pau no reo*. Sem falar na violação do contraditório e ampla defesa.

É um evidente prejuízo que decorre dos "pré-juízos", como a exaustão já explicou o Tribunal Europeu de Direitos Humanos ao doutrinar que "juiz que vai atrás da prova está contaminado e não pode julgar", sendo a "prevenção" uma causa de exclusão da competência (e não de fixação, como temos erroneamente no Brasil). Existe ainda um alerta para a "estética de imparcialidade" que deve ter os julgadores aos olhos do jurisdicionado. É óbvio que, para o acusado (e qualquer pessoa de bom senso), o juiz que determina a produção de provas de ofício decreta a prisão sem pedido (ou pior, condena sem pedido, como autoriza o art. 385, em que pese entendermos que é inconstitucional e foi tacitamente revogado pelo art. 3º-A) não tem qualquer semelhança com a imagem e a postura que se espera de um julgador.

Mas nesse tema é preciso – como em quase todos os temas complexos – fazer uma leitura interdisciplinar. A "imparcialidade" do juiz não pode ser pensada no reducionismo jurídico-processual, precisa dialogar, especialmente, com a psicanálise e a psicologia.

Nessa perspectiva, a teoria da dissonância cognitiva dá um importante contributo, especialmente no interessante diálogo travado por Bernd Schünemann entre a psicologia social e o processo penal. Focaremos agora no importante trabalho do professor alemão, em obra organizada e traduzida pelo ilustre Prof. Luís Greco, intitulada *Estudos de Direito Penal e Processual Penal e filosofia do direito* (Editora Marcial Pons, 2013) onde ele dedica um interessante capítulo sobre a teoria da "Dissonância Cognitiva"[66].

Em que pese algumas divergências pontuais que tenho em relação ao ilustre autor alemão (e a estrutura do processo penal alemão), especialmente no que tange à concepção de sistema acusatório e inquisitório, à ambição de verdade (a mitológica verdade real...), bem como ao papel do juiz, sua análise sobre a dissonância cognitiva e os problemas acerca dos pré-julgamentos é bastante enriquecedora.

Como explica o autor, grave problema existe no fato de o mesmo juiz receber a acusação, realizar a audiência de instrução e julgamento e posteriormente decidir sobre o caso penal. Existe não apenas uma "cumulação de papéis", mas um "conflito de papéis", não admitido como regra pelos juízes, que se ancoram na "formação profissional comprometida com a objetividade". Tal argumento nos remete a uma ingênua crença na "neutralidade" e supervalorização de uma (impossível) objetividade na relação sujeito-objeto, já tão desvelada pela superação do paradigma cartesiano (ainda não comple-

---

66. A partir daqui, baseamo-nos na obra de SCHÜNEMANN, Bernd. *Estudos de direito penal, direito processual penal e filosofia do direito*. Luís Greco (coord.). São Paulo: Marcial Pons, 2013. p. 205-221.

tamente compreendido). Ademais, desconsidera a influência do inconsciente, que cruza e permeia toda a linguagem e a dita "razão".

Em linhas introdutórias, a teoria da "dissonância cognitiva" desenvolvida na psicologia social analisa as formas de reação de um indivíduo frente a duas ideias, crenças ou opiniões antagônicas, incompatíveis, geradoras de uma situação desconfortável, bem como a forma de inserção de elementos de "consonância" (mudar uma das crenças ou as duas para torná-las compatíveis, desenvolver novas crenças ou pensamentos etc.) que reduzam a dissonância e, por consequência, a ansiedade e o estresse gerado.

Pode-se afirmar que o indivíduo busca – como mecanismo de defesa do ego – encontrar um equilíbrio em seu sistema cognitivo, reduzindo o nível de contradição entre o seu conhecimento e a sua opinião. É um anseio pela eliminação das contradições cognitivas.

O autor traz a teoria da dissonância cognitiva para o campo do processo penal, aplicando-a diretamente sobre o juiz e sua atuação até a formação da decisão, na medida em que precisa lidar com duas "opiniões" antagônicas, incompatíveis (teses de acusação e defesa), bem como com a "sua opinião" sobre o caso penal, que sempre encontrará antagonismo frente a uma das outras duas (acusação ou defesa). Mais do que isso, considerando que o juiz constrói uma imagem mental dos fatos a partir dos autos do inquérito e da denúncia, para recebê-la, é inafastável o pré-julgamento (agravado quando ele decide anteriormente sobre prisão preventiva, medidas cautelares etc.). É de se supor – afirma Schünemann – que "tendencialmente o juiz a ela se apegará (a imagem já construída) de modo que ele tentará confirmá-la na audiência (instrução), isto é, tendencialmente deverá superestimar as informações consoantes e menosprezar as informações dissonantes".

Para diminuir a tensão psíquica gerada pela dissonância cognitiva, haverá dois efeitos (Schünemann):

– efeito inércia ou perseverança: mecanismo de autoconfirmação de hipóteses, superestimando as informações anteriormente consideradas corretas (como as informações fornecidas pelo inquérito ou a denúncia, tanto que ele as acolhe para aceitar a acusação, pedido de medida cautelar etc.);

– busca seletiva de informações: em que se procura, predominantemente, informações que confirmem a hipótese que em algum momento prévio foi aceita (acolhida pelo ego), gerando o efeito confirmador-tranquilizador.

A partir disso ele desenvolve uma interessante pesquisa de campo que acaba confirmando várias hipóteses, entre elas a já sabida – ainda que empiricamente – por todos: quanto maior for o nível de conhecimento/envolvimento do juiz com a investigação preliminar e o próprio recebimento da acusação, (muito) mais provável é a frequência com que ele condenará. Toda pessoa procura um equilíbrio do seu sistema cognitivo, uma relação não contraditória. A tese da defesa gera uma relação contraditória com as hipóteses iniciais (acusatórias) e conduz a (molesta) dissonância cognitiva. Como consequência existe o efeito inércia ou perseverança, de autoconfirmação das hipóteses, através da busca seletiva de informações.

Demonstra Schünemann que – em grande parte dos casos analisados – o juiz, ao receber a denúncia e posteriormente instruir o feito, passa a ocupar – de fato – a posição de parte contrária diante do acusado que nega os fatos e, por isso, está impedido de realizar uma avaliação imparcial, processar as informações de forma adequada.

Grande parte desse problema vem do fato de o juiz ler e estudar os autos da investigação preliminar (inquérito policial) para decidir se recebe ou não a denúncia, para decidir se decreta ou não a prisão preventiva, formando uma imagem mental dos fatos para, depois, passar à "busca por confirmação" dessas hipóteses na instrução. O quadro agrava-se se permitirmos que o juiz, de ofício, vá em busca dessa prova sequer produzida pelo acusador. Enfim, o risco de pré-julgamento é real e tão expressivo, que a tendência é separar o juiz que recebe a denúncia (que atua na fase pré-processual) daquele que vai instruir e julgar ao final.

Conforme as pesquisas empíricas do autor, "os juízes dotados de conhecimentos dos autos (a investigação) não apreenderam e não armazenaram corretamente o conteúdo defensivo" presente na instrução, porque eles só apreendiam e armazenavam as informações incriminadoras que confirmavam o que estava na investigação. "O juiz tendencialmente apega-se à imagem do ato que lhe foi transmitida pelos autos da investigação preliminar; informações dissonantes desta imagem inicial são não apenas menosprezadas, como diria a teoria da dissonância, mas frequentemente sequer percebidas". O quadro mental é agravado pelo chamado "efeito aliança", onde o juiz tendencialmente se orienta pela avaliação realizada pelo promotor. O juiz "vê não no advogado criminalista, mas apenas no promotor, a pessoa relevante que lhe serve de padrão de orientação". Inclusive, aponta a pesquisa, o "efeito atenção" diminui drasticamente tão logo o juiz termine sua inquirição e a defesa inicie suas perguntas, a ponto de serem completamente desprezadas na sentença as respostas dadas pelas testemunhas às perguntas do advogado de defesa.

Tudo isso acaba por constituir um "caldo cultural" onde o princípio do *in dubio pro reo* acaba sendo virado de ponta-cabeça – na expressão de Schünemann – pois o advogado vê-se incumbido de provar a incorreção da denúncia! Entre as conclusões de Schünemann, encontra-se a impactante constatação de que o juiz é "um terceiro inconscientemente manipulado pelos autos da investigação preliminar".

Em suma:

a) fere mortalmente a imparcialidade, a atuação de ofício do juiz, especialmente em relação a gestão e iniciativa da prova (ativismo probatório do juiz) e a decretação (de ofício) de medidas restritivas de direitos fundamentais (prisões cautelares, busca e apreensão, quebra de sigilo telefônico etc.), tanto na fase pré-processual como na processual (em relação à imparcialidade, nenhuma diferença existe em relação ao momento em que ocorra);

b) é uma ameaça real e grave para a imparcialidade o fato de o mesmo juiz receber a acusação e, depois, instruir e julgar o feito, por isso precisamos do modelo de *doble juez*, com o juiz das garantias recebendo a denúncia;

c) precisamos efetivar com urgência e em toda sua extensão a figura do "juiz das garantias", que não se confunde com o "juizado de instrução", sendo responsável pelas decisões acerca de medidas restritivas de direitos fundamentais requeridas pelo investigador (polícia ou MP) e que ao final recebe ou rejeita a denúncia;

d) é imprescindível a exclusão física dos autos do inquérito, permanecendo apenas as provas cautelares ou técnicas irrepetíveis, para evitar a contaminação e o efeito perseverança (como determina o art. 3º-C, § 3º).

Considerando a complexidade do processo e de termos – obviamente – um juiz-no-mundo, deve-se buscar medidas de redução de danos, que diminuam a permeabilidade inquisitória e os riscos para a imparcialidade e a estrutura acusatória constitucionalmente demarcada.

3.4.1. Viés confirmatório e efeito primazia no processo penal, você sabe o que é isso?[67] Mais um argumento a demonstrar a imprescindibilidade do juiz das garantias e a exclusão física dos autos do inquérito

Não raras vezes os ditados populares possuem alguma base científica que os suporte e, partindo disso, a psicologia social se debruçou sobre a crença popular de que "a primeira impressão é a que fica", através – entre outras linhas de pesquisa – do chamado "efeito primazia". Ainda que sempre sensível, é crucial buscar o diálogo interdisciplinar para romper com o reducionismo do monólogo científico, e o Direito não está imune a essa necessidade. Todo o oposto. A complexa fenomenologia da violência e, posteriormente, da situação jurídica processual precisam muito desse diálogo interdisciplinar para dar conta – minimamente – de toda a complexidade ali envolvida.

Trazemos agora um diálogo entre o processo penal e os estudos da psicologia social sobre o fenômeno da *percepção de pessoas*, mais especificamente no que diz respeito à vinculação da *primeira impressão* na formação da impressão definitiva, para que se (re)pense determinadas categorias e institutos processuais a partir dessa perspectiva.

---

67. Esse tópico corresponde ao artigo publicado em coautoria com Ruiz Ritter na Coluna Limite Penal, disponível em: <https://www.conjur.com.br/2016-jul-29/limite-penal-voce-sabe-efeito-primazia-processo-penal>. Também recomendamos a leitura da excelente obra de Ruiz Ritter, intitulada *Imparcialidade no processo penal* – reflexões a partir da teoria da dissonância cognitiva, publicada pela Tirant lo Blanch, onde esse e outros temas cruciais são tratados com a devida profundidade.

Não se objetiva estudar o desenrolar do processo perceptivo em si, bastando que o compreendamos como um processo instantâneo, mediante o qual se inferem características psicológicas a determinada pessoa, a partir da observação de sua conduta (entre outros atributos) ou de sua descrição (quando feita por alguém)[68], e se organizam estas inferências em uma impressão una e coerente[69]. É importante entender, minimamente, as consequências cognitivo-comportamentais da fixação de uma *primeira impressão* em relação a outras posteriores a ela.

Os estudos que mais repercutiram na investigação da formação das impressões (e consequentemente, no desvelamento do impacto das primeiras impressões), foram conduzidos por Solomon Asch[70], e apresentam duas principais conclusões: 1) existem qualidades que se sobressaem no processo perceptivo (conclusão que não será aprofundada); 2) as primeiras informações recebidas tem mais peso que as demais[71], fundamentando-se a ideia de que há uma preponderância das cognições oriundas da *primeira impressão* relativamente a outras a elas conectadas, o que se denominou de *efeito primazia*[72].

A pesquisa desenvolvida por Asch que acabou por comprovar *tal efeito* deu-se (entre outras) da seguinte forma: elaboraram-se duas séries de características idênticas, que se diferiam apenas quanto à ordem em que apareciam escritas (em uma, inteligente, trabalhador, impulsivo, crítico, teimoso e invejoso; e na outra, in-

---

68. FREEDMAN, Jonathan L; CARLSMITH, J. Merril; SEARS, David O. *Psicologia social.* 3. ed. Trad. Álvaro Cabral. São Paulo: Cultrix, 1977. p. 41.

69. MOYA, Miguel. Percepción social y de personas. In: FRANCISCO MORALES, J. (coord.). *Psicología social.* Madrid: McGraw-Hill, 1994. p. 99.

70. GOLDSTEIN, Jeffrey H. *Psicologia social.* Trad. José Luiz Meurer. Rio de Janeiro: Guanabara Dois, 1983. p. 90.

71. RODRIGUES, Aroldo; ASSMAR, Eveline Maria Leal; JABLONSKI, Bernardo. *Psicologia social.* 28. ed. Petrópolis: Vozes, 2010. p. 63.

72. "[...] la información recibida en primer lugar tiende a ser valorada con más peso que la información recibida posteriormente (esto es conocido como *efecto primacía*)." (BARON, Roberta A; BYRNE, Donn. *Psicología social.* 8. ed. Trad. Montserrat Ventosa; Blanca de Carreras; Dolores Ruiz; Genoveva Martín; Adriana Aubert; Marta Escardó. Madrid: Prentice Hall Iberia, 1998. p. 72).

vejoso, teimoso, crítico, impulsivo, trabalhador e inteligente), e as submeteram a dois grupos diferentes, que deveriam formular suas respectivas impressões sobre uma pessoa com tais atributos. Apesar de serem exatamente os mesmos adjetivos, constatou-se que o grupo que recebeu a série com as características positivas primeiro revelou uma impressão consideravelmente melhor sobre a pessoa imaginada do que o outro, cujas negativas constavam à frente[73], justificando a afirmação de que há uma primazia das informações que se recebe primeiro sobre as demais. Logo, concluiu o pesquisador que: *"As descrições dos estudantes indicam que os primeiros termos estabelecem uma direção, e esta exerce uma influência contínua sobre os últimos termos. Quando se ouve o primeiro termo nasce uma impressão, ampla e não cristalizada, mas dirigida. A característica seguinte está relacionada com a direção estabelecida. A opinião formada adquire rapidamente uma certa estabilidade; as características posteriores são ajustadas à direção dominante, quando as condições o permitem"*[74].

Harold Kelley, por meio de um experimento ainda mais realista, reforçou a conclusão de Asch. Na pesquisa que conduziu, duas classes de estudantes de psicologia, antes de ouvirem um conferencista, escutaram uma breve apresentação dele, em que o descreviam como sendo uma pessoa bastante fria, empreendedora, crítica, prática e decidida (turma A), e uma pessoa muito afetuosa, empreendedora, crítica, prática e decidida (turma B). Após a conferência (idêntica em ambas as classes) todos os estudantes tiveram que escrever uma redação expressando suas impressões acerca do conferencista. Como era de esperar, o resultado demonstrou que a turma B (cuja descrição falava em "muito afetuoso" no lugar de "bastante frio") revelou significativamente mais impressões favoráveis do que a turma A[75], concluindo-se que "os estudantes que tinham formado uma impressão

---

73. ASCH, Solomon E. *Psicologia social.* 4. ed. Trad. Dante Moreira Leite; Miriam Moreira Leite. São Paulo: Companhia Editora Nacional, 1977. p. 182-183.

74. Ibidem.

75. KELLEY, Harold H. The warm-cold variable in the first impressions of persons. *Journal of Personality*, 18, p. 431-439, 1950.

preliminar do conferencista a partir da preleção introdutória manifestaram a tendência de avaliar seu comportamento real à luz dessa impressão inicial"[76]. Além disso, verificou-se que os alunos que esperavam um conferencista afetuoso tendiam a dialogar mais livremente com ele do que os demais, sendo possível observar que as distintas descrições preliminares impactaram não somente na impressão final declarada, mas também no comportamento dos estudantes para com o conferencista[77].

Isso dizer que as informações posteriores a respeito de uma pessoa, em geral, são consideradas no contexto da informação inicial recebida[78], *sendo esta, então, a responsável pelo direcionamento da cognição formada a respeito da respectiva pessoa e pelo comportamento que se tem para com ela*, podendo-se reconhecer, com Freedman, Carlsmith e Sears, que "as primeiras impressões são não só o começo da interação social, mas também as suas principais determinantes"[79]. As causas para esse fenômeno são atribuídas tanto à necessidade de manter a coerência entre as informações recebidas, quanto ao nível de atenção dado para as informações, que tende a diminuir substancialmente quando já se tem um julgamento formado, fruto de uma primeira impressão[80].

Nessa mesma perspectiva insere-se o chamado "viés confirmatório" (*confirmation bias*)[81], que pode ser definido como o erro de deci-

---

76. GOLDSTEIN, Jeffrey H. *Psicologia social.* Trad. José Luiz Meurer. Rio de Janeiro: Editora Guanabara Dois, 1983. p. 93.

77. KELLEY, Harold H. The warm-cold variable in the first impressions of persons. *Journal of Personality*, 18, p. 431-439, 1950.

78. GOLDSTEIN, Jeffrey H. *Psicologia social.* Trad. José Luiz Meurer. Rio de Janeiro: Editora Guanabara Dois, 1983. p. 93.

79. FREEDMAN, Jonathan L; CARLSMITH, J. Merril; SEARS, David O. *Psicologia social.* 3. ed. Trad. Álvaro Cabral. São Paulo: Cultrix, 1977. p. 40.

80. MICHENER, H. Andrew; DELAMATER, John D.; MYERS, Daniel J. *Psicologia social.* Trad. Eliane Fittipaldi; Suely Sonoe Murai Cuccio. São Paulo: Pioneira Thomson Learning, 2005. p. 150-151.

81. Entre outros, recomendamos a leitura de *Heuristics and biases*: the psychology of intuitive judgment, de Thomas Gilovich, Dale Griffin e Daniel Kahneman, Cambridge University Press, 2013.

dir antes (processo inconsciente – sistema 1 – intuição[82]) e depois buscar apenas os argumentos confirmatórios dessa hipótese inicialmente tomada como verdadeira, desconsiderando outras linhas de raciocínio/atuação. Esse pré-julgamento é intuitivo, conduzindo ao imenso "prejuízo que decorre dos pré-juízos". Na expressão de Dan Simon[83], isso conduz a uma falha cognitiva que deriva da visão tunelada – *tunnel vision* –, pois o agente não vê mais do que uma única direção.

Mas não é o único erro de julgamento.

Como explicam Morais da Rosa e Wojciechowski[84], "juízes e juízas – de maneira similar a outros tomadores de decisão nas mais diversas áreas – estão suscetíveis aos incessantes *inputs* do Sistema 1, de tal sorte (ou azar o nosso) que, ao se orientarem por heurísticas e esquemas simplificadores, ficam vulneráveis aos desvios de julgamento delas decorrentes. Sob esse aspecto, conferimos especial destaque às seguintes heurísticas e vieses usualmente presentes nas tomadas de decisões: (i) heurística da disponibilidade (*availability heuristic*); (ii) heurística da referência ou da ancoragem (*anchoring*); (iii) heurística do afeto (*affect heuristic*); (iv) heurística da correlação ilusória (*illusory correlations/magical thinking*); (v) viés egocêntrico (*egocentric bias*) e excesso de confiança (*overconfidence*); (vi) viés confirmatório (*confirmation bias*); e (vii) viés retrospectivo (*hindsight bias*).[85]"

Interessa-nos, neste momento, o viés (erro) confirmatório, tão comum nas tomadas de decisão e que nos remete, uma vez mais, a

---

82. KAHNEMAN, Daniel. *Rápido e devagar*: duas formas de pensar. Trad. Cássio de Arantes Leite. Rio de Janeiro: Objetiva, 2012.

83. Na obra *In doubt*: the psychology of de criminal justice process, citado por Morais da Rosa e Wokciechowski, cit., p. 63.

84. MORAIS DA ROSA, Alexandre; WOJCIECHOWSKI, Paola Bianchi. *Vieses da justiça*: como as heurísticas e vieses operam nas decisões penais atuação contraintuitiva, cit.

85. Esse trecho, ainda que desenvolvido na obra anteriormente referida, foi extraído do artigo publicado na Coluna Limite Penal, da *Conjur*, e pode ser lido em: <https://www.conjur.com.br/2018-mar-09/limite-penal-entenda-atuacao-contraintuitiva-processo-dual>.

imprescindibilidade do juiz das garantias e da exclusão física dos autos do inquérito.

Enfim, é preciso um olhar muito atento a essas situações (e outras similares), que ratificam e dão musculatura teórica e científica às diversas críticas feitas ao processo penal, justificando mudanças há muito tempo reclamadas, como a necessária implantação do juiz das garantias, a separação entre o juiz que atua na fase pré-processual e aquele que vai julgar (o problema da prevenção como causa de fixação da competência, quando deveria ser de exclusão), a necessidade de exclusão física dos autos do inquérito etc., ou seja, diversas medidas que buscam dar eficácia ao devido processo e criar condições reais de possibilidade de termos um juiz imparcial. Não dá mais para fechar os olhos para essa realidade, exceto se for uma cegueira convenientemente inquisitória e justiceira.

3.4.2. A importância da "originalidade cognitiva" do juiz da instrução e julgamento, para termos condições de possibilidade de um juiz imparcial[86]

O Estado-juiz deve ser terceiro justamente para não ter parcialidade (interesse/pré-julgamento) na resolução do caso penal em favor de qualquer uma das partes. A imparcialidade é uma construção técnica artificial do processo, que não se confunde com "neutralidade". O julgador ignora os fatos, mas não é neutro, já que possui suas conotações políticas, religiosas, ideológicas etc., mas deve ser imparcial cognitivamente: afastamento subjetivo dos jogadores e objetivo do caso penal.

Não há neutralidade porque se trata de um juiz-no-mundo. Mas deve haver imparcialidade, um afastamento estrutural, um estranha-

86. Com pequenas alterações esse tópico corresponde ao artigo que publicamos em coautoria com Alexandre Morais da Rosa, intitulado "Quando o juiz já sabia: a importância da originalidade cognitiva no Processo Penal", publicado na Coluna Limite Penal, disponível em: <https://www.conjur.com.br/2016-abr-29/limite-penal-quando-juiz-sabia-importancia-originalidade-cognitiva-processo-penal>.

mento em relação ao caso penal em julgamento, aquilo que os italianos chamam de *terzietà* (alheamento, ser um terceiro desinteressado).

Como já apontamos, a imparcialidade é um princípio supremo do processo, como ensina Werner Goldschmidt, fundante da própria estrutura dialética (*actum trium personarum* – Búlgaro). A garantia da jurisdição é ilusória e meramente formal quando não se tem um juiz imparcial. Mais honesto seria reconhecer que nesse caso não se tem a garantia da jurisdição, pois juiz contaminado é juiz parcial, logo, um não-juiz. A questão, portanto, vincula-se à originalidade cognitiva da temática submetida ao julgamento.

A imparcialidade[87], no decorrer do tempo, desde pelo menos o julgamento do Tribunal Europeu de Direitos Humanos (TEDH), no caso Piersack *vs.* Bélgica, distinguiu-se entre objetiva (em relação ao caso penal) e subjetiva (no tocante aos envolvidos).

Também se deve valorizar a "estética de imparcialidade", ou seja, a aparência, a percepção que as partes precisam ter de que o juiz é realmente um "juiz imparcial", ou seja, que não tenha tido um envolvimento prévio com o caso penal (por exemplo, na fase pré-processual, decretando prisões cautelares ou medidas cautelares reais) que o contamine, que fomente os pré-juízos que geram um imenso prejuízo cognitivo.

É importante que o juiz mantenha um afastamento que lhe confira uma "estética de julgador" e não de acusador, investigador ou inquisidor. Isso é crucial para que se tenha a "confiança" do jurisdicionado na figura do julgador. Mas todas essas questões perpassam por um núcleo imantador, que é a *originalidade cognitiva.*

É crucial que o juiz conheça do caso penal, originariamente, no processo penal, ou seja, na fase processual e na instrução. Não significa dizer que o juiz não possa ter conhecimento genérico do fato, até porque impossível interditar a cognição decorrente da própria vida em sociedade, os meios midiáticos e até as redes sociais. Não há como impedir que o juiz leia notícias de um fato ocorrido

87. Nesse tema, importante a leitura de MAYA, André Machado. *Imparcialidade e processo penal*. Rio de Janeiro: Lumen Juris, 2011.

hoje e que amanhã ou depois ele tenha que julgar, por exemplo. Não é disso que se trata.

Estamos falando da originalidade cognitiva no sentido jurídico-processual, ou seja, de que o juiz deverá conhecer em termos processuais e probatórios do caso que irá julgar na instrução processual e não antes. Eis o grande problema do processo penal brasileiro que se pretende superar com a reforma de 2019/2020: o juiz é chamado a conhecer muito cedo do caso que futuramente irá instruir e julgar. Ele não entra no processo como um "ignorante", mas como um sabedor contaminado pela versão unilateralmente apresentada. Basta pensar no caso de um juiz chamado a decidir sobre um pedido de quebra de sigilo fiscal e bancário, que posteriormente decide sobre o pedido de interceptação telefônica, que vai sendo prorrogada mediante sucessivas cognições-decisões deste mesmo juiz e, meses depois, é para ele dirigido o pedido de busca e apreensão e prisão preventiva. Não satisfeito, é ele quem – como regra – irá decidir se recebe ou não a denúncia. É elementar a imensa contaminação e pré-juízos que geram um imenso prejuízo cognitivo.

É por isso que precisamos do sistema de *doble juez* e da máxima eficácia do modelo de juiz das garantias.

Alguém acredita, honestamente, que um juiz que atuou na fase de investigação (como sempre se fez no Brasil), fará a instrução com a mesma abertura cognitiva e igualdade de tratamento que um juiz que nunca foi chamado a decidir sobre esse caso penal (nenhuma decisão interlocutória prévia à instrução), que chega "ignorante" e aberto ao conhecimento e debate? A diferença é evidente.

Por isso o juiz da instrução e julgamento não pode ser o mesmo que atuou na investigação preliminar.

A condição de terceiro é a de ignorância cognitiva em relação às provas, ao conteúdo probatório, já que o acertamento das condutas deve ser novidade ao julgador. O juiz é um sujeito processual (não parte) ontologicamente concebido como um ignorante, porque ele (necessariamente) ignora o caso penal em julgamento.

Ele não sabe, pois não deve ter uma cognição prévia ao processo. Deixará o juiz de ser um ignorante quando, ao longo da instrução, lhe trouxerem as partes às provas que lhe permitirão então conhecer (cognição).

Logo, no regime de instrução do processo, não se pode aceitar juiz contaminado por informações decorrentes de atuações anteriores em processos findos ou paralelos. Isso porque ele já sabia de condutas e provas que deveria não saber.

Nesse sentido, vale invocar o julgamento, pelo Supremo Tribunal Federal, no HC 94.641, destacando o voto do ministro Cézar Peluso, na hipótese em que o mesmo juiz teria conhecido da ação de investigação de paternidade e depois a ação penal que resultou a gravidez (Informativo 528): "Pelo conteúdo da decisão do juiz, restara evidenciado que *ele teria sido influenciado* pelos elementos coligidos na investigação preliminar. Dessa forma, considerou que teria ocorrido hipótese de ruptura da denominada imparcialidade objetiva do magistrado, cuja falta incapacita-o, de todo, para conhecer e decidir causa que lhe tenha sido submetida.

Esclareceu que a imparcialidade denomina-se objetiva, uma vez que não provém de ausência de vínculos juridicamente importantes entre o juiz e qualquer dos interessados jurídicos na causa, sejam partes ou não (imparcialidade dita subjetiva), mas porque corresponde à condição de *originalidade da cognição* que irá o juiz desenvolver na causa, no sentido de que não haja ainda, de modo consciente ou inconsciente, formado nenhuma convicção ou juízo prévio, no mesmo ou em outro processo, sobre os fatos por apurar ou sobre a sorte jurídica da lide por decidir. Assim, sua perda significa falta da isenção inerente ao exercício legítimo da função jurisdicional"[88].

Logo, em processos em que se opera cisão (CPP, art. 80), há flagrante violação da originalidade cognitiva quando o mesmo juiz procede às duas instruções e ao julgamento, bem como quando se trata de processos advindos de mesma investigação, separados por conveniência ou qualquer outro fundamento. A contaminação do

---

88. MORAIS DA ROSA, Alexandre. *Guia Compacto do Processo Penal conforme a Teoria dos Jogos*. Florianópolis: Empório do Direito, 2016. p. 329-330.

julgador pela prova obtida em processo anterior ou paralelo ceifa a lógica do juiz terceiro, salvo aos que acreditam ser possível essa separação ingênua: o juiz finge que não lembra da instrução realizada em outro processo conexo.

Situação similar também se opera quando o juiz criminal é o mesmo que julga a ação civil pública onde se apura uma improbidade administrativa.

Também aqui é importante recordar a decisão proferida pelo **STF no RHC 144.615 AGR/PR – 2020**, em que foi anulada uma sentença condenatória do ex-juiz Moro, por quebra da imparcialidade, exatamente pela postura inquisitória e proativa na produção da prova (violando o *ne procedat iudex ex officio* e a separação de funções), como comentamos anteriormente ao tratar da "crise identitária da jurisdição".

É por tudo isso que precisamos lutar pela urgente e plena implantação do juiz das garantias, separando o juiz que participa da investigação daquele que julgará o processo. Melhor teria sido se o legislador tivesse rompido com o estigma e, em vez de denominar de juiz das garantias, tivesse nominado de "juiz da investigação" (que não tem qualquer semelhança com o famigerado "juiz de instrução"). Infelizmente não foi o que aconteceu. A resistência já começou pelo próprio nome, pois falar em "garantias" no Brasil virou – errônea e absurdamente – sinônimo de impunidade. Triste.

Portanto, o juiz criminal – para efetivamente ser juiz e, portanto, imparcial – deve conhecer do caso penal originariamente no processo. Deve formar sua convicção pela prova colhida originariamente no contraditório judicial, sem pré-juízos e pré-cognições acerca do objeto do processo. Do contrário, a seguir-se com a prática atual, o processo acaba sendo um mero golpe de cena, com um juiz que já formou sua imagem mental sobre o caso e que entra na instrução apenas para confirmar as hipóteses previamente estabelecidas pela acusação e tomadas por verdadeiras por ele juiz, tanto que decretou a busca e apreensão, a interceptação telefônica, a prisão preventiva etc. e ainda recebeu a denúncia. A instrução é apenas confirmatória e simbólica de uma decisão previamente tomada. Esse tema também precisa ser pensado à luz da teoria da dissonância cognitiva, já explicada anteriormente.

Levar a sério a originalidade cognitiva em regimes probatórios democráticos é o desafio. Resta saber se há coragem para afastar um juiz manifestamente contaminado por instruções anteriores.

Enfim, é preciso construirmos um sistema que crie condições de possibilidade de um juiz imparcial, fazendo com que ele conheça do caso penal de forma originária na instrução, com ausência de pré-juízos e imagens mentais já formadas.

Capítulo 4
Teorias acerca da natureza jurídica do processo (penal)

4.1. Introdução: as várias teorias

Questão muito relevante é compreender a natureza jurídica do processo penal, o que ele representa e constitui. Trata-se de abordar a determinação dos vínculos que unem os sujeitos (juiz, acusador e réu), bem como a natureza jurídica de tais vínculos e da estrutura como um todo.

Analisando a história do processo, Pedro Aragoneses Alonso[1] divide as diferentes teorias em três grandes grupos, a saber:

1. Teorias que utilizam categorias de outros ramos do direito
   1.1. Teorias de direito privado
      1.1.1. Processo como contrato
      1.1.2. Processo como quase contrato
      1.1.3. Processo como acordo
   1.2. Teorias de direito público
      1.2.1. Processo como relação jurídica (Bülow)
      1.2.2. Processo como serviço público (Jèze e Duguit)
      1.2.3. Processo como instituição (Guasp)
2. Teorias que utilizam categorias jurídicas próprias
   2.1. Processo como estado de ligação (Kisch)

1. ALONSO, Pedro Aragoneses. *Proceso y derecho procesal*, p. 199 e ss.

2.2. Processo como situação jurídica (Goldschmidt)

3. Teorias mistas[2]

3.1. Teoria da vontade vinculatória autárquica da lei (Podetti)

3.2. Processo como relação que se desenvolve em situações (Alsina)

3.3. Processo como entidade jurídica complexa (Foschini)

As teorias de direito privado (contrato, quase contrato e acordo) foram sendo completamente abandonadas até o final do século XIX, quando o processo (civil e penal) deixa de ser considerado um mero apêndice do direito privado para adquirir sua autonomia. Na esfera penal, influência decisiva para o abandono das teorias privadas foi o fato de a pena passar ao estágio de *pena pública*, como explicado anteriormente, exigindo que a Administração da Justiça fosse exercida pelo Estado, pois ele passou a deter o poder de punir com o abandono e a proibição da vingança privada.

Dentre as teorias de direito público, foi a noção de processo como relação jurídica de Oskar von Bülow a que teve (e tem) maior aceitação, até os dias de hoje. As demais, processo como serviço público (Jèze e Duguit) e processo como instituição (Guasp), tiveram pouca aceitação e apenas contribuíram para enriquecer a discussão e a evolução do processo, mas não foram adotadas. Da mesma forma os estudos de Kisch, Podetti, Alsina e Foschini.

Foi, sem dúvida alguma, James Goldschmidt o maior e único opositor à altura da tese de Bülow, com sua teoria do processo como situação jurídica. Mais do que estruturar uma nova leitura da complexa fenomenologia do processo, Goldschmidt mostra os graves equívocos e a insustentabilidade da noção de processo como relação jurídica.

Assim, considerando os limites do presente trabalho, centrar-nos-emos nessas duas teorias.

---

2. As teorias mistas pretendem compatibilizar e conciliar, principalmente, as teorias da relação de Bülow e da situação jurídica de Goldschmidt.

4.2. Processo como relação jurídica: a contribuição de Bülow

A obra de Bülow *La teoría de las excepciones dilatórias y los presupuestos procesales*, publicada em 1868[3], foi um marco definitivo para o processo, pois estabeleceu o rompimento do direito material com o direito processual e a consequente independência das relações jurídicas que se estabelecem nessas duas dimensões. É o definitivo sepultamento das explicações privativistas em torno do processo.

A teoria do processo como uma relação jurídica é o marco mais relevante para o estudo do conceito de *partes*, principalmente porque representou uma evolução de conteúdo democrático-liberal do processo, em um momento em que o processo penal era visto como uma simples intervenção estatal com fins de "desinfecção social" ou "defesa social"[4].

Como aponta Chiovenda, "la sencillísima pero fundamental idea notada por Hegel, afirmada por Bethmann-Hollweg y desenvuelta principalmente por Bülow y más tarde por Kohler y por otros muchos, incluso en Italia:[5] el proceso civil contiene una relación

---

3. Posteriormente, Bülow voltou ao tema, perfeccionando sua teoria frente às críticas que sucederam sua primeira exposição, mas manteve a linha básica. Segundo Chiovenda (*La acción en el sistema de los derechos*, p. 41), em maio de 1903, na obra *Klage und Urteil*, Bülow volta ao tema para rechaçar as críticas de Wach sobre a ação e, entre outros pontos, aceita a teoria da ação como direito potestativo defendida por Chiovenda.

4. BETTIOL, Giuseppe. *Instituciones de derecho penal y procesal penal*, p. 243.

5. Sem embargo, como destaca Alcalá-Zamora y Castillo (*Proceso, autocomposición y autodefensa*, p. 118-119), "la concepción del proceso como relación jurídica es genuinamente alemana: alemanes son Hegel que la vislumbra, Bethmann-Hollweg que la sustenta y Oskar Bülow que en 1868 publica en Giessen su célebre monografía". Ademais, segue o autor, foram os alemães quem a adaptaram aos distintos ramos do processo e também quem mais duramente a combateram, chegando a propor sua substituição (por J. Goldschmidt). Nada menos que 35 anos depois do livro de Bülow e 18 depois do *Handbuch* de Wach, Chiovenda lê em Bolonha sua lição inaugural sobre *L'azione*. Tal esclarecimento está justificado frente a alguns equívocos doutrinários, como o cometido por Enrique Jimenez Asenjo ("Derecho procesal penal". *Revista de Derecho Privado*, p. 68) que, depois

jurídica"[6], criou um novo marco na doutrina processual civil e também no processo penal.

Na realidade, não se pode afirmar que Bülow criou a teoria da relação jurídica, pois, como aponta Alonso[7], o tema já havia sido aludido por Bethmann-Hollweg anteriormente. Ademais, existem antecedentes históricos nos juristas italianos medievais, como Búlgaro[8], que, ao afirmar que *judicium est actus trium personarum, judicis, actoris, rei*, contemplava no processo as três partes: o juiz que julgue, o autor que demande e o réu que se defenda. Contudo, foi ele quem racionalizou a teoria e, principalmente, a desenvolveu sistematicamente frente ao processo.

A partir daí, não só o processo se desenvolve como instituição, senão que a "ação" (processual) passa a adquirir uma nova dimensão, que conduz a importantes estudos e evolução científica e dogmática de conceitos. Couture aponta que, para a ciência do processo, a separação entre direito e ação constituiu um fenômeno análogo ao que representou para a física a divisão do átomo.

Para Bülow, o processo é uma relação jurídica, de natureza pública, que se estabelece entre as partes (MP e réu) e o juiz, dando origem a uma reciprocidade de direitos e obrigações processuais. Sua natureza pública decorre do fato de o vínculo se dar entre as partes e o órgão público da Administração de Justiça, numa atividade essencialmente pública. Nesse sentido, *o processo é uma relação jurídica de direito público, autônoma e independente da relação jurídica de direito material.*

---

de analisar as posições de Hellwig, Kohler e J. Goldschmidt, afirma que "[...] *finalmente*, Chiovenda, con la opinión dominante, (estima) una relación trilateral entre demandante, demandado y el tribunal [...]", esquecendo-se por completo da doutrina alemã que já a havia concebido com anterioridade.

6. CHIOVENDA. *Principios de derecho procesal civil*, t. I, p. 123.

7. *Proceso y derecho procesal*, p. 206.

8. Tratando dos antecedentes históricos nos juristas medievais italianos, Niceto Alcalá-Zamora e Aragoneses Alonso afirmam que Búlgaro era de Sassoferrato, lição que confiamos e acolhemos. Contudo, não se desconhece haver autores que afirmam que Búlgaro era de Bolonha. Fica a advertência.

No processo penal, representou um avanço no tratamento do imputado, que deixa de ser visto como um mero objeto do processo, para ser tratado como um verdadeiro sujeito, com direitos subjetivos próprios e, principalmente, que pode exigir que o juiz efetivamente preste a tutela jurisdicional solicitada (como garantidor da eficácia do sistema de garantias previsto na Constituição).

Segundo Bülow[9], o processo é um conjunto de direitos e obrigações recíprocos, isto é, uma relação jurídica. Tal relação é pública, pois os direitos e as obrigações processuais se dão entre os funcionários do Estado e os cidadãos, desde o momento em que se trata no processo da função dos agentes públicos. É, ainda, uma relação contínua, pois avança gradualmente e se desenvolve passo a passo, numa sequência de atos logicamente concatenados.

Desenvolve-se, ainda, de modo progressivo, entre o tribunal e as partes. Para isso, é necessário saber entre que pessoas pode se estabelecer, a que objeto se refere, que ato ou fato é necessário para seu nascimento e quem é capaz ou está facultado para realizar tal ato. Para Bülow, os elementos constitutivos da relação jurídico-processual são: pessoas, matéria, atos e momento em que se desenvolvem.

Assim chegamos a outra preciosa contribuição do autor para a ciência do processo: a teoria dos pressupostos processuais[10], que surge basicamente da distinção entre a relação jurídica de direito material e a relação jurídico-processual e procura definir quais são os pressupostos de validade e existência do processo.

Com base nos pressupostos processuais, foi possível compreender a existência do processo e, entre outras coisas, desenvolver uma teoria sobre as nulidades processuais com fundamento mais adequado.

---

9. *La teoría de las excepciones procesales y los presupuestos procesales*, p. 2 e ss.

10. Sem rechaçar sua importância, mas tampouco concordando com a teoria, Manzini entende como "concepto nebuloso y de expresión exótica la de presupuestos procesales" (MANZINI, Vincenzo. *Tratado de derecho procesal penal*, p. 117). Tal conceito (dos pressupostos processuais) também foi duramente atacado por Goldschmidt.

Essa relação jurídico-processual é triangular, como explica Wach[11] (seguindo a Bülow), e dada sua natureza complexa se estabelece entre as partes e entre as partes e o juiz, dando origem a uma reciprocidade de direitos e obrigações. Negar isso é o mesmo que voltar à ideia de um Estado totalitário, em que não existe o binômio poder-dever jurisdicional. O processo é uma via de mão dupla, em que as partes têm direito à tutela jurisdicional, e o juiz, o dever de conduzir o processo até alcançar a sentença.

Quando verificamos que existe uma relação de direitos e deveres recíprocos entre acusador e acusado (como ocorre em relação aos direitos fundamentais), não se pode negar que exista uma verdadeira relação jurídica (complexa) entre eles. Graficamente, a teoria pode ser representada da seguinte forma:

Wach (Bülow)

Juiz

↗↙ ↘↖

↗↙ ↘↖

sujeito ativo ← ⇄ → sujeito passivo

Partindo dos fundamentos apontados por Bülow, aperfeiçoados por Wach[12] e posteriormente por Chiovenda, pode-se afirmar que o processo penal é uma relação jurídica pública, autônoma e complexa, pois existem, entre as três partes, verdadeiros direitos e obrigações recíprocos. Somente assim estaremos admitindo que o acusado não é um mero objeto do processo, tampouco que o processo é um simples instrumento para a aplicação do *jus puniendi* estatal.

---

11. No seu *Manual de derecho procesal civil*, t. 1.

12. Sem embargo, no processo penal, Wach nega a existência de partes, por considerar o acusado um meio de prova e não sujeito da relação jurídico-processual. Infelizmente, algumas vezes ocorre que um excelente processualista civil, quando incursiona pelo processo penal, não o faz com similar brilho. A negação de Wach é um inegável reflexo do verbo totalitário no processo penal.

O acusado é parte integrante do processo, em igualdade de armas com a acusação (seja ela estatal ou não), e, como tal, possuidor de um conjunto de direitos subjetivos dotados de eficácia em relação ao juiz e à acusação.

Mesmo entre os seguidores de Bülow, não existe acordo entre quem estabelece a relação processual. Para alguns, estabelece-se entre as partes e o juiz (Hellwig); para outros, somente entre as partes (Kohler); e, finalmente, existem aqueles que concebem a relação como triangular (Wach). Na Itália, a base da teoria da relação jurídica foi adotada, entre outros, por Carnelutti[13], Chiovenda[14], Bettiol e Rocco.

A teoria do processo como relação jurídica recebeu críticas, tanto na sua aplicação para o processo civil como também para o processo penal, mas, em que pese sua insuficiência e inadequação, acabou sendo adotada pela maior parte da doutrina processualista.

A crítica mais contundente e profunda veio, sem dúvida, de Goldschmidt, por sua tese de que o processo é uma situação jurídica, como se verá na continuação.

4.3. Processo como situação jurídica (ou a superação de Bülow por James Goldschmidt)

A noção de processo como relação jurídica, estruturada na obra de Bülow[15], foi fundante de equivocadas noções de segurança e igualdade que brotaram da chamada relação de direitos e deveres estabelecida entre as partes e entre as partes e o juiz. O erro foi o de crer que no processo penal houvesse uma efetiva relação jurídica, com um autêntico processo de partes.

---

13. Para quem o processo "no puede ser una relación jurídica sino que genera una red, por no decir una maraña de relaciones jurídicas" e, por isso, deve ser concebido como um *complejo de relaciones jurídicas* (*Instituciones de derecho penal y procesal penal*, p. 243 e ss.).

14. Ao contrário de Carnelutti, vislumbra uma única relação jurídica, mas complexa.

15. Desenvolvida na obra *La teoría de las excepciones dilatórias y los presupuestos procesales* publicada (original em alemão) em 1868.

Com certeza, foi muito sedutora a tese de que no processo haveria um sujeito que exercitava nele direitos subjetivos e, principalmente, que poderia exigir do juiz que efetivamente prestasse a tutela jurisdicional solicitada sob a forma de resistência (defesa). Apaixonante, ainda, a ideia de que existiria uma relação jurídica, obrigatória, do juiz com relação às partes, que teriam o direito de lograr por meio do ato final um verdadeiro clima de legalidade e *restabelecimento* da "paz social".

Foi James Goldschmidt e sua *Teoria do processo como situação jurídica*, tratada na sua célebre obra *Prozess als Rechtslage*[16], publicada em Berlim em 1925 e posteriormente difundida em diversos outros trabalhos do autor[17], quem melhor evidenciou as falhas da construção de Bülow, mas, principalmente, quem formulou a melhor teoria para explicar e justificar a complexa fenomenologia do processo.

Para o autor, o processo é visto como um conjunto de situações processuais pelas quais as partes atravessam, caminham, em direção a uma sentença definitiva favorável. Nega ele a existência de direitos e obrigações processuais e considera que os pressupostos processuais de Bülow são, na verdade, pressupostos de uma sentença de fundo. Afirma Goldschmidt que, *por tanto, por sus presupuestos, la relación jurídica procesal no aporta nada. El concepto de presupuestos procesales más bien resulta adecuado para oscurecer el*

16. Agora com ótima tradução em espanhol: *Derecho, Derecho Penal y Proceso Penal – III. El Proceso como Situación Jurídica.* Tradução de Jacobo López Barja de Quiroga, León Garcia-Comendador Alonso e Ramón Ferrer Baquero, Madrid, Marcial Pons, 2015.

17. Para compreensão da temática, consultamos as seguintes obras de James Goldschmidt: *Derecho, Derecho Penal y Proceso Penal – III. El Proceso como Situación Jurídica*; *Derecho procesal civil; Principios generales del proceso*; *Derecho justicial material; Problemas jurídicos y políticos del proceso penal* e *Princípios gerais do processo civil.* Destaque-se, ainda, a magistral análise feita por Pedro Aragoneses Alonso na obra *Proceso y derecho procesal*, p. 235 e ss., especialmente no que se refere à crítica feita por Piero Calamandrei e à resposta de Goldschmidt, que levou o processualista italiano a, nos últimos anos de vida, retificar sua posição e admitir o acerto da teoria do processo como situação jurídica.

de presupuestos de la sentencia sobre el fondo, si éste, en aquel momento hubiese sido alumbrado.[18]

Goldschmidt ataca, primeiramente, os pressupostos da relação jurídica, em seguida nega a existência de direitos e obrigações processuais, ou seja, o próprio conteúdo da relação, e, por fim, reputa definitivamente como estática ou metafísica a doutrina vigente nos sistemas processuais contemporâneos. Nesse sentido, os pressupostos processuais não representam pressupostos do processo, deixando, por sua vez, de condicionar o nascimento da relação jurídico-processual para ser concebidos como pressupostos da decisão sobre o mérito.

O conceito de "situação jurídica" é puramente processual e surge somente sobre a base de uma consideração processualista do direito, contrapondo-se ao conceito de "relação jurídica" de Bülow, que surgiu de uma perspectiva jurídico-material do direito[19], ou seja, deita suas bases no direito material.

Foi Goldschmidt quem evidenciou o caráter dinâmico do processo, ao transformar a certeza própria do direito material na incerteza característica da atividade processual. Na síntese do autor, durante a paz, a relação de um Estado com seus territórios de súditos é estática, constitui um império intangível. Interessa-nos, pois, a crítica pelo viés da inércia e da falsa noção de segurança que traz ínsita a teoria do processo enquanto relação jurídica.

Sem embargo, ensina Goldschmidt,

> quando a guerra estoura, tudo se encontra na ponta da espada; os direitos mais intangíveis se convertem em expectativas, possibilidades e obrigações, e todo direito pode se aniquilar como consequência de não ter aproveitado uma ocasião ou descuidado de uma obrigação; como, pelo contrário, a guerra pode proporcionar ao vencedor o desfrute de um direito que não lhe corresponde[20].

---

18. *Derecho, Derecho Penal y Proceso Penal – III. El Proceso como Situación Jurídica,* p. 112.

19. GOLDSCHMIDT, James. *Derecho, Derecho Penal y Proceso Penal – III. El Proceso como Situación Jurídica*, p. 279.

20. *Princípios gerais do processo civil*, p. 49.

Essa dinâmica do *estado de guerra* é a melhor explicação para o fenômeno do processo, que deixa de lado a estática e a segurança (controle) da relação jurídica para inserir-se na mais completa epistemologia da incerteza. O processo é uma complexa situação jurídica, na qual a sucessão de atos vai gerando situações jurídicas, das quais brotam as *chances*, que, bem aproveitadas, permitem que a parte se liberte de *cargas* (probatórias) e caminhe em direção favorável. Não aproveitando as chances, não há a liberação de cargas, surgindo a perspectiva de uma sentença desfavorável.

O processo, enquanto situação – em movimento –, dá origem a *expectativas, perspectivas, chances, cargas* e *liberação de cargas*. Do aproveitamento ou não dessas chances, surgem ônus ou bônus.

As *expectativas* de uma sentença favorável dependerão normalmente da prática com êxito de um ato processual anterior realizado pela parte interessada (liberação de cargas). Como explica o autor[21],

> *se entiende por derechos procesales las expectativas, posibilidades y liberaciones de una carga procesal. Existen paralelamente a los derechos materiales, es decir, a los derechos facultativos, potestativos y permisivos [...]. Las llamadas expectativas son esperanzas de obtener futuras ventajas procesales, sin necesidad de acto alguno propio, y se presentan rara vez en el desenvolvimiento normal del proceso; pueden servir de ejemplo de ellas la del demandado de que se desestime la demanda que padezca de defectos procesales o no esté debidamente fundada* [...].

As *possibilidades* surgem de uma *chance*, são consideradas "la situación que permite obtener una ventaja procesal por la ejecución de un acto procesal"[22]. Como esclarece Alonso[23], a expectativa de uma vantagem processual e, em última análise, de uma sentença favorável à dispensa de uma carga processual, e a possi-

---

21. GOLDSCHMIDT, James. *Derecho procesal civil*, p. 194 e ss.

22. *Derecho procesal civil*, p. 195.

23. *Proceso y derecho procesal*, p. 241.

bilidade de chegar a tal situação pela realização de um ato processual constituem os direitos em sentido processual da palavra. Na verdade, não seriam direitos propriamente ditos, senão situações que poderiam denominar-se com a palavra francesa *chances*[24]. Diante de uma *chance*, a parte pode liberar-se de uma carga processual e caminhar em direção a uma sentença favorável (expectativa), ou não se liberar, e, com isso, aumentar a possibilidade de uma sentença desfavorável (perspectiva).

Assim, sempre que as partes estiverem em situação de obter, por meio de um ato, uma vantagem processual e, em última análise, uma sentença favorável têm uma possibilidade ou chance processual. O produzir uma prova, refutar uma alegação, juntar um documento no devido momento são típicos casos de aproveitamento de chances.

Tampouco incumbem às partes obrigações, mas sim *cargas processuais*, entendidas como a realização de atos com a finalidade de prevenir um prejuízo processual e, consequentemente, uma sentença desfavorável. Tais atos se traduzem, essencialmente, na prova de suas afirmações.

É importante recordar que, no processo penal, a carga da prova está inteiramente nas mãos do acusador, não só porque a primeira afirmação é feita por ele na peça acusatória (denúncia ou queixa), mas também porque o réu está protegido pela presunção de inocência.

Infelizmente, é comum nos deparamos com sentenças e acórdãos que fazem uma absurda distribuição de cargas no processo penal, tratando a questão da mesma forma que no processo civil. Não raras são as sentenças condenatórias fundamentadas na "falta de provas da tese defensiva", como se o réu tivesse de provar sua versão de negativa de autoria ou da presença de uma excludente.

---

24. 1. Maneira favorável ou desfavorável segundo a qual um acontecimento se produz (álea, acaso); potência que preside o sucesso ou insucesso, dentro de uma circunstância (fortuna, sorte). 2. Possibilidade de se produzir por acaso (eventualidade, probabilidade). 3. Acaso feliz, sorte favorável (felicidade, fortuna). Na definição do dicionário *Le Petit Robert*, p. 383 (tradução nossa).

É um erro. Não existe uma "distribuição", senão que a carga probatória está inteiramente nas mãos do Ministério Público.

O que podemos conceber, indo além da noção inicial de situação jurídica, é uma assunção de riscos. Significa dizer que à luz da *epistemologia da incerteza* que marca a atividade processual e o fato de a *sentença ser um ato de convencimento* (como explicaremos a seu tempo), a não produção de elementos de convicção para o julgamento favorável ao seu interesse faz com que o réu acabe potencializando o risco de uma sentença desfavorável. Não há uma carga para a defesa, mas sim um risco. Logo, *coexistem as noções de carga para o acusador e risco para a defesa.*

Carga é um conceito vinculado à noção de *unilateralidade*, logo, não passível de distribuição, mas sim de atribuição. No processo penal, a atribuição da carga probatória está nas mãos do acusador, não havendo carga para a defesa e tampouco possibilidade de o juiz auxiliar o MP a liberar-se dela (recusa ao ativismo judicial).

A defesa assume riscos pela perda de uma chance probatória. Assim, quando facultado ao réu fazer prova de determinado fato por ele alegado e não há o aproveitamento dessa chance, assume a defesa o risco inerente à perda de uma chance, logo, assunção do risco de uma sentença desfavorável. Exemplo típico é o exercício do direito de silêncio, calcado no *nemo tenetur se detegere*. Não gera um prejuízo processual, pois não existe uma carga. Contudo, potencializa o risco de uma sentença condenatória. Isso é inegável.

Não há uma carga para a defesa exatamente porque não se lhe atribui um prejuízo imediato e tampouco possui um dever de liberação. A questão desloca-se para a dimensão da assunção do risco pela perda de uma chance de obter a captura psíquica do juiz. O réu que cala assume o risco decorrente da perda da chance de obter o convencimento do juiz da veracidade de sua tese.

Mas, voltando à concepção goldschmidtiana, a obrigação processual (carga) é tida como um imperativo do próprio interesse da parte, diante da qual não há um direito do adversário ou do Estado. Por isso é que não se trata de um dever. O adversário não deseja outra coisa senão que a parte se desincumba de sua obrigação de fundamentar, provar etc. Com efeito, há uma relação estreita entre as obrigações processuais e as *possibilidades* (direitos processuais da mesma parte), uma vez que "cada possibilidade impõe à parte a obrigação de aproveitar a possibilidade com o objetivo de prevenir sua perda"[25].

A *liberação de uma carga processual* pode decorrer tanto de um agir positivo (praticando um ato que lhe é possibilitado) como também de um não atuar, sempre que se encontre em uma situação "que le permite abstenerse de realizar algún acto procesal sin temor de que le sobrevenga el perjuicio que suele ser inherente a tal conducta"[26].

Já a *perspectiva* de uma sentença desfavorável dependerá sempre da não realização de um ato processual em que a lei imponha um prejuízo (pela inércia). A justificativa encontra-se no princípio dispositivo. A não liberação de uma carga (acusação) leva à perspectiva de um prejuízo processual, sobretudo de uma sentença desfavorável, e depende sempre que o acusador não tenha se desincumbido de sua carga processual[27].

Na síntese de Alonso[28],

> *al ser expectativas o perspectivas de un fallo judicial futuro, basadas en las normas legales, representan más bien situaciones jurídicas, lo que quiere decir estado de una persona desde el punto de vista de la sentencia judicial, que se espera con arreglo a las normas jurídicas.*

Assim, o processo deve ser entendido como o conjunto dessas situações processuais e concebido "como um complexo de promessas e ameaças, cuja realização depende da verificação ou omissão de um ato da parte"[29].

Outra categoria muito importante na estrutura teórica do autor é a de *derecho justicial material*. Nessa visão, o direito penal é um

---

25. *Princípios gerais do processo civil*, p. 66.
26. Idem.
27. Ibidem, p. 68.
28. *Proceso y derecho procesal*, cit., p. 241.
29. *Princípios gerais do processo civil*, p. 57.

derecho justicial material, posto que o Estado adjudicou o exercício do seu poder de punir à Justiça. Mas, principalmente, as normas que integram o *derecho justicial* são *medidas para o juízo do juiz*, regras de julgamento e condução do processo, gerando para as partes o caráter de promessas ou de ameaças de determinada conduta do juiz. Os conceitos de *promessas* ou de *ameaças* devem ser vistos numa lógica de "ônus" e "bônus", logo, promessas de benefícios (sentença favorável etc.) diante de determinada atuação ou, ainda, ameaças de prejuízos processuais pela não liberação de uma carga, por exemplo.

Essa rápida exposição do pensamento de Goldschmidt serve para mostrar que o processo – assim como a guerra – está envolto por uma nuvem de incerteza. A expectativa de uma sentença favorável ou a perspectiva de uma sentença desfavorável está sempre pendente do aproveitamento das chances e liberação da carga. Em nenhum momento tem-se a certeza de que a sentença será procedente. A acusação e a defesa podem ser verdadeiras ou não; uma testemunha pode ou não dizer a verdade, assim como a decisão pode ser acertada ou não (justa ou injusta), o que evidencia sobremaneira o risco no processo.

O mundo do processo é o mundo da instabilidade, de modo que não há que se falar em juízos de segurança, certeza e estabilidade quando se está tratando com o mundo da realidade, o qual possui riscos que lhe são inerentes.

É evidente que não existe *certeza* (*segurança*), nem mesmo após o trânsito em julgado, pois a coisa julgada é uma construção técnica do direito, que nem sempre encontra abrigo na realidade, algo assim como a matemática, na visão de Einstein[30]. É necessário destacar que o direito material é um mundo de entes irreais, uma vez que é construído à semelhança da matemática pura, enquanto o mundo do pro-

30. Ensina Einstein (*Vida e pensamento*, p. 66-68) que "o princípio criador reside na matemática; a sua certeza é absoluta, enquanto se trata de matemática, abstrata, mas diminui na razão direta de sua concretização [...] as teses matemáticas não são certas quando relacionadas com a realidade e, enquanto certas, não se relacionam com a realidade".

cesso, como anteriormente mencionado, identifica-se com o mundo das realidades (concretização), pelo qual há um enfrentamento da ordem judicial com a ordem legal.

A dinâmica do processo transforma a certeza própria do direito material na incerteza característica da atividade processual. Para Goldschmidt[31], "a incerteza é consubstancial às relações processuais, posto que a sentença judicial nunca se pode prever com segurança". A incerteza processual justifica-se na medida em que coexiste em iguais condições a possibilidade de o juiz proferir uma sentença justa ou injusta.

Não se pode supor o direito como existente (enfoque material), mas sim comprovar se o direito existe ou não no fim do processo. Justamente por isso é que se afirma que o processo é incerto, inseguro.

A visão do processo como guerra evidencia a realidade de que vence (alcança a sentença favorável) aquele que lutar melhor, que melhor souber aproveitar as chances para libertar-se de cargas processuais ou diminuir os riscos. Entretanto, não há como prever com segurança a decisão do juiz. E esse é o ponto crucial aonde queríamos chegar: demonstrar que a incerteza é característica do processo, considerando que o seu âmbito de atuação é a realidade.

4.3.1. Quando Calamandrei deixa de ser o crítico e rende homenagens a *un maestro di liberalismo processuale*. O risco deve ser assumido: a luta pelas regras do jogo

É importante destacar que Goldschmidt sofreu duras e injustas críticas, até porque muitos não compreenderam o alcance de sua obra. Parte dos ataques deve ser atribuída ao momento político vivido e à ilusão de "direitos" que Bülow acenava, contrastando com a dura realidade espelhada por Goldschmidt, que chegou a ser rotulado de teórico do nazismo. Uma imensa injustiça, repetida até nossos dias por pessoas que conhecem pouco a *obra do autor* e desconhecem completamente o *autor da obra* (como veremos à continuação).

31. *Princípios gerais do processo civil*, p. 50.

Inclusive, é interessante como a história demonstrou que as *três principais críticas* (estamos sintetizando, é claro)[32] feitas a essa concepção acabaram se transformando em demonstrações de acerto e da genialidade do autor.

Vejamos as críticas, principalmente de Calamandrei:

a) A de que a teoria da situação jurídica estava estruturada em *categorias de caráter sociológico* (expectativas, perspectivas, chances etc.). Goldschmidt refutou, apontando que o direito civil sempre trabalhou com o conceito de *expectativa de direito*, conhecido e reconhecido há muito tempo. E seguiu mostrando que tais concepções eram "pouco sociológicas". Há que se compreender à luz da racionalidade da época. Hoje, a discussão estaria noutra dimensão, sem medo de assumir o caráter sociológico e demonstrar sua absoluta necessidade. E, assim, a crítica se revelou infundada, na medida em que, atualmente, a complexidade que marca as sociedades contemporâneas evidenciou a falência do monólogo científico, especialmente o jurídico. Ou seja, a complexidade social exige um olhar interdisciplinar, que transcenda as categorias fechadas – como as tradicionalmente concebidas no direito – para colocar os diferentes campos do saber para dialogar em igualdade de condições e, assim, construir uma nova linguagem. Isto é, Goldschmidt já percebia a insuficiência do monólogo jurídico e a necessidade de uma abertura, dialogando com a sociologia para com ela construir uma *nova linguagem* que desse conta da complexa fenomenologia do processo. Logo, um grande acerto, que, por ser além do seu tempo, não foi compreendido. Hoje, atualíssimo.

b) A segunda crítica foi a de que ele estava "rompendo com a unidade processual". Calamandrei afirmou que essa concepção não era "conveniente, nem científica, nem didaticamente", e que a visão do autor fazia com que o processo parecesse não mais uma unidade (relação jurídica), mas uma sucessão de

32. Baseamo-nos na sistematização de Alonso, *Proceso y derecho procesal*, p. 243 e ss.

situações distintas. Goldschmidt respondeu, afirmando que a unidade do processo "é garantida por seu objeto" e que na relação jurídica a unidade maior é só em aparência. É o objeto (a pretensão processual acusatória, que explicaremos na continuação) que mantém a unidade, pois tudo a ele converge. Toda a atividade processual recai sobre um objeto comum, fazendo com que, para nós, a unidade seja mantida por imantação. Mais do que isso, recorremos novamente ao conceito de *complexidade* para demonstrar que a tal "unidade processual" remonta um pensamento cartesiano que não compreende a abertura e uma dose de superação do binômio aberto-fechado. Logo, novo acerto pela superação do sistema simples e unitário.

c) Por fim, foi criticado por ter uma *concepção "anormal ou patológica" do processo*. Ora, esse foi, sem dúvida, o maior acerto do autor (ao lado da dinâmica da situação jurídica). Ele, já em 1925, incorporou no processo a epistemologia da incerteza, influenciado, quem sabe[33], pelos estudos de Einstein em torno da relatividade (1905 e 1916) e da quântica. Infelizmente ainda está por ser escrito um trabalho que investigue a influência einsteiniana nos grandes juristas da época... Mas Goldschmidt estava certo, tão certo que Calamandrei retifica sua posição – e críticas – para assumir a noção de *processo como jogo*. O que o jurista alemão estava desvelando é que a incerteza é constitutiva do processo e nunca se pode prever com segurança a sentença judicial. Alguém duvida disso? Elementar que não. Como assumiu, anos mais tarde, Calamandrei, para obter-se justiça não basta ter razão, senão que é necessário fazê-la valer no processo, utilizando todas as armas, manobras e técnicas (obviamente lícitas e éticas) para isso.

---

33. Até porque, como homem de ciência que era, não estaria à margem da revolução científica que se produzia naquela época, com os estudos de Einstein sobre a relatividade e o quanta, e também de Heisenberg (incerteza), Max Planck, Mach, Kepler, Maxwell, Born e outros.

Assim, no plano jurídico-processual, Calamandrei foi um opositor à altura. Inclusive, as três críticas anteriormente analisadas foram pontos focados no sugestivo artigo "El proceso como situación jurídica", de onde outros tantos aderiram.

Contudo, após as críticas iniciais, todas refutadas, Calamandrei perfilou-se ao lado de Goldschmidt no célebre trabalho "Il processo come giuoco"[34]. Posteriormente, escreveu "Un maestro di liberalismo processuale"[35] em sua homenagem. Podem até dizer que não se tratava de uma plena concordância, é verdade, mas sim de uma radical mudança: de crítico visceral a pequenas divergências periféricas, com as homenagens pelo reconhecimento do acerto substancial.

Na sua visão do processo como um jogo, Calamandrei explica que as partes devem, em primeiro lugar, conhecer as regras do jogo. Logo, devem observar como funcionam na prática, eis que a atividade processual trabalha com a realidade. Além disso, é preciso "experimentar como se entendem e como as respeitam os homens que devem observá-las, contra que resistências correm risco de se enfrentar, e com que reações ou com que tentativas de ilusão têm que contar"[36]. Entretanto, para se obter justiça, não basta tão somente ter razão. O triunfo do processo depende, outrossim, de "*sabê-la expor, encontrar quem a entenda*, e *a queira dar*, e, por último, *um devedor que possa pagar*"[37].

Nesse jogo, o sujeito processual ou o "ator", como denomina o próprio Calamandrei, movimenta-se a fim de obter uma sentença que acolha seu direito, muito embora o resultado (procedência) não dependa unicamente de sua demanda, considerando que nesse contexto insere-se a figura do juiz. Assim, o reconhecimento do direito

34. *Rivista di Diritto Processuale*, p. 23 e ss. Também publicado nos *Scritti in onere del prof. Francesco Carnelutti*.

35. *Rivista di Diritto Processuale*, p. 1 e ss. Também publicado no número especial da *Revista de Derecho Procesal*, em memória de James Goldschmidt.

36. Ibidem, p. 221.

37. CALAMANDREI, Piero. *Direito processual civil*, p. 223.

do "ator" depende necessariamente da busca constante da convicção do julgador, fazendo-o entender a demanda. Ou nas palavras de Calamandrei[38]:

> O êxito depende, por conseguinte, da interferência destas psicologias individuais e da força de convicção com que as razões feitas pelo demandante consigam fazer suscitar ressonâncias e simpatias na consciência do julgador.

Contudo, o árbitro (juiz) não é livre para dar razão a quem lhe dê vontade, pois se encontra atrelado à *pequena história* retratada pela prova contida nos autos. Logo, está obrigado a dar razão àquele que melhor consiga, pela utilização de meios técnicos apropriados, convencê-lo. Por conseguinte, as habilidades técnicas são cruciais para fazer valer o direito, considerando sempre o risco inerente à atividade processual: "Afortunada coincidência é a que se verifica quando entre dois litigantes o mais justo seja também o mais habilidoso". Entretanto, quando não há tal coincidência, "o processo, de instrumento de justiça, criado para dar razão ao mais justo, passe a ser um instrumento de habilidade técnica, criado para dar vitória ao mais astuto"[39].

A sentença – na visão de Calamandrei – deriva da soma de esforços contrastantes, ou seja, das ações e das omissões, das astúcias ou dos descuidos, dos movimentos acertados e das equivocações, considerando que o processo, nesse ínterim, "vem a ser nada mais que um jogo no qual há que vencer"[40].

Elementar que afirmações assim, lidas apressadamente e de forma superficial, podem causar algum choque. Mas, destaque-se, não estamos "criando" nada e tampouco se trata de questões novas.

Se pudéssemos sintetizar (advertindo sobre o risco e o dano da síntese) os dois pontos mais importantes do pensamento de Goldschmidt para o processo, destacaríamos:

---

38. CALAMANDREI, Piero. *Direito processual civil*, p. 223.
39. Ibidem, p. 224.
40. Idem.

1. O conceito aplicado de *fluidez, movimento, dinâmica* no processo, que incorpora a concepção de situações jurídicas complexas. Essa alternância de movimentos, inerente ao processo, é um genial contraste e evolução quando comparado com a inércia da relação jurídica. Foi ele quem melhor percebeu e explicou, por meio da sua teoria, a essência do *procedere* que imprime a marca do processo judicial.
2. O abandono da equivocada e (perigosamente) sedutora ideia de segurança jurídica que brota da construção do processo como relação jurídica estática, com direitos e deveres "claramente estabelecidos" entre as partes e o juiz. É um erro, pois o processo se move num mundo de incerteza. Mais, é uma noção de segurança construída erroneamente a partir da concepção estática do processo. Não que se negue a necessidade de "segurança", mas ela somente é possível quando corretamente percebido e compreendido o próprio risco. Segurança se desenha a partir do risco e, principalmente, do risco que brota da própria incerteza do movimento e da dinâmica do processo. É segurança na incerteza e no movimento. Logo, o que nos sobra é lutar pela forma, ou seja, um conceito de segurança que se estabeleça a partir do respeito às regras do jogo. Essa é a segurança que se deve postular e construir. Detalhe importante: obviamente não foi Goldschmidt quem "criou" a insegurança e a incerteza[41], mas sim quem as des-

---

41. Recordemos que a relatividade geral falhou ao tentar descrever os momentos iniciais do universo, porque não incorporava o *princípio da incerteza*, o elemento aleatório da teoria quântica a que Einstein tinha se oposto a pretexto de que "Deus não joga dados com o universo". Entretanto, como explica Stephen Hawking (*O universo numa casca de noz*, p. 79), tudo indica que Deus é um grande jogador! Nessa discussão, enorme relevância tem o físico alemão Werner Heisenberg que formulou o famoso *princípio da incerteza*, a partir da observação da hipótese quântica de Max Planck. Em apertadíssima síntese, a partir de Hawking (ob. cit., p. 42), significa dizer que Planck, em 1900, afirmou que a luz sempre vem em pequenos pacotes, que ele denominou "quanta". Essa hipótese quântica explicava claramente as observações da taxa de radiação de corpos quentes, mas a plena compreensão da extensão de suas implicações somente foi possível por volta de 1920, quando Heisenberg demonstra que, quanto mais se tenta medir a posição de uma partícula, menos exatamente se consegue medir

velou. Elas lá sempre estiveram[42], pois são inerentes ao processo e à justiça. Houve sim um encobrimento na teoria de Bülow da incerteza a partir de todo um contexto histórico processual e social. Era uma visão muito sedutora, principalmente naquele momento histórico. Mas a razão está com Goldschmidt: o processo se move no mundo de incerteza, onde as chances devem ser aproveitadas para que as partes possam se liberar das "cargas probatórias" e caminhar em direção a uma sentença favorável. A única segurança que se postula é a da estrita observância das regras do jogo – a forma como garantia – e, mais, anterior a ela, no conteúdo axiológico da própria regra.

O maior mérito do autor, infelizmente ainda a ser reconhecido, foi ter evidenciado o fracasso da unidade epistemológica do direito (processual), com a inserção de categorias sociológicas (expectativas, perspectivas, chances); a epistemologia da incerteza (e a imprevisibilidade do processo); a noção de fluidez, dinâmica e movimento; e ter denunciado o fracasso da teoria geral do processo (o erro da transmissão mecânica de categorias). Por fim, ao incorporar o risco (muito antes de Beck, Giddens e todos os sociólogos do risco!),

---

a sua velocidade e vice-versa. E aqui o que nos interessa: mostrou que a incerteza na posição de uma partícula, multiplicada pela incerteza de seu momento, deve ser sempre maior do que a constante de Planck, uma quantidade aproximadamente relacionada ao teor de energia de um *quantum* de luz. Assim, reina a incerteza em detrimento de qualquer visão determinista. Tudo isso constituía o auge da discussão científica mundial neste período de 1900-1930 (sem negar o antes e o depois, é claro), contemporânea então com o auge da produção intelectual de James Goldschmidt, que publica seu *capolavoro Prozess als Rechtslage*, em Berlim, em 1925.

42. Pensamos que é importante atentar para o símbolo da justiça do caso concreto, que é a Dikè (*Dikelogía: la ciencia de la justicia* – intitula Werner Goldschmidt). Ela carrega a espada que pende sobre a cabeça do réu e corresponde ao direito potestativo de penar e, na outra mão, está a balança. À primeira vista (e também última para muitos), a balança simboliza o equilíbrio, a ponderação e até a supremacia da razão (dentro de uma racionalidade moderna [superada, portanto]). Mas, para muito além disso, ela simboliza a "incerteza" característica da administração da justiça no caso concreto. Corresponde à incerteza característica do processo. Ela oscila, tanto pende igualmente para um lado como para outro. Está lançada a sorte.

evidencia a falácia da noção tradicional de "segurança jurídica" fomentada pela inércia da relação jurídica de Bülow.

É interessante como a tradição resiste ao novo, principalmente quando é desorganizador da ilusória tranquilidade do *status quo*. Se compararmos com a receptividade (até nossos dias) da concepção de Bülow, veremos que foi quantitativamente bem superior do que a aceitação da revolucionária tese de Goldschmidt. Possivelmente, entre outros fatores, porque foi pouco compreendida sua complexa noção de processo.

Contudo, como muito bem define José Vicente Gimeno Sendra[43], *a crítica que realizou Goldschmidt à relação jurídica processual foi tão sólida que seus defensores atuais foram obrigados a adotar uma dessas três posições*:

1. Pretender defender a conciliação da teoria da relação jurídica com a da situação jurídica[44].
2. Estender o conceito de *relação jurídica* a limites inimagináveis e insustentáveis, como são as tentativas de dar-lhe dinamicidade, fluidez e complexidade.
3. Esvaziar o conteúdo da relação jurídica, substituindo os "direitos e obrigações processuais" pelas categorias goldschmidtianas

---

43. SENDRA, José Vicente Gimeno. *Fundamentos del derecho procesal*, p. 170.

44. Entre esses, deve-se destacar a qualificada posição de Werner Goldschmidt (no Prólogo da primeira edição da obra *Proceso y derecho procesal*, de Aragoneses Alonso, p. 35) de que tais teorias (relação e situação) não podem ser consideradas inconciliáveis, senão como complementárias. Nessa linha, defende que "mientras la teoría de la situación destaca lo que ocurre en el Derecho cuando éste opera en el plano dinámico del proceso, la teoría institucional, señala Aragoneses Alonso, se mueve en el mundo abstracto de los conceptos. Por ello, estas dos posiciones no sólo se ofrecen como incompatibles, sino como complementarias, de la misma forma que pueden concebirse como complementarias la teoría de la relación". Somente com a integração desses conceitos é que podemos (ou poderíamos) compreender como nasce o processo e qual é o fundamento metafísico da sua existência (teoria da instituição), o objeto real do processo, tal como se desenvolve na vida e sua contínua relação (teoria da situação jurídica), e, finalmente, qual é a força que une os diversos sujeitos que nele operam (teoria da relação jurídica).

de possibilidades e cargas (e, às vezes, até de expectativas, chances processuais etc.), o que significa esvaziar completamente o núcleo fundante da tese de Bülow.

Em todos os casos, deve-se ter muita atenção, pois estamos diante de um autor e posições teóricas que, para tentar salvar a relação jurídica, não fazem mais que matá-la. Tudo para manter a tradição e pseudossegurança de conceitos, ou, ainda, por força da lei do menor esforço.

É chegada (ou já passada...) a hora de *compreender e assumir a incerteza característica do processo.* A balança oscila, tanto pende igualmente para um lado como para outro. Está lançada a sorte. Se, retomando Einstein, até Deus joga dados com o universo, seria muita arrogância (senão alienação) pensar que no processo seria diferente... Seria como dizer: a concepção de universo, em constante mutação, incorpora como elemento fundamental o princípio da incerteza, mas isso só se aplica ao universo, não ao direito processual...

Sabe-se que Einstein falhou[45] ao não considerar o princípio da incerteza na Teoria da Relatividade Geral, pois o universo pode ser imaginado como um gigantesco cassino[46], com dados sendo lançados e roletas girando por todos os lados e em todos os momentos. O detalhe fundamental é que os donos de cassinos não abrem as portas para perder dinheiro, pois eles sabem que, quando se lida com um *grande número de apostas, a média dos ganhos e perdas atinge um resultado que* pode *ser previsto*. E eles se certificam de que a média das vantagens esteja a favor deles, obviamente.

O crucial é que, se a média de um grande número de movimentos pode ser prevista, o resultado de qualquer aposta individual não! Esse é o ponto.

Logo, no processo, a situação é igual. Na média, pode-se afirmar que a justiça e o acerto dos resultados estão presentes. Ou seja, como

---

45. Pois na origem do universo (big-bang), quando ele era minúsculo, o número de lançamentos de dados era pequeno e o princípio da incerteza proporcionalmente maior.

46. Como explica HAWKING, ob. cit., p. 80.

existem muitos milhares de lançamentos de dados diariamente (distribuição, tramitação e julgamento), pode-se prever que a média será de acerto das decisões (senão a justiça, como os donos de cassino, não teria funcionado por tantos séculos!), mas o resultado concreto de um determinado processo (aposta individual na roleta) é completamente incerto e imprevisível. Essa é uma equação que precisa ser compreendida, principalmente pelos ingênuos apostadores...

Somente a partir da compreensão dessas categorias podemos construir um sistema de garantias (sem negar o risco) para o réu no processo penal, deixando de lado as ilusões de segurança e, principalmente, abandonando a ingênua crença na "bondade dos bons"[47]. Essa crença infantil de que o processo e o juiz são capazes de revelar a verdade, e que a justiça (para quem?) será efetivamente feita, impede a percepção do que está realmente por detrás daquele ritual (*il giuoco*!). Mas o mais grave: impede que se duvide da bondade (do juiz, do promotor e do próprio ritual) e que se questione a própria legitimidade do poder.

Tanto no jogo como na guerra, importam a estratégia e o bom manuseio das armas disponíveis. Mas, acima de tudo, são atividades de alto risco, envoltas na nuvem de incerteza. Não há como prever com segurança quem sairá vitorioso. Assim deve ser visto o processo, uma situação jurídica dinâmica inserida na lógica do risco e do *giuoco*. Reina a mais absoluta incerteza até o final. *A luta passa a ser pelo respeito às regras do devido processo e, obviamente, antes disso, por regras que realmente estejam conforme os valores constitucionais.*

A assunção desses fatores é fundamental para compreender a importância do estrito cumprimento das regras do jogo, ou seja, das regras do *due process of law*.

Trata-se de lutar por um *sistema de garantias mínimas*. Não é querer resgatar a ilusão de segurança, mas sim *assumir os riscos e definir uma pauta mínima de garantias formais* das quais não podemos abrir mão. Trata-se de reconstruir a noção de segurança (garantia)

---

47. Ou, melhor, "quem nos protege da bondade dos bons?", no célebre questionamento de Agostinho Ramalho Marques Neto, a partir de Freud.

a partir da assunção do risco, ou seja, perceber que a garantia somente se constitui a partir da assunção da *falta de*.

É partir da premissa de que a garantia está na forma do instrumento jurídico e que, no processo penal, adquire contornos de limitação ao poder punitivo estatal e emancipador do débil submetido ao processo. Não se trata de mero apego incondicional à forma, senão de considerá-la uma garantia do cidadão e fator legitimante da pena ao final aplicada.

Mas – é importante destacar – não basta apenas definir as regras do jogo. Não é *qualquer regra que nos serve*, pois, como sintetiza Jacinto Coutinho[48], devemos ir para além delas (regras do jogo), definindo *contra quem se está jogando* e *qual o conteúdo ético e axiológico do próprio jogo*.

Nossa análise situa-se nesse desvelar do conteúdo ético e axiológico do jogo e de suas regras, indo muito além do mero (paleo) positivismo.

Em definitivo, é importante compreender que *repressão* e *garantias processuais* não se excluem, senão que coexistem. Radicalismos à parte, devemos incluir nessa temática a noção de *simultaneidade*, em que o sistema penal tenha poder persecutório-punitivo e, ao mesmo tempo, esteja limitado por uma esfera de garantias processuais (e individuais). Mesma simultaneidade necessária para pensar-se a garantia processual sem negar o risco. Coexistência e simultaneidade de conceitos são imperativos da complexidade que nos conduzem, inclusive, a trabalhar no entrelugar, no entreconceito.

Considerando que risco, violência e insegurança sempre existirão, é sempre melhor *risco com garantias processuais* do que *risco com autoritarismo*.

A *segurança jurídica* só pode ser concebida a partir da *assunção da insegurança, do risco e da imprevisibilidade*. Não se constrói um conceito que dê conta – ainda que minimamente, pois a plenitude é ideal – sem a consciência da sua "falta", pois a "falta" é constitutiva.

---

48. COUTINHO, Jacinto Nelson de Miranda. "O papel do novo juiz no processo penal", p. 47.

Logo, segurança jurídica se constrói a partir da assunção da insegurança, do desvelamento do risco e da incerteza (sem deixar de lado a subjetividade, que os recepciona e por eles é constituído).

Em última análise, pensamos desde uma perspectiva de *redução de danos*, na qual os princípios constitucionais não significam "proteção total" (até porque a *falta*, ensina Lacan, é constitutiva e sempre lá estará), sob pena de incidirmos na errônea crença na tradicional segurança. Trata-se, assim, de reduzir os espaços autoritários e diminuir o dano decorrente do exercício (abusivo ou não) do poder. Uma verdadeira política processual de redução de danos, pois, repita-se, o dano, como a *falta*, sempre lá estará.

Para que isso seja possível, é preciso abandonar a ilusão de segurança da teoria do processo como relação jurídica para assumi-lo na sua complexa e dinâmica situação jurídica, desvelando suas incertezas e perigos.

4.3.2. Para compreender a "obra do autor" é fundamental conhecer o "autor da obra": James Goldschmidt

Como explica Alflen da Silva[49], Goldschmidt, como afirmado por Eberhard Schmidt, teve "o mérito imperecível de ter submetido o 'pensamento processual' a uma 'crítica' e de ter desenvolvido rigorosamente a heterogeneidade fundamental do modo de contemplar material e processualmente o direito"[50]. Em virtude de sua perspicácia invulgar e originalidade de suas ideias, chegou-se a afirmar que Goldschmidt tinha a "rara capacidade de adentrar na mais profunda

---

49. O presente trecho é uma reprodução literal de parte do artigo intitulado "Breves apontamentos *in memoriam* a James Goldschmidt e a incompreendida concepção de processo como situação jurídica", que publicamos em coautoria com Pablo Alflen da Silva, a partir dos debates realizados no Curso de Doutorado em Ciências Criminais da PUCRS, na disciplina "Epistemologia do Direito Processual Penal Contemporâneo". Esse fragmento citado merece crédito integral a Pablo Alflen, a quem parabenizo pela excelência da "arqueologia" processual realizada. Sublinho, ainda, que todas as citações em alemão e obras nesta língua foram manejadas por Pablo Alflen da Silva.

50. SCHMIDT, Eberhard. *Lehrkommentar zur Strafprozessordnung und zum Gerichtsverfassungsgesetz*, p. 48.

das profundezas"[51]. Em um artigo escrito em memória aos dez anos de seu falecimento, em 1950, *Ernst Heinitz* qualificou-o "como professor de grande vitalidade e temperamento, como homem de humor e, em certo sentido, representante típico dos cientistas do estilo antigo"[52]. Considerado pelos nazistas, primeiramente, como um "embaixador e divulgador da cultura alemã"[53], após a ascensão do partido ao poder, no entanto, restou por se tornar mais uma vítima do nacional-socialismo. O presente trecho apresenta uma homenagem *in memoriam* a este grande jurista.

Oriundo de família judaica, James Paul Goldschmidt nasceu em 17 de dezembro de 1874, na cidade de Berlim, Alemanha. Seu pai, Robert Goldschmidt, era banqueiro e seu irmão, Hans Walter Goldschmidt, foi professor da Faculdade de Direito da Universidade de Köln. Com seis anos de idade, James Goldschmidt ingressou na escola francesa (*Französisches Gymnasium*) em Berlim[54]. A frequência à escola francesa, que encerrou em 1892 com a realização do vestibular, capacitou-o a redigir, em período posterior de sua vida, uma parte de seus trabalhos em francês, italiano e espanhol, posto que ali lhe haviam sido proporcionados conhecimentos em tais idiomas. E justamente em razão disso, ele permaneceu um período de sua vida estreitamente vinculado com a cultura francesa.

Na virada de 1892 para 1893, Goldschmidt começou seus estudos de Direito na Ruprecht-Karl Universidade de Heidelberg e um ano mais tarde se transferiu para a Friedrich-Wilhelm Universidade de Berlim. Nas cátedras de Rudolf von Gneist e de Josef Kohler, Goldschmidt aprendeu direito penal, processo penal e processo civil (matérias estas que, mais tarde, ele mesmo também lecionou). Na

---

51. SCHMIDT, Eberhard. "James Goldschmidt zum Gedächtnis", p. 447.

52. Compare FISCHER, Wolfram. *Exodus von Wissenschaften aus Berlin: Fragestellungen, Ergebnisse, Desiderate*, p. 131.

53. Conforme referido por SCHÖNKE, Adolf. "Zum zehnten Todestag von James Goldschmidt", p. 275-276.

54. O *Französisches Gymnasium* foi fundado em 1689, na cidade de Berlim e, à época, sobretudo antes da Primeira Guerra Mundial, quase metade dos seus alunos era de origem judaica.

cátedra de Hugo Preuß, o redator da Constituição do Império de Weimar, Goldschmidt estudou direito do estado. Em 1895, concluiu seus estudos e realizou o primeiro exame estadual em direito (*ersten juristichen Staatsexamen*) e em dezembro daquele mesmo ano apresentou sua tese doutoral intitulada *A teoria da tentativa perfeita e imperfeita* (*Lehre vom unbeendigten und beendigten Versuch*).

Até a realização do seu segundo exame estadual em direito (*zweiten juristichen Staatsexamen*), no ano de 1900, Goldschmidt atuou como estagiário do Serviço Judiciário prussiano e, após isso, trabalhou como assessor no Serviço Judiciário e preparou sua tese de habilitação, concluída em junho de 1901. Naquele mesmo ano, ele apresentou a tese de habilitação à cátedra, em Berlim, intitulada *A teoria do direito penal administrativo* (*Die Lehre vom Verwaltungsstrafrecht*), a qual foi desenvolvida sob orientação de Josef Kohler e Franz von Liszt[55]. Após a habilitação, Goldschmidt – além de sua atividade de assessor – começou a proferir, na qualidade de docente privado, suas primeiras palestras na Universidade de Berlim, além de desenvolver muitas atividades científicas e elaborar diversos trabalhos científicos[56].

Em 1906, Goldschmidt casou-se com Margarete Lange, de cujo casamento nasceram quatro filhos: Werner (1910-1987), Robert (1907-1965), Victor (1914-1981) e Ada (1919- ?). Werner e Robert, assim como o pai, foram professores de direito, sendo que o primeiro atuou em diferentes universidades de Buenos Aires e o segundo atuou em inúmeras universidades na América Latina, particularmente em Córdoba (Argentina) e na Venezuela. O filho mais novo, Victor, estudou na França, onde, como professor, lecionou Filosofia e História em diversas universidades. Sobre o destino da filha Ada, não se tem conhecimento.

---

55. Conforme SCHUBERT, Werner; REGGE, Jürgen; RIEß, Peter; SCHMIDT, Werner. *Queallen zur Reform des Straf- und Strafprozeßrechts*, p. XIV.

56. Assim, por exemplo, os trabalhos intitulados *Das Verwaltungsstrafrecht im Verhältnis zur modernen Staats- und Rechtslehre* (1903), *Die Deliktsobligationen des Verwaltungsrechts* (1904) e *Materielles Justizrecht* (1905).

Após sete anos de atividade como docente privado, em 23 de agosto de 1908, Goldschmidt tornou-se oficialmente professor extraordinário e, em 1919, professor ordinário na Faculdade de Direito na Universidade de Berlim[57].

Na Primeira Guerra Mundial, Goldschmidt foi Presidente do Senado no Tribunal Imperial de Arbitragem para questões econômicas (*Reichsschiedsgericht für Wirtschaftsfragen*). Este Tribunal era mantido para disputas havidas no setor econômico, assim como, por exemplo, para questões relacionadas ao controle do comércio exterior e abastecimento de energia.

Em 1919, Goldschmidt recebeu uma Cátedra de Direito Penal no Instituto de Criminologia da Universidade de Berlim, o qual ele dirigiu com seu colega Eduard Kohlrausch. No mesmo ano, foi chamado para atuar como colaborador, junto ao Ministério da Justiça do Império, na reforma processual penal[58], tendo recebido o encargo de elaborar o Projeto de um novo Código de Processo Penal. Antes mesmo da Primeira Guerra Mundial, ele apresentou o, até hoje considerado, mais moderno Projeto de Código de Processo Penal (*Entwurf einer Strafprozessordnung*). Em seu Projeto, Goldschmidt previu a consequente efetivação do processo acusatório por meio da eliminação dos resquícios do processo inquisitório. Além disso, o projeto previu a possibilidade de recursos a todas as instâncias penais e a participação geral de leigos na primeira instância, no âmbito do Tribunal do Júri (tendo em vista, aqui, seu vasto conhecimento do modelo processual francês). Goldschmidt procurou vincular à prisão preventiva pressupostos muito específicos para a sua decretação. Este projeto, que consistiu na primeira tentativa de reforma penal à época, foi apresentado pelo Ministro da Justiça do Império alemão, Eugen Schiffer, no ano de 1919, ao Senado Imperial, e ficou conhecido como o "Projeto Goldschmidt/Schiffer" (*Entwurf Goldschmidt/Schiffer*). À

57. Conforme GRUNER, Wolf; ALY, Götz; GRUNER, Wolf. *Die Verfolgung und Ermordung der europäischen Juden durch das nationalsozialistische Deutschland 1933-1945*, p. 200.

58. WINIGER, Art Salomon. "Goldschmidt, James", p. 457.

época, o Projeto encontrou forte oposição no Senado Imperial e, consequentemente, não foi aprovado. Contudo, em 1922, o Ministro da Justiça do Império, Gustav Radbruch, apresentou o "Projeto de Lei para Reorganização dos Tribunais Penais" (*Entwurf eines Gesetzes zur Neuordnung der Strafgerichte*), o qual inspirou-se substancialmente no projeto elaborado por Goldschmidt, demonstrando, assim, o porquê do projeto de Goldschmidt ter sido caracterizado como a "última tentativa de criação integral de um direito processual penal liberal-democrático"[59].

Nos anos de 1920 a 1921, Goldschmidt, na qualidade de Decano, dirigiu a Faculdade de Direito de Berlim e, no ano de 1927, tornou-se membro do Serviço Oficial de Exame Científico (*Wissenschaftlichen Prüfungsamtes*).

Além de sua vasta atividade científica, Goldschmidt ministrava até 12 horas de palestras semanais, que eram sempre minuciosamente elaboradas. Seus alunos o descreviam como um professor com antiga disciplina prussiana e um forte sentimento de dever, porém sempre procurava ministrar suas aulas com bom humor.

Após a ascensão do nacional-socialismo ao poder, Goldschmidt foi o primeiro professor da Faculdade de Direito de Berlim impedido de prosseguir na atividade de ensino. Por meio de Decreto do Ministro da Cultura, de 29 de abril de 1933, ele foi o único membro da Faculdade de Direito, junto a outros 19 da Faculdade de Medicina e Filosofia, a ter imediatamente suspensas as suas atividades no cargo. No mesmo dia, Goldschmidt requereu junto ao Ministério da Justiça a revogação da medida, a qual, no entanto, foi negada, sob o argumento de que o Ministério da Justiça havia determinado que *não arianos* não poderiam lecionar nas cátedras de direito penal e de direito do estado[60].

59. Conforme HUECK, Ingo. *Der Staatsgerichtshof zum Schutze der Republik*, p. 44.

60. Conforme LÖSCH, Anna-Maria von. *Der nackte Geist: die Juristische Fakultät der Berliner Universität im Umbruch von 1933,* p. 179-180, o Decreto era ilegal inclusive de acordo com o direito nazista. O governo havia criado fundamentos

No semestre de inverno, na virada de 1933 para 1934, Goldschmidt, em razão do "Decreto de restabelecimento funcional" publicado em 1933, foi transferido para outra Escola de Ensino Superior, o que, no entanto, somente no semestre de verão de 1934 foi possível, com a sua transferência à Escola de Ensino Superior de Frankfurt am Main. Em razão de sentimentos hostis do pessoal docente – principalmente do Decano –, ele se afastou do setor de ensino, embora já estivesse disposto a fazê-lo. Mediante requerimento, Goldschmidt, no semestre de inverno de 1934 para 1935, foi transferido novamente a Berlim e ao mesmo tempo se exonerou de suas obrigações oficiais. Nesse meio tempo, ele proferiu inúmeras palestras na Espanha e publicou diversos trabalhos em espanhol, italiano e francês. E, a partir daí, passou a se orientar cada vez mais por temas filosóficos. Um ano mais tarde, Goldschmidt, de acordo com a Lei de Cidadania Imperial de 1935, se aposentou e, ao mesmo tempo, lhe foi retirada pelo próprio Reitor da Universidade a permissão para lecionar. Com o encaminhamento de sua aposentadoria, os seus vencimentos foram reduzidos em 65%. Com isso, ante as dificuldades e a perseguição nazista, que se intensificava naquele período, escreveu a Niceto Alcalá Zamora y Castillo, que o acolheu na Espanha, na cidade de Madrid, no período em que ali esteve.

Nos anos de 1933 a 1936, Goldschmidt empreendeu inúmeras viagens de estudo para a Espanha[61], para proferir palestras nas Universidades Complutense de Madrid, Valencia e Zaragoza. Nesse

---

jurídicos para demitir funcionários de "descendência não ariana" e politicamente suspeitos, para encaminhá-los à aposentadoria ou a outro cargo. O encaminhamento de Goldschmidt à aposentadoria, em razão de sua origem judaica, foi descartado. De fato, ele era "100% não ariano" e, como dispunha a legislação imperial, esta hipótese (de aposentadoria) valia para funcionários de descendência não ariana, porém, de acordo com o § 3º, al. 2, do BBG, desde que o funcionário tivesse ingressado no cargo a partir de 1º de agosto de 1914, ou combatido no fronte na Primeira Guerra Mundial. Como Goldschmidt havia se tornado funcionário público em 1908, ele não podia obter a aposentadoria em razão da sua origem judaica. Além disso, não havia motivo político para sua demissão, pois ele não pertencia a partido algum. Goldschmidt não tinha tido, portanto, nenhuma razão para ter ameaçada sua posição profissional.

61. Conforme GRUNER, Wolf; ALY, Götz; GRUNER, Wolf, (nota 9), p. 200.

período, a família Goldschmidt estabeleceu uma próxima relação a outro grande processualista espanhol, Pedro Aragoneses Alonso (Professor Emérito da Universidad Complutense de Madrid), que lhes acolheu com muita lealdade. A amizade entre Alonso e Werner Goldschmidt rendeu o "Prólogo a la primera edición" da estupenda obra *Proceso y derecho procesal (Introducción)*[62]. Também nesse período foram ministradas por James Goldschmidt as famosas *Conferencias en la Universidad Complutense de Madrid* (mais especificamente entre 1934 e 1935) que culminaram com a publicação do clássico *Problemas jurídicos y políticos del proceso penal* (daí o agradecimento a Francisco Beceña, que lhe cedeu a cátedra de *Enjuiciamiento Criminal*).

Contudo, a guerra civil de 1936, desencadeada na Espanha, colocou um fim em suas atividades naquele país, até porque também foram perseguidos pela Falange Espanhola. Como a situação, para os judeus, tornou-se cada vez mais insegura na Europa, em face do aumento progressivo de medidas de perseguição, no final de 1938, Goldschmidt e sua esposa, com o filho mais velho, Robert, decidiram abandonar definitivamente a Alemanha e viajaram para a Inglaterra. Logo após isso, e acredita-se que justamente pela saída da Alemanha, o pagamento de sua aposentadoria foi suspenso.

Encurralado, pois seu visto de permanência na Inglaterra estava por chegar a termo, vencendo em 31 de dezembro de 1939, sem possibilidade de renovação, e em virtude de não poder retornar à Alemanha, por ser judeu, e não poder ir à França, por ser alemão, muito menos de retornar à Espanha, em outubro de 1939, Goldschmidt entra em contato com Eduardo Couture, que o auxilia a viajar para o Uruguai. Vindo no barco inglês *Highland Princess*, em uma árdua viagem, em que a cada instante um submarino poderia lhe trazer a morte, poucas semanas após, Goldschmidt desembarcou em Montevidéu[63].

---

62. Conforme ALONSO, Pedro Aragoneses. *Proceso y derecho procesal*.

63. Assim COUTURE, Eduardo. "La libertad de la cultura y la ley de la tolerancia", p. 5.

Já no Uruguai, passou a ministrar aulas junto à Faculdade de Direito de Montevidéu. Entretanto, enquanto preparava sua terceira aula a ser ministrada na Faculdade, no dia 28 de junho de 1940, às nove horas da manhã, Goldschmidt sentiu um ligeiro mal-estar, parou de escrever e foi repousar. Aconchegou-se junto à sua esposa, recitou alguns poemas de Schiller para distrair a mente, voltou à sua mesa e como que fulminado por um raio caiu morto sobre seus papéis[64].

Goldschmidt produziu importantes contribuições científicas para o direito penal, bem como para o direito processual civil e penal. Em sua tese de habilitação *O direito penal administrativo*, ele discutia a respeito das assim chamadas violações (Übertretungen[65]), que ainda eram reguladas juntamente a crimes e delitos no Código Penal do Império. Goldschmidt manifestou-se pela delimitação entre as violações e os fatos puníveis propriamente e pela conversão do direito das violações em direito administrativo[66]. Além disso, Goldschmidt elaborou propostas de reforma no direito penal e processual penal. No âmbito do direito processual penal, ele utilizou a aplicação de elementos do processo penal inglês. Ele entendia que o Ministério Público deveria assumir o papel de parte no processo e que, de acordo com a sua concepção, se deveriam eliminar os resquícios, ainda presentes, do antigo processo de inquisição do âmbito do processo penal alemão. Contudo, maior significado obteve Goldschmidt justamente como processualista. Sua monografia publicada no ano de 1925, intitulada *O processo como situação jurídica* (*Der Prozeß als Rechtslage*), foi enaltecida por

64. COUTURE, Eduardo. Ob. cit., p. 5.

65. Hoje chamadas violações à ordem e que são reguladas por legislação específica, a *Ordnungswidrigkeitengesetz* (OWiG).

66. Assim, o interessantíssimo trabalho intitulado *Conceito e tarefa de um direito penal administrativo*, no qual Goldschmidt preconizava ser o Direito Penal Administrativo uma disciplina nova e absolutamente autônoma, que teria por objeto regular o "injusto policial" (*polizeilichen Unrechts*) enquanto comportamento causador de "perigo abstrato para bens jurídicos" ou "mera desobediência", compare GOLDSCHMIDT, James. Begriff und Aufgabe eines Verwaltungsstrafrechts, in *Deutsche Juristen-Zeitung*, 1902, Nr. 09, p. 213 e s.

Rudolf Bruns como "o último grande empreendimento construtivo da ciência jurídico-processual alemã"[67].

Nessa obra é desenhada a mais complexa e completa teoria acerca da natureza jurídica do processo, visto não mais como uma "relação jurídica" (Bülow), mas sim como uma complexa e dinâmica "situação jurídica".

Após conhecer o espaço-tempo em que o autor se situou, em momento tão sensível da história da humanidade, são mais bem compreendidas suas categorias processuais e toda sua teoria, especialmente a preocupação com a dinâmica da guerra, da incerteza, enfim, com a da "realidade do processo penal". Enfim, uma lição de vida e uma visão única e bastante precisa do que é o processo penal até nossos dias atuais.

4.4. Processo como procedimento em contraditório: o contributo de Elio Fazzalari

Estruturada pelo italiano Elio Fazzalari (1924-2010), a teoria do processo como procedimento em contraditório pode ser considerada uma continuidade dos estudos de James Goldschmidt (processo como situação jurídica), ainda que isso não seja assumido pelo autor (nem pela maioria dos seus seguidores), mas é notória a influência do professor alemão. Basta atentar para as categorias de "posições subjetivas", "direitos e obrigações probatórias", que se desenvolvem em uma dinâmica, por meio do conjunto de "situações jurídicas" nascidas do *procedere*, e que geram uma posição de vantagem (proeminência) em relação ao objeto do processo etc., para verificar que as categorias de situação jurídica, chances, aproveitamento de chances, liberação de cargas processuais, expectativas e perspectivas de Goldschmidt foram internalizados conceitualmente por Fazzalari, que também é um crítico da teoria de Bülow, cuja teoria rotula de "vecchio e inadatto cliché pandettistico del

---

67. BRUNS, Rudolf. "James Goldschmidt (17.12.1874-18.6.1940)". Ein Gedenkblatt. *in Zeitschrift für Zivilprozeß*, Nr. 88 (1975), p. 127.

rapporto giuridico processuale"[68], ou seja, um velho e inadequado clichê pandetístico.

A perspectiva tradicional da relação jurídica traz uma série de problemas, tão bem denunciados por Goldschmidt e após por Fazzalari; entre eles, está o de conceber o processo como um conjunto de atos preordenados, desenvolvidos sob a presidência de um juiz, até a sentença. O procedimento ou rito fica reduzido ao mero conceito de "caminho", de concatenação (burocrática) de atos, sob uma perspectiva meramente formal. O senso comum teórico pouca atenção deu ao conteúdo e, menos ainda, à axiologia desse "procedere". Não sem razão, explodiu a teoria das nulidades, pois ao despir os atos procedimentais de seu real valor, alcance e significado acabou "relativizando" tudo em nome da "instrumentalidade[69] das formas". A forma reduzida a mero instrumento para atingir a sentença. Esse isolamento (formal) retirou o valor da tipicidade processual, da forma enquanto garantia, limite de poder, que tanto nos preocupamos em resgatar ao trabalhar a teoria das invalidades (nulidades) processuais.

O processo, visto como procedimento em contraditório, supera essa visão formalista-burocrática do procedimento, até então reinante. Resgata a importância do estrito respeito às regras do jogo, especialmente do contraditório, elegido a princípio supremo. O procedimento se legitima por meio do contraditório e deixa de ser uma mera concatenação de atos, formalmente estruturados, para tomar uma nova dimensão.

---

68. FAZZALARI, Elio. *Istituzioni di diritto processuale*, p. 75.

69. Apenas para esclarecer, não se pode confundir a teoria civilista da instrumentalidade das formas com nosso conceito de "instrumentalidade constitucional". São coisas absolutamente distintas. Nunca fomos adeptos da tradicional teoria da "instrumentalidade", todo o oposto. Nossa posição é absolutamente antagônica, porque estabelece um conteúdo axiológico ao conceito de instrumentalidade, vinculando-o ao sistema de garantias da Constituição. Por isso, concebemos o processo penal como um instrumento a serviço da máxima eficácia dos direitos e garantias fundamentais e a forma, como limite de poder. É uma leitura crítica e constitucionalizada do processo e do procedimento, com ênfase no respeito ao devido processo legal (ou seja, o estrito respeito às "regras do jogo", sem descuidar do conteúdo ético dessas regras).

O núcleo fundante do pensamento de Fazzalari está na ênfase que ele atribui ao contraditório, com importante papel na democratização do processo penal, na medida em que desloca o núcleo imantador, não mais a jurisdição, mas o efetivo contraditório entre as partes. A sentença – provimento final – deve ser construída em contraditório e por ele legitimada. Não mais concebida como (simples) ato de poder e dever, a decisão deve brotar do contraditório real, da efetiva e igualitária participação das partes no processo. Isso fortalece a situação das partes, especialmente do sujeito passivo no caso do processo penal.

O contraditório, na concepção do autor, deve ser visto em duas dimensões: no primeiro momento, é o direito à informação (conhecimento); no segundo, é a efetiva e igualitária participação das partes. É a igualdade de armas, de oportunidades. Existem outros tipos de procedimento, como o legislativo, o tributário e o administrativo, que nem sempre são realizados em contraditório. Mas processo só existe em contraditório entre os interessados, ou seja, as partes no processo jurisdicional.

É uma teoria que cria condições de possibilidade para uma maior eficácia dos direitos e garantias fundamentais no processo penal, alinhada com a busca pela democratização do processo penal na medida em que maximiza a importância das partes, especialmente do indivíduo-réu, e o necessário tratamento igualitário. O contraditório, visto como a imposição de igualdade de tratamento e de oportunidades, bem como de efetiva participação em todos os atos do procedimento, conduz a um processo penal mais democrático e constitucional. Nesse ponto, o pensamento do autor é de grande valia para a evolução do processo penal rumo à plena eficácia do sistema acusatório.

A concepção de Fazzalari é publicística e reforça a unidade do processo. Vislumbramos um grande valor na concepção de que o "procedimento" e todos os atos que o integram, unidos pelo contraditório constante, se desenvolve sempre mirando o provimento final. Como explica Aroldo Plinio Gonçalves (excelente professor mineiro, foi um dos pioneiros no estudo de Fazzalari no Brasil), a atividade preparatória do provimento é o procedimento que, normalmente, chega a seu termo final com a edição do ato por ele preparado, por isso, esse mesmo ato de caráter imperativo geralmente é a conclusão do procedimento, o seu ato final[70].

Para Fazzalari[71], os atos do procedimento são pressupostos para o provimento final (sentença), ao qual são chamados a participar os interessados (as partes), em contraditório. A essência do processo está nisto: é um procedimento do qual, além do autor do ato final (juiz), participam, em contraditório entre si, os "interessados", ou seja, as partes, que são os destinatários dos efeitos da sentença.

O professor italiano ainda faz um interessante deslocamento de conceitos, invertendo a relação processo-procedimento, ao afirmar que "da soggiungere che la enucleazione del 'processo' dal genere 'procedimento' consente di comprendere e valutare appieno quel principio costituzionale mortificato nello schema del mero procedimento"[72]. Ou seja, sustenta a superação do mero procedimentalismo para identificar o processo como espécie do gênero procedimento, o que permite valorar plenamente o princípio constitucional do contraditório.

É o contraditório efetivo que legitima o processo e o provimento final, operando-se um deslocamento muito importante em relação ao mero procedimentalismo ou instrumentalismo tradicional, bem como uma evolução da maior significância em relação à estrutura piramidal de Bülow, centrada na figura do juiz.

Outra contribuição digna de nota feita por Fazzalari está na revaloração da jurisdição na estrutura processual. O juiz[73], que apesar de sujeito processual não é parte, não assume uma função de "contraditor", mas de garantidor do "contraditório". É responsável pela

---

70. GONÇALVES, Aroldo Plinio. *Técnica processual e teoria do processo*, p. 103.

71. FAZZALARI, Elio. Ob. cit., p. 8.

72. Ibidem, p. 14 e ss.

73. Conforme explicam Alexandre Morais da Rosa e Sylvio Lourenço na obra *Para um processo penal democrático* – crítica à metástase do sistema de controle social. Rio de Janeiro: Lumen Juris, 2008. p. 77 e ss.

regularidade na produção dos significantes probatórios e não da prova (recusa ao juiz-ator, ao ativismo judicial).

Adoção desta postura representa uma recusa à supremacia do poder na concepção de jurisdição. No senso comum teórico, é disseminada a visão de jurisdição como poder-dever, conduzindo ao endeusamento do poder jurisdicional e ao ativismo judicial. Na superada visão inquisitória, o juiz deveria ter pleno protagonismo no processo, podendo prender de ofício ou mesmo ter iniciativa probatória, tudo em nome da (mitológica) verdade real. Infelizmente essa é a realidade e a matriz do atual Código de Processo Penal brasileiro, reforçando a importância da abertura constitucional que proporciona a visão de Fazzalari.

O juiz não é mais visto como o responsável pela "limpeza social", que tudo pode e em torno do qual tudo orbita. O giro se dá na medida em que Fazzalari coloca como núcleo imantador (e conceitual) o contraditório, que reforça automaticamente a posição das partes. Sendo o processo um procedimento em contraditório, o protagonismo não é judicial, mas das partes interessadas. Ao juiz se lhe reserva um papel de garantidor da eficácia do contraditório e não de contraditor, como juiz-ator, como juiz inquisidor. É uma mudança total de paradigmas.

Como explica Gonçalves[74],

> há processo sempre onde houver o procedimento realizando-se em contraditório entre os interessados, e a essência deste está na "simétrica paridade" da participação, nos atos que preparam o provimento, daqueles que nele são interessados porque, como seus destinatários, sofrerão seus efeitos.

O contraditório, núcleo da concepção fazzalariana, exterioriza-se em dois momentos: *informazione* e *reazione*. Às partes são assegurados, em igualdade de tratamento, o direito à informação, a saber o que está acontecendo e se desenvolvendo no processo. Com o conhecimento (a acessibilidade) dos atos, documentos, provas, enfim, tudo o que ingressar e se produzir no procedimento, criam-se as

74. GONÇALVES, Aroldo Plinio. Ob. cit., p. 115.

condições de exercício das posições jurídicas (as mesmas situações jurídicas que geram expectativas ou perspectivas no pensamento de Goldschmidt) em face das normas processuais.

A *reazione* não é uma obrigação processual (ou carga no léxico goldschmidtiano), mas uma faculdade, uma oportunidade de movimento processual em seu benefício. É a igualdade de armas, de reação, de atuação processual. Brota da igualdade de tratamento, que gera igualdade de oportunidades probatórias.

Inclusive, apenas para demonstrar a relevância dessa concepção do contraditório em Fazzalari, é que afirmamos a existência de contraditório no inquérito policial, restrito ao primeiro momento, qual seja, da *informazione*. Inviável o pleno contraditório por restrições na dimensão da *reazione*, mas isso não impede que se afirme que na investigação preliminar existe contraditório no seu primeiro momento.

Entre as várias contribuições que podemos extrair do pensamento de Fazzalari, para a construção de um processo penal democrático, está a relevância que o autor confere ao vínculo que une os diferentes atos desenvolvidos ao longo do procedimento. Como explica o autor, cada norma que concorre para constituir a sequência que estrutura o procedimento descreve uma certa conduta e qualifica como "direito" ou como "obrigação". A estrutura do procedimento é dada por uma série de normas, que o regulam até o provimento final (sentença), mas que exigem, como pressuposto de aplicação, o cumprimento de uma atividade regulada por uma outra norma da série (ato antecedente). O procedimento é uma sequência de atos, que está prevista e valorada pelas normas.

Mas é importante compreender que o procedimento não é uma atividade que se esgota, se realiza, em um único ato, senão que exige toda uma série de atos e de normas que os disciplinam, conexamente vinculadas, que definem a sequência do seu desenvolvimento.

E aqui está um ponto crucial para estruturar um sistema (democrático e constitucional) de nulidades processuais e repensar o princípio da contaminação: cada um dos atos está ligado ao outro, como consequência do ato que o precede e pressuposto daquele que o sucede.

Os atos processuais miram o provimento final e estão inter-relacionados, de modo que a validade do subsequente depende da validade do antecedente. E da validade de todos eles depende a sentença.

Logo, ainda que o efeito jurídico decorra do provimento final, que é resultado do procedimento, esse provimento final somente será considerado válido se for precedido de uma sequência de atos válidos ("vuol dire piuttosto che tale atto non è da considerarsi valido e che l'efficacia per avventura svolta può essere paralizzata", se e quando "ad esso non si sia pervenuti attraverso la sequenza di atti determinati dalla legge"[75]).

Concluindo, entendemos que o pensamento de Fazzalari é da maior relevância para a construção de um processo penal democrático, na medida em que reforça a necessidade de estrito respeito às regras do jogo e fortalece as partes, relegando a jurisdição a um segundo plano. Contudo, sozinho, não dá conta de explicar a complexa fenomenologia do processo penal, pois Fazzalari é um processualista civil e desde esse lugar estrutura sua teoria, com ambição de (também) dar conta da complexidade do processo penal. Esse é o maior equívoco da construção. É um grande autor, mas não conseguiu superar a genialidade de James Goldschmidt, incorrendo ainda no grave erro da teoria geral do processo. O melhor caminho, pensamos, é compreender o fenômeno do processo penal desde uma perspectiva de situação jurídica, desde Goldschmidt, conscientes da epistemologia da incerteza, da complexa dinâmica procedimental, das categorias de chances, expectativas e perspectivas. Assumir os riscos e caminhar no sentido do fortalecimento das regras do jogo. Neste ponto, entra Fazzalari, como um contributo à tese de Goldschmidt, inserindo a noção de procedimento em contraditório, enfatizando a importância do contraditório pleno até a construção (em contraditório) do provimento final, reforçando a importância dos atos procedimentais (forma e vínculo entre os atos), para a (re)construção da teoria das nulidades. Significa dizer que a tese de Fazzalari, sozinha, não dá conta do objeto processo penal,

75. FAZZALARI. Ob. cit., p. 78 e 79.

mas tem muito a contribuir para sua democratização e evolução. É possível conciliar os conceitos de processo como situação jurídica e processo como procedimento em contraditório, com os devidos ajustes, chegando ao nível necessário de eficácia constitucional das regras do jogo.

Capítulo 5
(Re)construção dogmática do objeto do processo penal: a pretensão acusatória (para além do conceito carneluttiano de pretensão)

5.1. Introdução (ou a imprescindível pré-compreensão)

Partindo de Guasp[1] entendemos que *objeto do processo é a matéria sobre a qual recai o complexo de elementos que integram o processo e não se confunde com a causa ou princípio, nem com o seu fim*. Por isso, não é objeto do processo o fundamento a que deve sua existência (instrumentalidade constitucional) nem a função ou fim a que, ainda que de forma imediata, está chamado a realizar (a satisfação jurídica da pretensão ou resistência). Também não se confunde com sua natureza jurídica – situação processual.

Como já explicamos anteriormente, o processo penal é regido pelo princípio da necessidade, ou seja, é um caminho necessário para chegar a uma pena. *Irrelevante, senão inadequada, a discussão em torno da existência de uma lide no processo penal, até porque ela é inexistente.* Isso porque não pode haver uma pena sem sentença, pela simples e voluntária submissão do réu. O conceito de *lide* deve ser afastado do processo penal, pois o poder de penar somente se realiza no processo penal, por exigência do princípio da necessidade.

---

1. GUASP, Jaime. "La pretensión procesal". *Estudios jurídicos*, p. 593 e ss.

Inclusive, nosso legislador constituinte não acolheu a ideia de lide penal[2], tanto que no art. 5º, LV, da Constituição, consta que "aos litigantes" (litigantes = lide = processo civil) e aos "acusados em geral" (acusados = pretensão acusatória = processo penal) são assegurados o contraditório e a ampla defesa. Do contrário, não faria tal distinção entre litigantes e acusados (*em geral*, destaque-se, para desde logo avisar que também incide na fase pré-processual).

A discussão em torno do objeto (conteúdo para alguns) do processo nos parece fundamental, na medida em que desvela um grave *erro histórico derivado da concepção de Karl Binding* (a ideia de pretensão punitiva), e que continua sendo repetida sem uma séria reflexão. O principal erro, que será abordado na continuação, está em transportar as categorias do processo civil para o processo penal, colocando o Ministério Público como verdadeiro "credor" de uma pena, como se fosse um credor do processo civil postulando seu "bem jurídico". Mas essa questão, para ser compreendida, precisa de uma abordagem mais ampla, como se fará adiante.

5.1.1. Superando o reducionismo da crítica em torno da noção carneluttiana de "pretensão". Pensando para além de Carnelutti

O problema da construção de Binding (e seguida majoritariamente até hoje) inicia pela identificação com o conceito carneluttiano (diante da analogia com o processo civil), agravando a crise ao definir seu conteúdo como "punitivo", o que significou colocar o Ministério Público como credor de uma pena (um grave erro, como se explicará adiante).

A crítica em relação ao conteúdo "punitivo" será feita adiante. Agora, precisamos esclarecer que o conceito de *pretensão* pode perfeitamente ser utilizado, desde que no sentido desenhado por Guasp, Goldschmidt ou Gómez Orbaneja, nunca na acepção

---

2. Como bem adverte TUCCI, Rogério Lauria. *Teoria do direito processual penal*, p. 176.

civilista[3] de Carnelutti. A essa pretensão, deve-se perquirir o conteúdo à luz da especificidade do processo penal.

Então, *uma advertência é fundamental*, principalmente para os críticos[4] (antigos ou novos) de nossa posição: *o conceito de pretensão não se reduz à construção carneluttiana*[5]. Ou seja, existe vida

---

3. Assim, concordamos com a afirmação de Tucci (*Teoria do direito processual penal*, p. 35), quando aponta que é "de todo inadequada e (por que não dizer?) inaceitável, delineia-se a transposição do conceito civilístico de pretensão para o processo penal". Partimos dessa mesma premissa para pensar e construir um conceito de pretensão (com Guasp, Goldschmidt e Gómez Orbaneja) para o processo penal, da mesma forma que se construiu o conceito de ação processual penal, jurisdição penal etc.

4. Nenhuma censura em relação à crítica, pois ela é sempre bem-vinda, desde que bem amparada, o que não costuma ocorrer nessa matéria, até pela sua grande complexidade teórica. Em outra dimensão, com posições em sentido diverso daquele aqui pensado por nós, com maior ou menor intensidade de divergência, mas com muito substrato teórico, recomendamos a leitura de dois excelentes trabalhos: COUTINHO, Jacinto Nelson de Miranda. *A lide e o conteúdo do processo penal*; e BADARÓ, Gustavo Henrique. *Correlação entre acusação e sentença*. Em relação a Badaró, pensamos que a divergência existe, mas não é nuclear, na medida em que o autor admite a "pretensão processual" – como objeto do processo penal, como abordaremos na continuação. Já em relação à posição de Jacinto Coutinho (que sustenta ser o "caso penal" o conteúdo do processo), é preciso compreender que pensamos ser o "caso penal" insuficiente para, por si só, justificar a complexa fenomenologia do processo. Mas não há incompatibilidade, senão que a discussão remonta a uma nova dimensão, de continente e conteúdo, como explicaremos nas próximas páginas. Assim, pensamos que nossa posição pode coexistir com aquela defendida pelo autor, desde que compreendidas essas distintas dimensões de recorte.

5. Como explica Carnelutti em diversas obras (aqui utilizamos *Derecho procesal civil y penal*, p. 40), "aquí se encara, en primer lugar, el concepto de pretensión: también ésta es una palabra que los juristas emplean desde hace largo tiempo, aunque es más reciente su precisión como *exigencia de la subordinación del interés ajeno al interés propio*". A esse conceito, imprescindível agregar-se outro conceito estruturante e muito marcante na vida de Carnelutti, o de "lide". Trata-se de um conceito que sofreu diferentes modificações nas sucessivas respostas que ele dava aos seus críticos, e que foi muito bem tratado por Badaró na obra *Correlação entre acusação e sentença*, p. 62 e ss. Interessa-nos, aqui, apontar a noção de lide como o conflito de interesses qualificado pela pretensão resistida. Como explica Badaró, os conceitos de interesse, "pretensão" e "resistência" foram sendo trabalhados ao longo das obras do autor. O que importa é a imprestabilidade do conceito de "lide" para o processo penal e esse foi o germe do ataque ao conceito de "pretensão".

(inteligente) para além do conceito de Carnelutti, que *é apenas um ponto de partida*, não de chegada ou conclusão. Como dito, estamos trabalhando com a doutrina pós e além Carnelutti de Guasp, Goldschmidt e Gómez Orbaneja. Ademais, quando falamos de "pretensão acusatória", estamos aludindo à concepção de Goldschmidt, que dando um giro no conceito de *pretensão* o concebe apenas como uma *potestas agendi*.

Não se trata de uma pretensão que nasce de um conflito de interesses, mas, sim, do direito potestativo de acusar (Estado-acusação) decorrente do ataque a um bem jurídico e cujo exercício é imprescindível para que se permita a efetivação do poder de penar (Estado-juiz), tudo isso em decorrência do princípio da necessidade inerente à falta de realidade concreta do direito penal.

Trata-se de construir uma estrutura jurídico-processual – pretensão processual-acusatória – que tenha condições de abarcar a complexidade que envolve o "como" atua o poder punitivo do Estado por meio desse instrumento (e caminho necessário), que é o processo penal.

Esse é o ponto nevrálgico do porquê não nos serve o "caso penal" ou a mera "ação penal" como conteúdo: por sua insuficiência.

Ademais, o crime nos conduz ao conflito social e é de lá que se extrai a pretensão, com a roupagem "jurídica" que o processo penal lhe dá. É uma – inafastável, diante do princípio da necessidade – juridicização (e institucionalização) do conflito.

Não é a *pena,* o conteúdo ou o objeto do processo penal, senão sua consequência. Daí por que o processo penal se desenvolve em torno da acusação (pensada na sua complexidade, como verdadeira pretensão acusatória). Se acolhida, abre-se a possibilidade de o juiz exercer o poder de punir. Se não acolhida, impede-se a punição.

Não é o "caso penal" o conteúdo do processo, pois ele, sozinho, não é capaz de fazer nascer ou desenvolver o processo. O "caso penal" é fundamental, pois elemento objetivo e estruturante da acusação, mas que precisa de uma efetiva invocação – declaração petitória – para que o processo nasça e se desenvolva. Logo, ele é conteúdo, mas da pretensão acusatória.

Jaime Guasp, em rara, mas preciosa incursão no direito processual penal, instado que foi a fazer uma resenha[6] da obra *Lezioni sul processo penale* (4 volumes, 1946 a 1949) de Carnelutti, retoma a discussão sobre a pretensão processual[7] para explicar que o objeto do processo penal é a matéria que suporta a atividade dos diversos sujeitos processuais, sendo, portanto, uma pretensão processual penal ou pretensão penal. É expressa "la necesidad de la existencia de una pretensión para que el proceso exista. Sin pretensión, podrá haber conflictos de la índole que se quiera o cuestión penal como dice Carnelutti, pero no hay proceso penal en modo alguno"[8]. Sublinhamos que a "cuestión penal" a que se refere Carnelutti nada mais é do que o "caso penal".

Daí por que, na esteira de Guasp, estamos convencidos da *insuficiência do "caso penal" como objeto do processo*, pois, seguindo o mestre *complutense*, há que se dar um passo a mais na construção lógica do conceito, afirmando que o processo penal recai não em uma matéria qualquer, senão precisamente sobre essa pretensão que alguém formula frente ao órgão jurisdicional para submeter outra pessoa ao processo e à pena.

Mas, sublinhe-se, não somos contrários aos que definem o caso penal como objeto do processo, senão que pensamos ser ele insuficiente para, por si só, justificar a complexa fenomenologia do processo. Claro que a discussão aqui remonta a uma nova dimensão de continente e conteúdo, onde não há uma efetiva oposição. O continente, que encerra o conteúdo (caso penal), é mais amplo e é a ele que nos referimos.

Ou seja, a pretensão acusatória é conteúdo em relação ao processo (continente), mas, noutra dimensão, passa a ser continente do caso penal (seu conteúdo, pois visto como elemento objetivo da

---

6. Na *Revista de derecho procesal*, Madrid, 1949. Também publicado na obra *Jaime Guasp Delgado – Pensamiento y Figura*, da coleção "Maestros Complutenses de Derecho", organizada por Pedro Aragoneses Alonso, publicada em Madrid, 2000.

7. Imprescindível a leitura, portanto, do trabalho "La pretensión procesal", publicado (entre outros) na obra *Estudios jurídicos*, organizada por Pedro Aragoneses Alonso.

8. GUASP, ob. cit.

pretensão). Assim, pensamos que nossa posição pode coexistir com aquela defendida por Jacinto Coutinho no *capolavoro A lide e o conteúdo do processo penal*, desde que compreendidas essas distintas dimensões de recorte.

O Estado possui um poder condicionado de punir que somente pode ser exercido após a submissão ao processo penal. Então, *no primeiro momento, o que o acusador exerce é um poder de proceder contra alguém,* submeter alguém ao processo penal. *É o poder de submeter alguém a um juízo cognitivo.*

Não há lide ou conflito de interesses[9], até porque a liberdade do réu não constitui um direito subjetivo, mas um direito fundamental, o que também transcende a noção de direito público subjetivo. Mais, não há conflito de interesses, porque a lesão ao bem jurídico não gera um direito subjetivo que possa ser exercido (exigência punitiva), pois não existe punição fora do processo penal (novamente o princípio da necessidade). O que, sim, nasce é a pretensão acusatória, o poder de proceder contra alguém, de submeter ao juízo cognitivo.

Alheia a toda essa complexidade, parte da doutrina brasileira segue adotando conceitos inadequados e passando à margem da problemática. Nessa linha, entre outros, Mirabete[10] e Capez[11] não só defendem a existência de lide penal, como também a existência de uma pretensão punitiva, e, para ambas, invocam – expressamente Mirabete e, sem citar, mas usando os conceitos, Capez –

9. O próprio Carnelutti acaba por desenhar o conceito de "controvérsia" para o processo penal, pois, na sua visão, haveria um conflito de opiniões em torno de um mesmo fato delituoso, mas comungando as partes de um mesmo interesse. O interesse comum, compartilhado, portanto, pela acusação e defesa, brotaria da visão da pena como remédio da alma (Platão), a cura para a doença. Nessa linha, defende que no processo penal a jurisdição é voluntária. A visão do autor é completamente equivocada, nesse ponto, bastando por desvelar a ilusão platônica de que a pena "cura". Além da metafísica concepção de "cura da alma", a pena e o sistema carcerário estão muito longe de representar algum remédio... Por fim, sustenta Carnelutti que a jurisdição no processo penal seria voluntária, o que não concordamos (conforme se verá na exposição, mas também pela própria incidência do princípio da necessidade).

10. MIRABETE, Julio Fabbrini. *Processo penal*, p. 28.

11. CAPEZ, Fernando. *Curso de processo penal*, p. 2.

inadequadamente os conceitos civilistas de Carnelutti (desconhecendo também as alterações que o próprio Carnelutti fez ao longo de sua vasta produção). Por fim, Mirabete mete no imbróglio gente que lá nunca deveria estar, como é o caso da citação inadequada de Jacinto Coutinho, que, além de ser contrário à existência de uma pretensão, nega completamente a noção de lide penal.

Voltando ao foco, é importante que se compreenda que não existe uma *exigência punitiva* que possa ser realizada fora do processo penal, logo, não existe o conflito de interesses. Não existe um direito para adjudicar (como no cível) fora do processo penal que possa produzir a lide pelo conflito de interesses. Existe, sim, no processo, uma tensão entre acusação e defesa (resistência), não uma lide ou menos ainda uma controvérsia.

Daí por que, com todo acerto, Goldschmidt descola do conceito de *lide*, para afirmar que o poder judicial de condenar o culpado é um direito potestativo, no sentido de que necessita de uma sentença condenatória para que se possa aplicar a pena.

E mais, é um poder condicionado à existência de uma acusação. Essa construção é inexorável, se realmente se quer efetivar o projeto acusatório da Constituição. Significa dizer: aqui está um elemento fundante do sistema acusatório.

No processo, tudo gira em torno do binômio acusação-defesa, logo, toda a cognição desenvolvida recai sobre a pretensão acusatória e os elementos que a integram.

Claro que aqui nos aproximamos do conceito de *ação* como direito concreto. Mas é uma aproximação, não identificação. Isso porque, no processo penal, é fundamental a demonstração da justa causa, do *fumus commissi delicti*, para que a acusação seja recebida. Não podemos lidar com a abstração máxima do processo civil, nem com a plena noção de direito concreto (Chiovenda). Tratamos disso ao analisar as condições da ação processual penal.

Há que se atentar para as necessidades próprias do processo penal. Novamente reforçamos a crença no acerto do conceito de *pretensão acusatória*, que inclui no seu elemento objetivo e subjetivo a fumaça do crime e da autoria, ambos necessários para que a acusação seja recebida. É uma verdadeira "carga" processual no léxico Goldschmidtiano, conforme explicamos ao tratar do processo como situação jurídica.

Acertada a afirmação de Coutinho, de que "se trata de um direito instrumental, mas conexo à sua causa, que é concreta"[12].

Mais, há que se considerar que o fenômeno do processo penal – novamente – é diverso do processo civil, agora, no que tange ao seu "escalonamento".

Explica Gómez Orbaneja[13],

> *puede afirmarse que a diferencia del proceso civil, que se constituye de una vez y definitivamente, con unos límites objetivos y subjetivos inalterables, mediante la presentación de la demanda, el proceso penal se desenvuelve escalonadamente. El fundamento de la persecución, o inversamente de su exclusión, puede depender tanto de razones substantivas como procesales.*

Conforme explicamos em outro momento[14], o processo penal é um sistema escalonado e, como tal, para cada degrau, é necessário um juízo de valor. Essa *escada* é triangular, pois pode ser progressiva como também regressiva. A situação do sujeito passivo passa de uma situação mais ou menos difusa à definitiva com a sentença condenatória ou pode voltar a ser difusa e dar origem a uma absolvição. Inclusive, é possível chegar-se a um juízo definitivo de caráter negativo, em que se reconhece como certa a não participação do agente no delito.

Por tudo isso, define Pastor López[15] que a situação jurídica do sujeito passivo é *contingente, provisional e de progressiva (ou regressiva) determinação.* Disso tudo se compreende então que o fenômeno do processo penal é completamente diverso do processo civil, pois, *ab initio*, deve o acusador demonstrar o *fumus commissi*

---

12. *A lide e o conteúdo do processo penal*, p. 145.

13. GÓMES ORBANEJA, Emilio. *Comentarios a la Ley de Enjuiciamiento Criminal*, t. I, p. 37.

14. Na nossa obra *Direito processual penal.*

15. *El proceso de persecución,* p. 90.

delicti para que o processo inicie, situação completamente diversa do processo civil.

Feitas essas advertências introdutórias, que esperamos sejam suficientes para superação de eventuais resistências decorrentes de "pré-conceitos", muitas vezes reducionistas, sigamos o estudo.

5.1.2. Teorias sobre o objeto do processo (penal)

Buscando explicar o verdadeiro objeto do processo (na verdade, historicamente, não houve uma preocupação específica com o processo penal, eis um inconveniente), debate-se a doutrina em teorias que podem ser sistematizadas em três grupos fundamentais[16]:

- Teorias sociológicas (conflito de interesses, de vontades e de opiniões);
- Teorias jurídicas (subjetiva e objetiva);
- Teoria da satisfação jurídica das pretensões e resistências.

É essa última a que melhor explica o verdadeiro objeto do processo penal, pois resulta da fusão das duas teorias anteriores. Corresponde a Guasp[17] o acerto de fazer da pretensão o conceito fundamental da ideia do processo, de modo que o *objeto do processo penal é uma pretensão processual* e a sua *função é a satisfação jurídica das pretensões*.

---

16. Seguindo a sistemática de ALONSO, Pedro Aragoneses. *Proceso y derecho procesal,* p. 158 e ss.

17. Sem embargo, a tese não é inédita, pois, como reconhece o próprio autor, a doutrina alemã de Rosenberg e a italiana de Carnelutti já haviam dado mostras do conceito de pretensão, mas não com plenos frutos. Pode-se afirmar que a base jurídica da teoria foi dada por Rosenberg, e o aspecto sociológico do conflito foi dado por Carnelutti, no seu estudo sobre a lide. Como explica Guasp (*Pretensión procesal*, p. 587, nota de rodapé n. 44), seu conceito pode ser concebido como uma fusão das ideias básicas de Rosenberg e Carnelutti, "tomando del primero el estricto carácter procesal, no material, de la reclamación, y del segundo su desvinculación de la idea del derecho (que tampoco es contradicho por aquél)". Mas é preciso continuar a desenvolver esse conceito, pois, como explicamos no início, ele supera e transcende a noção carneluttiana.

Aponta o jurista espanhol que se considerarmos que o objeto não é o princípio ou causa de que parte o processo, nem o fim, mais ou menos imediato que tende a obter, mas sim a matéria sobre a qual recai o complexo de elementos que o integram, parece evidente que – tendo em vista que o processo se define como uma instituição jurídica destinada à satisfação de uma pretensão – é *esta pretensão mesma*, que cada um dos sujeitos processuais, desde seu peculiar ponto de vista, trata de satisfazer, o que determina o verdadeiro objeto processual[18].

Como esclarece Alonso[19], a pretensão entendida como conduta de um sujeito juridicamente atuada para a obtenção de um reparto, que se afirma como justo, sobre a base de critérios normativos preestabelecidos, constitui sem dúvida o objeto sobre o qual gira a atividade processual. Como a tese, em qualquer tipo de controvérsia, é o objeto da discussão, e não o é a discussão em si mesma.

Para explicar a essência do processo, não há como considerar mais que um elemento objetivo básico e necessário: a acusação que se dirige contra alguém e que se exerce diante de um juiz. Em torno dessa acusação giram todas e cada uma das vicissitudes processuais. O início da investigação, do próprio processo e seu desenvolvimento e, sobretudo, da decisão têm uma exclusiva referência a ela. Como essa acusação não é juridicamente outra coisa que a *pretensão processual acusatória*, que figura no conceito do processo mesmo, não há como extrair outra conclusão.

Para definir o objeto do processo, deve-se encontrar uma dupla base[20]: de um lado, a base sociológica, que proporcione o dado (conflito) social ao qual o processo está devidamente vinculado; e, de outro lado, uma base jurídica, que recolhendo o material sociológico esclareça o tratamento peculiar que o direito lhe proporciona.

A pretensão jurídica é reflexo ou uma substituição da pretensão social, que nasce exatamente do delito, visto como um conflito,

---

18. GUASP, Jaime. *Derecho procesal civil*, p. 201 e ss.

19. *Proceso y derecho procesal*, p. 184.

20. Na continuação, analisaremos os fundamentos expostos por Jaime Guasp no trabalho *La pretensión procesal*.

problema ou fato social, pois a conduta típica e ilícita representa um ataque a determinados bens jurídicos que o Direito entendeu necessário tutelar. O delito ataca um sentimento básico da comunidade e gera uma reação social. Por isso, podemos afirmar que, no plano fático, a ilicitude material antecede cronologicamente à própria tipicidade, que nasce a partir do desvalor social de determinada conduta. Em outras palavras, primeiro uma conduta é reprovada socialmente e, a partir desse juízo de desvalor (social), surge a necessidade de coibir tais atos por meio de uma norma, isto é, da pressão ou necessidade social advém a atividade legislativa que cria o tipo penal. Não há que se perder de vista, nunca, o valor "bem jurídico".

Explica Guasp que o direito se aproxima da sociologia sempre da mesma maneira: toma-lhe os problemas cuja solução postula à comunidade e estabelece um esquema de *instituições artificiais* em que buscam substituir as estruturas e funções puramente sociais do fenômeno e realiza um trabalho de *alquimia*, para criar novas fórmulas, mas se despreocupa depois do material social. Na síntese do autor, *o direito, para salvar a sociologia, não tem mais remédio que matá-la*[21].

A conclusão final é que a pretensão jurídica é um produto que o direito retira da pretensão social. O delito é um fenômeno social, exteriorizado pelo ataque aos sentimentos e valores básicos da comunidade e que gera uma reação social. O direito retira a questão do âmbito social em que aparece cravada e cria, no lugar da figura sociológica que suscita o problema, uma forma jurídica específica que pretende refletir aquela. Mas, como vimos anteriormente (no fundamento da existência do processo penal), o direito penal não é autoexecutável e, por este motivo, necessita de um instrumento para realizar-se. Por isso, o processo deve buscar a satisfação jurídica da pretensão.

---

21. Por vezes, as instituições artificiais que utilizam o direito penal e o processo penal acabam por criar um problema (do ponto de vista sociológico) de igual ou até maior gravidade que o próprio delito. Nesse sentido, está o problema da pena de prisão (um sistema falido); da reinserção social do presidiário; a estigmatização social e jurídica que causa a pena e o próprio processo penal; as chamadas penas processuais etc.

O único reparo ou, melhor, complemento que nos parece necessário fazer à tese de Guasp é considerar também como função do processo a *satisfação de resistências*[22]. A tensão ou choque entre a pretensão acusatória e a resistência do acusado, no processo, que não se confunde com lide, é o que deve ser resolvido pelo juiz na sentença, e a ele corresponde, se acolher a pretensão acusatória do autor – considerando suficientemente provada a ocorrência do delito – aplicar a pena "que lhe pertence", pois o poder de penar é do Estado-juiz, não do acusador. Ou ainda acolher a resistência do acusado, absolvendo-o. A resistência vem materializada no exercício do direito de defesa, com todos os instrumentos processuais que lhe oferece o ordenamento jurídico.

Especificamente no processo penal, a satisfação da resistência resulta em um imperativo do contexto político-constitucional e dos postulados de garantia do indivíduo que apontamos anteriormente. Por isso, é inegável que *em pé de igualdade com a pretensão se encontra a resistência oferecida pela defesa*, e a função do processo penal estará igualmente satisfeita com a condenação ou a absolvição.

Como sintetiza Gimeno Sendra[23], *a função do processo penal não pode limitar-se a aplicar o poder de penar, pela simples razão de que também está destinado a declarar o direito à liberdade do cidadão inocente*. O processo penal constitui um *instrumento neutro*[24] *da jurisdição*, cuja finalidade consiste tanto em atuar o poder de penar e a função punitiva, como também em declarar de forma ordinária (pela sentença), ou restabelecer, pontualmente, a liberdade.

A existência de um fundamento jurídico (injusto penal) qualifica de jurídica a pretensão articulada. Sem embargo, a veracidade do

---

22. FAIREN GUILLEN, Victor. "El proceso como función de satisfacción jurídica". *Revista de Derecho Procesal Iberoamericano*, p. 17-95.

23. GIMENO SENDRA, Vicente; MORENO CATENA, Victor; DOMINGUEZ, Valentin Córtes. *Derecho procesal penal*, p. 26.

24. Não confundir com juiz neutro, algo que não existe. Instrumento neutro de jurisdição significa que a atividade se realiza plenamente tanto com a sentença condenatória como também absolutória. É a equivalência axiológica entre condenar e absolver.

alegado não é uma *conditio sine qua non* (sob pena de incorrermos no erro da ação como direito concreto), pois se consideram existentes a pretensão acusatória e o próprio processo penal, ainda que absolvido o réu. Isso não significa que a acusação possa ser manifestamente infundada ou sem uma causa que a justifique, mas apenas que não se adota o conceito de *ação* como direito concreto.

Deve-se exigir no processo penal, para admissão da acusação, um *fumus commissi delicti* amparado por um suporte probatório suficiente, levando o órgão jurisdicional a uma provisória e sumária incursão na prova da existência do delito e da autoria. Isso decorre do escalonamento característico do processo penal a que nos referimos no início deste tópico. Como isso, chamamos a atenção para a importância da decisão que recebe, rejeita ou não recebe a denúncia ou queixa, pois, como verdadeiro juízo de pré-admissibilidade da acusação, deve estar amparado por uma decisão fundamentada.

Concluindo, o objeto do processo penal é uma pretensão processual[25] acusatória, e a sua função imediata é a satisfação jurídica de pretensões e de resistências.

5.2. Estrutura da pretensão processual (acusatória)

A pretensão processual é uma declaração petitória[26] ou afirmação[27] de que o autor tem direito a que se atue a prestação pedida. É, no processo penal, *uma declaração petitória de que existe o direito potestativo de acusar e que procede a aplicação do poder punitivo estatal*. Por isso, é uma pretensão acusatória, conforme explicaremos mais detidamente na continuação. Não é um direito subjetivo, mas

---

25. É, a nosso juízo, a opinião dominante na melhor doutrina. Vejam-se, entre outros: Guasp, Aragoneses Alonso, Gómez Orbaneja, Fenech, Fairen Guillen, Ascencio Mellado, James Goldschmidt, Afrânio Silva Jardim e Manzini, nas obras citadas. Contrários a nossa posição, entre outros: Beling (fato da vida), Oliva Santos (fato criminoso), Gomez Colomer (direito de ação), Almagro Nosete e Tome Paule (*thema decidendi*).

26. GUASP, Jaime. "La pretensión procesal", p. 604.

27. ROSENBERG, Leo. *Tratado de derecho procesal civil*, p. 27 e ss.

uma consequência jurídica de um estado de fato (lesão ao bem jurídico) ou um estado de fato com consequências jurídicas. Mais, é um direito potestativo o poder de proceder contra alguém diante da existência de *fumus commissi delicti.*

A existência da justa causa é fundamental. Nesse sentido, a nova redação do art. 395 do CPP determina que a denúncia ou queixa será rejeitada quando não houver justa causa ou faltar condição para o exercício da ação penal (*fumus commissi delicti*). Ademais, se o fato narrado evidentemente não constituir crime, determina o art. 397 (nova redação) que o juiz deverá absolver sumariamente o acusado.

Em definitivo, ao contrário do que acontece no processo civil, no penal, o juiz deve verificar se a acusação tem verossimilitude e indica um suporte probatório mínimo para admiti-la. Trata-se de um juízo de probabilidade que reveste uma importância fundamental, pois o processo penal, em si mesmo, já é uma pena.

É inegável que o processo penal significa um etiquetamento com clara estigmatização social e, por isso, o juízo de pré-admissibilidade da acusação é tão importante. Infelizmente, no processo penal brasileiro não existe uma clara fase intermediária e contraditória. De forma precária, em vez de realizar uma audiência, optou o legislador brasileiro por uma resposta escrita (consultem-se o art. 396, cuja sistemática se aplica aos procedimentos comum ordinário e sumário; bem como o disposto na Lei n. 9.099/95 e também na Lei n. 11.343/2006).

Por fim, cumpre destacar, na doutrina brasileira, o estudo levado a cabo por Badaró[28], cuja posição – em que pese não ser absolutamente coincidente – não contém uma divergência nuclear, senão periférica em relação à nossa. Explica o autor, após estudar as diferentes nuances da "lide" e da "pretensão", que o objeto do processo penal é uma "pretensão processual penal". Inclusive, também enfrenta a questão do conteúdo da pretensão para afastar a noção de "pretensão punitiva".

Isso porque, explica Badaró, a manifestação da pretensão punitiva é uma consequência do concreto direito de punir do Estado, mas

28. BADARÓ, Gustavo Henrique. *Correlação entre acusação e sentença*, p. 76 e ss.

que a exigência de que o autor se submeta à pena somente pode ser feita pelo processo (ou seja, sempre nasce insatisfeita). Seria a pretensão punitiva uma *pretensão material*, anterior e extraprocessual. Contudo, no processo, "o que existe é uma *pretensão processual* que possui, como parte de seu fundamento, os elementos que compunham a pretensão material" (punitiva). Mas se trata de um mesmo fenômeno (pretensão material e processual), apenas visto em momentos diferentes. A pretensão processual é aquela veiculada em juízo por meio da ação, da acusação.

Com isso, verifica-se que existe muito mais coincidência do que divergência, circunscrevendo-se essas, as divergências, a algumas categorias muito específicas e que decorrem da diferença histórica entre escolas processuais.

Para compreender melhor o tema, é importante analisar, ainda que brevemente, os três elementos[29] que compõem a pretensão (processual): subjetivo, objetivo e modificador da realidade (ou de atividade).

5.2.1. Elemento subjetivo

O elemento subjetivo se refere aos entes que figuram como titulares: o pretendente e aquele contra quem se pretende fazer valer essa pretensão. No processo penal, quem formula a pretensão, titular ativo, pode ser o próprio Estado-acusador, representado institucionalmente pelo Ministério Público ou o acusador privado (delitos de ação penal privada). No polo passivo da relação jurídica está o acusado, a pessoa contra quem é formulada a pretensão. A esses sujeitos acrescenta o ordenamento um terceiro supraordenado, a quem se confere a função de receber as pretensões e proceder a sua satisfação. Esse terceiro é o órgão jurisdicional (Estado-juiz).

No processo penal, o elemento subjetivo determinante é exclusivamente a *pessoa do acusado*, pois não vige a doutrina de tripla identidade da coisa julgada civil. Dessa forma, nem o pedido (que será sempre de condenação) nem a identidade da parte acusadora é

---

29. Seguindo a GUASP, Jaime. "La pretensión procesal", p. 600 e ss.

essencial para a eficácia da pretensão. Mas, sim, é fundamental a clara individualização e determinação do sujeito passivo, uma tarefa que será tanto mais clara quanto mais eficaz for a investigação preliminar. Não existe processo penal sem sujeito passivo, mas sim pode existir sem a sua presença física (situação de ausência, prevista no art. 367 do CPP).

5.2.2. Elemento objetivo

O elemento objetivo da pretensão no processo penal é o fato aparentemente punível, aquela conduta que reveste uma verossimilitude de tipicidade, ilicitude e culpabilidade. Em suma, é o *fumus commissi delicti*.

Desde logo, é importante esclarecer que *o fato aparentemente punível não é o objeto do processo, mas um elemento integrante da pretensão*. É preciso esclarecer por que uma respeitável e numerosa doutrina, contagiada pela importância do elemento objetivo, considera que o objeto do processo é o fato punível[30], esquecendo-se de que isso, por si só, não tem aptidão para fazer nascer o processo. Não basta a existência de um fato delituoso, é imprescindível o exercício de uma pretensão acusatória por meio da declaração petitória. *Daí por que não pode ser o caso penal o objeto do processo, pois sem a*

30. Eugenio Florían (*Elementos de derecho procesal penal*, p. 49) entende que o objeto fundamental do processo penal é uma determinada relação de direito penal que surge de um fato que se considera como delito. Nessa linha, Beling (*Derecho procesal penal*, p. 79) assinala que o assunto da vida constitui o objeto do processo. É importante destacar que José Frederico Marques (*Elementos de direito processual penal*, p. 68), ao falar na "finalidade e objetivo do processo penal" (pois não trata claramente do objeto), cita Beling e lhe imputa uma frase: "Donde dizer Ernst Beling que o objeto do processo é a tutela da lei penal". Realmente Beling diz isso, mas em outro contexto, ao comentar "la función general político-jurídica del derecho procesal penal" e para definir a função institucional do processo penal. Sobre o objeto, dedica um capítulo específico, onde desde o início define como "el asunto de la vida (causa, res), en torno del cual gira el proceso, y cuya resolución (mediante decisión sobre el fondo) constituye la tarea propia del proceso (los merita causae o materialia causae, en la terminología de la ciencia pandectista)". Ademais de tirar uma frase do contexto, Frederico Marques incide no grave erro de identificar finalidade com objeto.

acusação formalizada não se constitui o suporte jurídico para que o processo nasça e se desenvolva. O objeto do processo é a acusação como um todo (logo, a pretensão acusatória), da qual o caso penal é elemento integrante (como elemento objetivo).

Para Guasp e os seguidores dessa corrente, o fato que compõe a pretensão é o *natural* – *factae nudae* – visto como a soma de acontecimentos concretos, históricos, despidos da qualificação jurídica. O que importa é a identidade do fato histórico, individualizado em sua unidade natural e não jurídico-penal[31]. Nessa linha, segue o sistema brasileiro o princípio *jura novit curia* amparado pela regra do *narra mihi factum dabo tibi jus* – ao acusador cabe narrar o fato, para que o juiz diga o direito aplicável.

Contudo, nesse ponto, divergimos. Pensamos que a dicotomia entre fato natural e qualificação jurídica é, em termos processuais, ingênua e perigosa. É ingenuidade, senão até reducionismo interesseiro, afirmar que o réu se defende dos fatos naturais, mas que, no entanto – e aqui reside o problema –, o juiz poderá dar ao fato a definição jurídica que lhe pareça mais adequada, como prevê nosso mofado art. 383 do CPP. Mesmo tendo sido alterado pela Lei n. 11.719/2008, a lógica (superada) continua a mesma: a ingênua (?) crença de que o réu se defende dos fatos, podendo o juiz dar a eles a definição jurídica que quiser, sem nenhum prejuízo-para a defesa... Ora, isso é uma visão bastante míope da complexidade que envolve a defesa e a própria fenomenologia do processo penal.

É elementar que o réu se defende do fato e, ao mesmo tempo, incumbe ao defensor, também, debruçar-se em limites semânticos do tipo, possíveis causas de exclusão da tipicidade, ilicitude, culpabilidade, e em toda imensa complexidade que envolve a teoria do injusto penal. É óbvio que a defesa trabalha – com maior ou menor intensidade, dependendo do delito – nos limites da imputação penal, considerando-a tipificação como a pedra angular onde desenvolverá suas teses. Daí por que aqui nos serve o conceito de *caso penal*, na medida em que engloba o injusto penal.

---

31. ORBANEJA, Emilio Gómez. *Comentarios a la Ley de Enjuiciamiento Criminal*, p. 51 e ss.

O problema da visão ingênua do elemento objetivo cobra seu preço no momento em que lida com a *correlação entre acusação e sentença*, com o estudo da *emendatio* e da *mutatio libelli,* que serão objeto de análise posterior.

Esse caso penal funcionará como delimitador da imputação, *não como cimento em que se embasa, mas como muros que a delimitam*[32].

É importante destacar que a constatação de que o objeto do processo penal é uma pretensão processual (acusatória), e que o seu elemento objetivo é o caso penal, não significa que as partes sejam inteiramente "donas" de sua aportação ao processo, de maneira tal que estejam autorizadas a efetuar uma introdução fragmentária no processo.

No processo penal, diferentemente do civil, vigora o princípio de indisponibilidade e de indivisibilidade da ação penal pública, de modo que o MP está obrigado (arts. 24 e 42) a oferecer a denúncia quando o fato narrado na notícia-crime revista uma verossimilitude mínima de tipicidade, ilicitude e culpabilidade.

A denúncia ou queixa deverá descrever o fato criminoso com *todas* as suas circunstâncias (art. 41). Isso significa não só a obrigação de acusar por todos os fatos que revistam aparência de delito, senão também a obrigação de trazer para dentro do processo todas as circunstâncias fáticas que tenha conhecimento e que possam apresentar alguma relevância para a instrução e o julgamento.

Interpretamos o art. 41 a partir de uma visão constitucional e por isso entendemos que ele também estabelece uma obrigação por parte do MP de incluir na denúncia os fatos e circunstâncias que beneficiem o acusado. Isto é, não só os elementos de cargo, mas também de descargo; não só para inculpar, mas também para exculpar.

Corrobora esse entendimento a construção do Ministério Público como órgão público guiado pela legalidade e o sentido de justiça (sem que isso corresponda a uma equivocada visão do Ministério Público como "parte imparcial", o que constitui um erro histórico e uma violência semântica).

Ademais, existindo concurso de pessoas, deverá o MP velar pela indivisibilidade da ação penal (privada e com mais razão na pública,

---

32. A expressão é de Guasp, na obra *La pretensión procesal*, com a importante distinção de que ele defende o fato natural.

art. 48) acusando a todos aqueles sujeitos sobre os quais existam indícios suficientes de responsabilidade penal. Os eventualmente não denunciados, mas que tenham sido objeto de imputação na notícia-crime ou resultem suspeitos na investigação policial, deverão ser excluídos pela via do arquivamento (art. 28).

Nos delitos de ação penal de iniciativa privada, o sistema é distinto e está regido pela oportunidade e conveniência do titular, que poderá acusar, renunciar o exercício do direito de queixa (art. 49), perdoar (art. 51) ou ainda desistir da ação penal (art. 60), conforme o momento processual e as circunstâncias em que se produz o ato. Sem embargo, a titularidade da pretensão penal acusatória não significa um puro poder de vingança e, por isso, também está submetida ao princípio de indivisibilidade, cabendo ao Ministério Público velar pela sua eficácia. A nosso juízo, o art. 48 deve ser interpretado de forma que a omissão na queixa de um dos agentes signifique a renúncia tácita em relação a ele, e que deverá ser estendida a todos (arts. 49 e 57). Caberá ao MP velar pela indivisibilidade da ação penal privada manifestando-se no sentido da extinção da punibilidade a todos.

Em síntese, no processo penal, o pedido contido na ação penal será sempre de condenação pela prática de um injusto penal, que deverá ser descrito e imputado a um ou alguns agentes, definidos e individualizados. Não se exige que a acusação expressamente solicite a imposição de uma determinada pena ou que proponha um determinado regime de cumprimento. O julgador decide com base no seu livre convencimento motivado e será sua função exclusiva individualizar e aplicar uma pena proporcional ao fato narrado.

5.2.3. Declaração petitória

O terceiro elemento da pretensão processual é o ato capaz de causar a modificação da realidade que a pretensão leva consigo. É o conteúdo petitório, a declaração de vontade que pede a realização da pretensão.

Estamos de acordo com Guasp[33] quando afirma que tal ato poderia receber o nome técnico de *ação*, terminologia que devolveria a

33. "La pretensión procesal", p. 588.

essa palavra o significado literal que lhe corresponde; mas isso poderia induzir a confusões, por ir de encontro a uma tradição secular que se esforçou em averiguar a essência do poder jurídico a que dita ação está vinculada e não a sua verdadeira função. Sem dúvida que a polêmica em torno do conceito de *ação* foi desviada para um caráter extraprocessual, buscando explicar o fundamento do qual emana o poder, afastando-se do instrumento propriamente dito.

Feito esse esclarecimento, *empregamos o termo "ação" no sentido literal, de instrumento portador de uma manifestação de vontade, por meio do qual se narra um fato com aparência de delito e se solicita a atuação do órgão jurisdicional contra uma pessoa determinada.*

É a ação como "poder jurídico de acudir ante los órganos jurisdiccionales"[34].

Em alguns sistemas, como, por exemplo, o espanhol, ainda que dividido em duas fases (investigação preliminar e juízo oral)[35], existe certo confusionismo sobre o momento exato que se exerce a ação penal, porque a investigação preliminar está a cargo de um juiz que investiga de ofício ou mediante invocação. A divisão entre as duas fases é tênue, ainda que felizmente marcada pela separação das tarefas de investigar/julgar. O fato de o juiz instrutor atuar de ofício e decretar o "processamento" do imputado, muito antes de dar vista ao MP para formalmente exercer a ação penal, é um dos fatores que contribui para a confusão. Ademais, o particular (vítima ou qualquer pessoa pelo sistema de ação popular) pode exercer uma notícia-crime qualificada (*querella*) e, com isso, habilitar-se desde o início da investigação para exercer a acusação.

Felizmente, no direito brasileiro, a divisão entre as duas fases é clara e inequívoca. O processo penal só começa pelo exercício e a admissão de uma ação penal, pública ou privada conforme o caso.

---

34. COUTURE, Eduardo J. *Fundamentos del derecho procesal civil*, p. 61.

35. O termo "juicio oral" é empregado no sentido de fase processual em sentido estrito. Não é adotado o termo "fase judicial" (como no Brasil) porque na Espanha a investigação preliminar está a cargo de um juiz instrutor, logo, tem natureza judicial (ainda que não jurisdicional).

No processo penal, o conteúdo do pedido é sempre igual. A atuação que se pede será especificamente a condenação do acusado pelo fato narrado e conforme a pena estabelecida no respectivo tipo penal abstrato. Por isso, o pedido não constitui um elemento essencial da pretensão[36], pois no processo penal não vige plenamente o princípio dispositivo, mas o da indisponibilidade da pretensão que, junto à indivisibilidade do fato aparentemente punível, erige-se em notas definidoras da pretensão.

A declaração[37] petitória contida na ação penal solicitará que o órgão jurisdicional[38]:

- declare a existência do fato narrado, afirmando sua tipicidade, ilicitude e culpabilidade;
- declare a responsabilidade penal do acusado pelos fatos narrados e provados;
- condene o acusado pela prática do fato típico e imponha a respectiva pena ou medida de segurança aplicável;
- determine a execução da pena ou medida de segurança imposta.

5.3. Conteúdo da pretensão jurídica no processo penal: punitiva ou acusatória? Desvelando mais uma inadequação da teoria geral do processo

Delimitado que o objeto do processo penal é a pretensão acusatória, ainda resta fazer uma nova análise, que busque, dentro dela, a sua essência (ou seja, o conteúdo do próprio objeto): punitiva ou acusatória.

A determinação do conteúdo da pretensão jurídica gravita em torno da existência do poder de punir e da função punitiva do Estado[39].

---

36. SENDRA, Vicente Gimeno et al. *Derecho procesal penal*, cit., p. 216.

37. Seguindo a Classificação Quinária de Pontes de Miranda, cabe recordar que a sentença, ademais de declaratória, constitutiva e condenatória, também será mandamental e executiva.

38. GOLDSCHMIDT, James. *Problemas jurídicos y políticos del proceso penal*, p. 7 e ss.

39. O que segue, veja-se GOLDSCHMIDT, *Problemas jurídicos y políticos del proceso penal*; e também *Derecho justicial material*, p. 54 e ss.

Esse poder nasce com a ocorrência do delito e é exercido contra o autor do injusto penal, depois que sua responsabilidade penal foi reconhecida no processo, pois, como apontamos anteriormente, *o processo penal é o caminho necessário para a pena.*

Para a construção dogmática do objeto do processo penal, a teoria dominante é a de Binding, que parte do conceito de uma exigência punitiva (pretensão punitiva) que o Estado deve fazer valer por meio do processo penal. Dessa forma, o processo é uma exigência para que o Estado efetive seu direito subjetivo de punir, como uma construção técnica artificial. Ademais de titular de um direito de punir, o Estado aparece no processo como titular da jurisdição e muitas vezes também como titular da ação penal (por meio do Ministério Público).

Segundo Binding, o Estado é titular de um triplo direito: *direito punitivo, direito de ação penal e direito ao pronunciamento da sentença penal*[40]. Dessa forma, a tese do autor é a de que *o juiz penal encontra-se frente ao Estado, titular do direito punitivo, na mesma posição que o juiz civil frente ao credor titular de uma pretensão de direito privado.* O grande mérito da teoria de Binding foi o de isolar o conceito de *ação penal*, como um instituto independente do direito de punir. Por isso, é considerado o fundador da Teoria da *Ação Penal como Direito Abstrato.*

Apesar da valiosíssima contribuição, a teoria de Binding está imperfeita, como muito bem demonstrou Goldschmidt[41], para quem a construção anteriormente explicada representa uma *transmissão mecânica das categorias do processo civil ao penal, pois o Estado está concebido de forma igual ao indivíduo que comparece ante o Tribunal para pedir proteção.*

Isto é, para Binding, o Estado comparece no processo penal por meio do MP da mesma forma que o particular no processo civil, como se a exigência punitiva fosse exercida no processo penal de igual modo que no processo civil atua o titular de um direito privado. Aqui está o núcleo do erro: pensar o acusador como credor. No direito civil, existe a "exigência jurídica", pois existe a possibilidade de efetivação do direito civil fora do processo civil (ao contrário do direito penal, que

40. Como explica Goldschmidt (*Derecho justicial material*, p. 52 e ss.) ao analisar a obra de Binding (*Handbuch des Strafrechts*, p. 189 e ss.).

41. Ao longo da magistral obra *Problemas jurídicos y políticos del proceso penal.*

só possui realidade concreta por meio do processo penal) e a pretensão só nasce quando há a resistência, a lide. Logo, o autor no processo civil (verdadeiro credor na relação de direito material) pede ao juiz a *adjudicação* de um direito próprio, que diante da resistência ele não pode obter. Essa exigência jurídica existe antes do processo civil e nasce da relação do sujeito como bem da vida.

Isso não existe no processo penal. Não há tal "exigência jurídica" que possa ser efetivada fora do processo penal. O direito penal não tem realidade concreta fora do processo penal. Logo, não preexiste nenhuma exigência punitiva que possa ser realizada fora do processo.

E o Ministério Público (ou querelante) não pede a adjudicação de um direito próprio, porque esse direito (potestativo) de punir não lhe corresponde, está nas mãos do juiz. O Estado realiza seu poder de punir não como parte, mas como juiz. Não existe relação jurídica entre o Estado-acusador e o imputado, simplesmente porque não existe uma exigência punitiva nas mãos do acusador e que eventualmente pudesse ser efetivada fora do processo penal (o que existe é um poder de penar e dentro do processo). Aqui está o erro de pensar a pretensão punitiva como objeto do processo penal, como se aqui o fenômeno fosse igual ao do processo civil.

Essa concepção é datada e, portanto, não se mostra mais adequada ao nível de evolução do processo penal contemporâneo, em que se operou (ou ao menos deveria ter havido) uma radical separação do processo civil, para assumir e exigir a estrita observância de suas categorias jurídicas próprias. Eis aqui mais um erro que se pode atribuir à equivocadíssima noção de teoria geral do processo.

Como explica Goldschmidt[42], no processo penal, a pretensão acusatória (do Ministério Público ou acusador privado) é *a afirmação do nascimento de um direito judicial de penar e a solicitação de que exerça esse direito*.

E, posteriormente, explica o autor que

> a pena se impõe mediante um processo porque é uma manifestação da justiça, e porque o processo é o caminho da mesma; a jurisdição penal

42. *Problemas jurídicos y políticos del proceso penal*, p. 58.

é a antítese da jurisdição civil, porque ambas representam os dois ramos da justiça estabelecidos por Aristóteles: justiça distributiva (jurisdição penal) e corretiva (jurisdição civil)[43].

Como a pena é uma manifestação da justiça, *corresponde o poder de penar ao próprio Tribunal*, isto é: o direito de penar (essência do punir) coincide com o poder judicial de condenar o culpável e executar a pena. *A concepção da exigência punitiva (Binding) desconhece que o Estado, titular do direito de penar, realiza seu poder no processo não como parte, mas como juiz.*

O poder de condenar o culpado é um direito potestativo, anterior ao processo, porque nasce do delito, conforme a lei penal. Por isso, o conteúdo da pretensão jurídica no processo penal é acusatório, e não punitivo.

O poder punitivo não é outra coisa que o poder concreto da justiça penal – personificado no juiz – de condenar o culpado e executar a pena. O titular da pretensão acusatória (acusador) exige que a justiça penal exerça o poder punitivo e não que se atribua a ele mesmo ou a um terceiro, como ocorre no processo civil. Não existe pedido de adjudicação alguma por parte do acusador, pois não lhe corresponde o poder de penar. Por isso, o acusador detém o poder de acusar, não de penar. Logo, jamais poderia ser uma pretensão punitiva.

Por isso, Goldschmidt considera que o direito penal é um *derecho justicial material,* posto que o Estado adjudicou o exercício do seu poder de punir à Justiça. Existe, dessa forma uma relação jurídica entre a justiça estatal e o indivíduo. O direito processual penal também é um *derecho justicial* (formal), pois existe no processo uma relação jurídica entre o tribunal e as partes.

Partindo da teoria proposta por Goldschmidt, fica assim representada:

---

43. Isso porque, como explica Alonso (*Instituciones de derecho procesal penal*, p. 3), para Goldschmidt, a retribuição é o regulador fundamental da vida social. Daí por que se necessita da justiça distributiva para regular os sentimentos de prazer e dor, significa dizer, o "estar" dos homens conforme seus méritos diante do direito, isto é, da justiça penal.

44. Pois se trata do direito material de penar, que somente pode ser realizado pelo processo, após o pleno exercício da acusação, com a sentença condenatória.

Estado/Tribunal
(titular da jurisdição penal e do poder de penar)

(Acusação = direito potestativo de acusar) — (poder de penar-condenar/executar) (derecho justicial material)[44]

Titular da pretensão acusatória
(Estado ou particular)

Acusado

O poder jurisdicional de condenar o culpado é um direito potestativo no sentido de que necessita de uma sentença condenatória para constituir uma situação nova (de condenado) que permite aplicar a pena ao réu.

Depois de a sentença penal condenatória transitar em julgado, criam-se as condições para o exercício do poder de punir. Ademais de julgar e determinar a pena, também corresponde ao poder jurisdicional a função de executar[45] a pena.

Não devemos esquecer a lição de Goldschmidt de que o *símbolo da justiça não é só a balança, mas também a espada* que pende sobre a cabeça do réu e está nas mãos do juiz. É o juiz quem detém o poder condicionado de punir.

Nessa linha de raciocínio, o objeto do processo penal é uma pretensão acusatória, pois a ação penal deve ser vista como um "direito ao processo"[46] – *ius ut procedatur* – distinto do poder nascido

---

45. Como toda teoria, por óbvio que não é perfeita e acabada, daí por que muitas acomodações e atualizações foram feitas por nós. Entre as revisões de conceitos, há que se pensar a execução da pena em Goldschmidt com outros olhos, pois na concepção do autor o poder de executar a pena também estaria a cargo do juiz. Isso conduziria a um processo de execução penal de cunho inquisitório, com o qual não concordamos. Daí por que pensamos que na execução deve-se construir uma estrutura dialética, com o Ministério Público invocando o juiz para o início e nos diferentes incidentes. Um verdadeiro processo (de execução).

46. Esse tema foi muito bem tratado por Gómez Orbaneja (*Comentarios a la Ley de Enjuiciamiento Criminal*, p. 187 e ss.) em cuja lição nos baseamos na conti-

do delito de impor a pena mediante a sentença condenatória e torná-la efetiva mediante a execução.

O direito do particular ou do Estado-acusador (por meio do Ministério Público) é um "direito ao processo", completamente distinto do poder de punir que corresponde exclusivamente ao Estado-juiz. Dessa forma, continua-se entendendo que a ação é um direito abstrato que existe ainda que não exista o poder de penar.

A ação penal é vista como um poder jurídico de iniciativa processual, como instrumento de invocação, que gera o poder-dever do órgão jurisdicional de comprovar a situação do fato que lhe é submetido à análise, para declarar a existência ou não de um delito. Afirmando a existência do delito, poderá exercer o poder de penar. Sem embargo, é importante esclarecer que o objeto do processo penal é uma pretensão acusatória e não a ação penal. Na estrutura da pretensão anteriormente explicada, pode-se comprovar que a ação penal corresponde à "declaração petitória". Ou seja, é *um mero poder político de invocação da tutela jurisdicional que corresponde a uma declaração petitória*.

Trata-se de mero poder político constitucional de invocação da tutela jurisdicional por meio da acusação formalizada na denúncia ou queixa. Uma vez exercido e iniciado o processo, não há mais que se falar em ação. Claro que isso pode causar alguma resistência, pois vivemos num País em que são impetrados *habeas corpus* para trancamento de "ação penal". Ora, é um erro processual inequívoco.

Não se "tranca" ação penal. Exerce-se o poder de acusar e, uma vez exercido e iniciado o processo, não há mais como trancar a "ação", pois ela já se esgotou nesse exercício. *O que se tranca é o*

---

nuação. Também é importante esclarecer que a identificação da concepção de Gómez Orbaneja com a de Goldschmidt foi expressamente admitida pelo primeiro (na obra com Herce Quemada, *Derecho procesal penal*, p. 90), quando explica que "aunque hayamos llegado a él por caminos distintos, este concepto coincide en esencia con el de Goldschmidt (v. su obra, en castellano y sobre el proceso penal español, *Problemas jurídicos y políticos del proceso penal*, Barcelona, 1935). Goldschmidt se basa en su concepción personal del derecho penal como derecho justicial material, acerca de la cual nada vamos a decir aquí. Pero aun cuando se prescinda – e incluso se disienta – de tal teoría, nos parece que el concepto de acción exposto es el que mejor se compagina con la verdadera naturaleza del proceso criminal".

"processo". O tal "trancamento" nada mais é do que uma forma de extinção anormal do processo, não da ação, por óbvio.

Em outra dimensão, como ao acusador corresponde um mero direito potestativo de acusar, não lhe cabe pedir uma pena em concreto e tampouco negociá-la com o acusado, pois a pena é uma manifestação da função punitiva que é uma exclusividade do Estado-tribunal. Então, as formas de *plea negotiation* não são consequências de uma correta concepção do objeto do processo penal.

Evidencia-se aqui o erro de pensar que o objeto do processo penal é o ius puniendi: *não incumbe ao Ministério Público punir, pois não lhe pertence esse poder (ou mesmo direito). O poder de punir é do juiz, condicionado ao exercício integral e procedente da acusação.* São elementos distintos o acusar e o punir.

Em definitivo, a pena está fora do poder das partes. Como disse Carnelutti[47], *ao acusador não lhe compete a* potestas *de castigar, mas só de promover o castigo.*

Destaque-se que o principal erro de Binding – e condutor de toda uma equivocada noção de teoria geral do processo – é o de colocar o acusador na mesma situação do credor do processo civil, como se o Ministério Público detivesse o poder punitivo. Errado assim afirmar-se que o objeto do processo é o ius puniendi.

Em síntese: no processo penal existem duas categorias distintas: de um lado, o acusador exerce o *ius ut procedatur*, o direito potestativo de acusar (pretensão acusatória) contra alguém, desde que presentes os requisitos legais; e, de outro lado, está o poder do juiz de punir. Contudo, o poder de punir é do juiz (lembre-se: o símbolo da justiça é a balança, mas também é a espada, que está nas mãos do juiz e pende sobre a cabeça do réu), e esse poder está condicionado (pelo princípio da necessidade) ao exercício integral e procedente da acusação. Ao juiz somente se abre a possibilidade de exercer o poder punitivo quando exercido com integralidade e procedência o *ius ut procedatur.*

Concluindo, o objeto do processo penal é uma pretensão acusatória, vista como a faculdade de solicitar a tutela jurisdicional, afir-

47. *Derecho procesal civil y penal*, p. 301.

mando a existência de um delito, para ver ao final concretizado o poder punitivo estatal pelo juiz por meio de uma pena ou medida de segurança. O titular da pretensão acusatória será o Ministério Público ou o particular. Ao acusador (público ou privado) corresponde apenas o poder de invocação (acusação), pois o Estado é o titular soberano do poder de punir, que será exercido no processo penal por meio do juiz, e não do Ministério Público (e muito menos do acusador privado).

5.4. Consequências práticas dessa construção (ou por que o juiz não pode(ria) condenar quando o Ministério Público pedir a absolvição...)

As consequências práticas dessa discussão são inúmeras, a começar pela superação da noção de teoria geral do processo e o respeito às categorias próprias do processo penal e de sua complexa fenomenologia. Mas vamos além.

Dessa forma, nos *delitos de ação penal de iniciativa pública*, o Estado realiza dois direitos distintos (acusar e punir) por meio de dois órgãos diferentes (Ministério Público e Julgador). Essa duplicidade do Estado (como acusador e julgador) é uma imposição do sistema acusatório (separação das tarefas de acusar e julgar) e não encontra nenhum obstáculo nos princípios de direito público e tampouco na lógica. É a mesma duplicidade que permite ao Estado aceitar as leis emanadas de si mesmo, executá-las e julgar a sua correta aplicação.

Nessa linha de raciocínio, na ação penal de iniciativa pública, Ministério Público é o titular da pretensão acusatória. Por questão de política criminal, o modelo brasileiro adota o princípio da legalidade e indisponibilidade (agora mitigados nos crimes de menor potencial ofensivo) e não oportunidade. Por esse motivo, o MP não possui plena disposição sobre a pretensão acusatória, quando na verdade deveria ter. É inerente à titularidade de um direito o seu pleno poder de disposição. Não há argumento – que não uma pura opção política – que justifique tais limitações impostas pela legalidade e indisponibilidade da ação penal de iniciativa-pública.

Sem embargo de tais limitações, entendemos que se o MP pedir a absolvição (já que não pode desistir da ação) a ela está vinculado o juiz.

O poder punitivo estatal está condicionado à invocação feita pelo MP pelo exercício da pretensão acusatória. Logo, o pedido de absolvição equivale ao não exercício da pretensão acusatória, isto é, o acusador está abrindo mão de proceder contra alguém.

Como consequência, *não pode o juiz condenar, sob pena de exercer o poder punitivo sem a necessária invocação,* no mais claro retrocesso ao modelo inquisitivo.

Como disse Carnelutti[48], ao acusador não lhe compete a *potestas* de castigar, mas só de promover o castigo.

Ademais, também viola o princípio da correlação, na medida em que o juiz está decidindo sem pedido, ou, pelo menos, completamente fora do pedido, ferindo de morte o princípio da correlação que norteia o espaço decisório[49].

Por derradeiro, o juiz condenar diante do pedido expresso de absolvição do MP é uma flagrante violação da estrutura acusatória desenhada pela Constituição e expressamente prevista no art. 3º-A do CPP, na medida em que estamos diante de um juiz que condena de ofício, sem pedido.

Em outra dimensão, nos delitos de *ação penal de iniciativa privada*, o senso comum teórico "manualístico" segue repetindo que "institui-se a ação penal privada, uma das hipóteses de substituição processual, em que a vítima defende interesse alheio (direito de punir) em nome próprio"[50].

Trata-se de um erro imperdoável de quem partiu de uma premissa equivocada. Nos delitos de ação penal de iniciativa privada, o particular é titular de uma pretensão acusatória e exerce o seu direito de ação, sem que exista delegação de poder ou *substituição processual.* Em outras palavras, atua em direito próprio (o de acusar) da mesma forma que o faz o Ministério Público nos delitos de ação penal de iniciativa pública.

Ao ser regida pelos princípios da oportunidade/conveniência e disponibilidade, se o querelante deixar de exercer *sua* pretensão

48. *Derecho procesal civil y penal*, p. 301.

49. Sobre o tema, remetemos o leitor para nossa obra *Direito processual penal.*

50. MIRABETE, Julio Fabbrini. *Processo penal,* p. 117.

acusatória, deverá o juiz extinguir o feito sem julgamento do mérito ou, pela sistemática do CPP, declarar a extinção da punibilidade pela perempção (art. 60 do CPP). Como se vê, a sistemática do CPP está em plena harmonia – no que tange à ação penal privada – com a posição aqui defendida.

Igualmente perigosa é a *inadequada utilização dos institutos da emendatio libelli,* previstos no art. 383 do CPP, pois é uma falácia a construção de que "o réu se defende dos fatos", decorrente do "narra-me o fato que te direi o direito". Não é verdade. Sobre a complexidade desse tema, remetemos o leitor para nossa obra *Direito processual penal*, onde tratamos com maior profundidade.

O juiz, ao mudar a classificação jurídica do delito, dando a ele a tipificação que lhe pareça mais adequada, principalmente quando isso signifique uma pena mais grave, comete uma violenta afronta ao sistema acusatório e ao direito de defesa. Ademais, preocupante desvio do conteúdo da pretensão acusatória, podendo representar uma errônea postura de assumir os rumos da acusação.

Concluindo, se no processo civil o conteúdo da pretensão é a alegação de um direito próprio e o pedido de adjudicação deste, no processo penal, é a afirmação do nascimento de um direito judicial de penar e a solicitação de que o Estado exerça esse direito (*potestas*). O acusador tem exclusivamente um direito de acusar, afirmando a existência de um delito e, em decorrência disso, pede ao juiz (Estado-tribunal) que exercite o seu poder de condenar o culpado e executar a pena. O Estado realiza seu poder de penar no processo penal não como parte, mas como juiz, e esse poder punitivo está condicionado ao prévio exercício da pretensão acusatória. A pretensão social que nasceu com o delito é elevada ao *status* de pretensão jurídica de acusar, para possibilitar o nascimento do processo.

Nesse momento também nasce para Estado o poder de punir, mas seu exercício está condicionado à existência prévia e total do processo penal. Se o acusador deixar de exercer a pretensão acusatória – desistindo ou pedindo a absolvição –, cai por terra a possibilidade de o Estado-juiz atuar o poder punitivo e a extinção do feito (absolvição) é imperativa.